環境配慮の
JIT生産

コモディティのブランディングと
循環型システム

白石弘幸＋柳 在圭 著

中央経済社

はしがき

　本書『環境配慮のJIT生産―コモディティのブランディングと循環型システム―』は理論と実践の両面から，ジャストインタイム（JIT）生産の展開と循環型生産システムの構築，環境経営の対外的訴求について考察し，その意義を説くものである。同じ問題意識を共有する白石弘幸と柳在圭が共同で調査と研究活動を行うプロセスで生まれた成果，そういった長期にわたるコラボレーションの産物，あるいは今後における共同研究の継続を考えると中間到達点という性格を持つ。本書の構想が浮上してから3年間にわたって，二人の間で全体としての内容と統一性に関する話し合いを行いながら，第Ⅰ部は白石，第Ⅱ部は柳が執筆を担当した。すなわちジャストインタイム生産や循環型生産システム，その他について，第Ⅰ部では白石が環境経営とブランディングを意識しながら事例研究的に検討しており，第Ⅱ部ではこれらに関して生産システムと生産管理を念頭に置きながら柳が数理的に議論を展開している。

　このように，ほぼ同じ対象を専門領域と研究アプローチの少し異なる二人の研究者がそれぞれの知見を活かしながら論じているところに本書の特徴がある。分析しているのは端的に言えば最先端の生産方式であるというように，取り上げている事象ないし活動プロセスは同じであるが，執筆者が持つ研究上のバックグラウンド，拠り所とする専門領域と理論体系が異なれば，違う種類の発見や示唆が得られるということを読者には是非実感してもらいたい。ただし両者の内容が結び付いて知的アウトプットの厚みが増す部分が多くなるようにも意識したし，第Ⅰ部と第Ⅱ部が織り成す「組合せの妙」のようなものが生まれるようにも腐心したつもりである。

　言い換えれば，知的な意味においてであるが，本書は同じ素材を二人のシェフが別々に料理したらどうなるかという興味や意識で読んでいただいても構わない。執筆者としては，そういう知的好奇心をむしろ歓迎したい。そして「食後」ならぬ「読後」に，知識欲と探究心に関して満足感を得ていただければ執筆者として光栄であり幸せである。前述したような「組合せの妙」が感じられたならば，なお更である。

ここであらかじめ本書の流れを記すならば，第Ⅰ部ではまず循環型生産システムと第Ⅱ部で中心テーマとなるJIT生産の意義を環境経営の視点から明らかにする。言い換えれば，環境経営から見た循環型システムおよびJIT生産の位置付けと有効性について述べる。ここで環境経営とは端的に言えば，事業活動で環境負荷をなるべく小さくし，また事業を行う空間で環境保全活動を行うという環境に配慮した企業経営，いわゆる「環境にやさしい経営」をさす。あわせて，都市部の自社工場跡地に緑地を整備することの効果について環境問題の防止・緩和，地域への貢献等の観点から整理する。次に，地球温暖化等の環境問題が深刻化し環境志向が消費者サイドで高まっているのにともない，環境経営にどれくらい積極的に取り組んでいるかがコーポレート・ブランドイメージの規定要因として近年重要になっているということを指摘する。そして第Ⅰ部の最後では，企業緑地やPRセンター，企業ミュージアム，オープンファクトリーなど体験型施設の役割について論じ，ブランディングを推進するためにこれらの施設をどのように設置し運用すれば良いかを実践的な見地で考察する。

第Ⅱ部においては，まずJIT生産の基本的な概念を得るために，その根底にあるトヨタ生産システムの意義や目的から議論を進めていく。また，JIT生産を様々な生産状況下で展開する際に生ずる問題点を明らかにし，その解決案として改良型JIT生産の側面を持つPull-Push型生産の概念を提示する。さらに，「生産形態が異なる工程間」「生産リードタイムが異なる工程間」「製造変化が生じる工程間」におけるPull-Push型生産の適用例を示す。最後に，循環型生産システムに用いる生産管理手法としてのPull-Push型生産の合理性について考察する。

体裁上の注意点についてもあらかじめ述べておくと，本書では本文中に［1］［2］［3］……という表記が出てくる。これは参考文献の番号であり，著者名，刊行年度，文献名，その他については各章末を見てほしい。

環境問題の悪影響が年々大きくなっている今日，循環型システムの構築は社会にとって喫緊の課題であり，これは持続可能な社会の形成に不可欠になっている。また当該システムの構築はその企業の存続性と成長性をも高めうる。すなわち環境問題の深刻化を背景に，今日の消費者は購買の意思決定において製品そのものもさることながら，それをどのように生産しているのかをも意識す

るようになっている。このため循環型生産システムの確立は今後，差別化の重要かつ有力なアプローチとなる。本書はそのような社会的問題の克服と企業経営に関する意義の明確化に寄与することを念頭に執筆された。このような問題意識に理解を示して本書の刊行意義を認めてくださった株式会社中央経済社と刊行に向けて有益な示唆・助言をしていただいた同社学術書編集部の酒井隆氏に，この場を借りて心よりの謝意を表したい。

2018年8月

白石弘幸・柳在圭

目　　次

はしがき……………………i

第Ⅰ部　環境経営によるブランディングと脱コモディティ化

第1章　環境経営とJIT生産および循環型システム ── 3

はじめに／3
1.1｜環境経営／3
1.2｜生産数量決定と調達の不確実性および在庫／12
　1.2.1　生産数量の決定と在庫／12
　1.2.2　原材料と部品の調達／15
1.3｜環境経営から見たJIT生産および循環型システム／17
　1.3.1　JIT生産と循環型システムの位置付け／17
　1.3.2　リユースおよびリサイクルのプロセスと方法／19
　1.3.3　地球環境と資源問題に対するJIT生産と循環型システムの意義／22
1.4｜JIT生産および循環型システムと在庫／25
　1.4.1　循環型システムにおける原材料と部品の調達／25
　1.4.2　かんばん方式およびJIT生産と在庫／27
　1.4.3　サプライチェーン・マネジメントと在庫／30
　1.4.4　クローズドループ・サプライチェーン／33
1.5｜環境経営から見た緑地創設／35
　1.5.1　大都市特有の環境問題／35
　1.5.2　存在効果／36
　1.5.3　利用効果／38

I

1.6｜特化型環境経営の意義／40

第2章　ブランディング基盤としての環境経営 ─── 47

はじめに／47
2.1｜オフマーケット・ブランディングの意義／47
 2.1.1　コモディティ化とその要因／47
 2.1.2　イメージ源泉としてのコーポレート・ブランド／50
 2.1.3　コーポレート・ブランドとオフマーケット・ブランディング／52
 2.1.4　企業イメージの本質とブランディングにおけるその重要性／55
 2.1.5　「良き企業市民」ブランド選好における消費者心理／57
2.2｜CSRとしての環境経営／58
2.3｜環境経営とブランディング／61
 2.3.1　環境経営の戦略的訴求／61
 2.3.2　ブランディング・アプローチとしての環境経営／64
 2.3.3　環境経営シンボルの重要性／67
 2.3.4　近年の注目事例／68

第3章　体験型施設と環境経営およびブランディング ─── 77

はじめに／77
3.1｜会社の本質が問われる時代に／77
3.2｜体験型施設の本質・意義・形態／80
 3.2.1　エデュテインメントを通じたブランディング／80
 3.2.2　子供向け体験型ブランディングの重要性／85
 3.2.3　コモディティ商品のブランディングと体験型施設／87
3.3｜緑地創設による環境経営／89
 3.3.1　都市部工場跡緑地の定義／89
 3.3.2　存在効果に関する意義／90
 3.3.3　利用効果に関する意義／92
 3.3.4　環境経営の訴求とブランディング上の意義／93
 3.3.5　三大都市圏における緑地創設事例－ノリタケカンパニー－／94

3．3．6　地方都市における緑地創設事例－コマツ－／97
3．4｜屋内体験型施設における環境経営の訴求／101
　3．4．1　体験・展示コンテンツとしての環境経営／101
　3．4．2　中小企業における環境経営訴求と口コミ形成／103
　3．4．3　創業記念館・歴史資料館との相違／105
　3．4．4　集合型施設ブースとの相違／108
　3．4．5　総合型環境経営とその訴求事例－関西電力－／110
　3．4．6　特化型環境経営とその訴求事例－えびせんべいの里－／122
3．5｜体験型施設の運用における要点／126

第Ⅱ部　資源循環システムにおけるJIT生産の役割

第4章　トヨタ生産システム ── 137

はじめに／137
4．1｜フォードシステムからトヨタ生産システム／137
4．2｜基本的考え方／140
4．3｜2本の柱／142
　4．3．1　自働化／143
　4．3．2　JIT生産／144

第5章　JIT生産 ── 147

はじめに／147
5．1｜Pull型生産／148
　5．1．1　Push型生産の概念／149
　5．1．2　Pull型生産の概念／150
　5．1．3　JIT生産におけるPull型生産（後工程引取り後補充生産）／152
5．2｜かんばん／154
　5．2．1　かんばんの流れ／155

5.2.2　かんばんの枚数計算／156

5.3｜平準化生産／160

第6章　JIT生産の展開 ──── 169

はじめに／169

6.1｜JIT生産の拡張への限界／169

6.1.1　多様な生産環境下での適用に関する問題点／170

6.1.2　生産システムの全体最適化における問題点／171

6.2｜Pull-Push型生産の概念／171

6.3｜JIT生産の課題／174

6.3.1　JIT生産における物流システムへの展開／174

6.3.2　JIT生産のグローバル化／175

第7章　Pull-Push型生産の適用例 ──── 177

はじめに／177

7.1｜生産形態が異なる工程間におけるPull-Push型生産／177

7.1.1　JIT生産におけるロット工程の特性／178

7.1.2　ロット工程におけるPull-Push型生産／183

7.2｜生産時間が異なる工程間におけるPull-Push型生産／187

7.2.1　塗装ラインを含む生産システムの特性／188

7.2.2　塗装ラインにおけるPull-Push型生産／191

7.3｜平準化生産におけるPull-Push型生産／194

7.3.1　異常状態を考慮した生産システムのモデル化／195

7.3.2　Pull-Push型生産を用いた平準化生産／199

7.4｜全体最適化手法としてのPull-Push型生産／204

7.4.1　システムモデル／206

7.4.2　Pull-Push型スケジューリング手法（PPS）／209

第8章　循環型生産システムへの展開 ────── 219

はじめに／219
- 8.1｜循環型生産システム／220
- 8.2｜循環型生産システムにおけるPull-Push型生産／222
    - 8.2.1　対象モデル／222
    - 8.2.2　Pull-Push型生産の適用可能性／224
- 8.3｜回収・再生の不確実性を考慮した循環型生産システムの運用モデル／225
    - 8.3.1　対象システムと仮定／226
    - 8.3.2　回収・再生モデル／227

索　　引………………233

第Ⅰ部

環境経営によるブランディングと脱コモディティ化

第Ⅰ部の問題意識

　近年，多くの製品カテゴリーでコモディティ化が進行している。これは構造等の客観的属性で独自性を形成できなくなる傾向を言う。つまり製品そのもの（ハード）で差別化することが困難となり，当該製品市場における競争がもっぱら価格だけをめぐって展開されるようになる現象である。そういうコモディティ化による価格競争に巻き込まれず，自社製品を買い手にとって特別な存在とするための方法はあるだろうか。一つのカギないしヒントとなるのは，オフマーケットにおける心理的な差別化の可能性と消費者サイドにおける環境志向の高まりである。この両者を組み合わせると，環境経営に関する自社の取り組みを訴求し環境にやさしい企業というイメージを植え付けることにより消費者の内部で心理的な差別化を進めるというアプローチが見えてくる。

　さらにそのような訴求と心理的な差別化を行う「場」として，企業緑地やPRセンター，企業ミュージアム，オープンファクトリー等の体験型施設は具体的にいかなる機能を担いうるであろうか。特に，自社のブランドと製品に関してこれらの体験型施設は来場者にどのような価値を提供できるだろうか。

　こういう問題意識に立ち，第Ⅰ部ではまず環境経営の概要と意義について述べる。そして環境経営から見た循環型生産システムとJIT生産の位置付け，両者の有効性を明らかにする。次に市街地の自社工場跡地を緑地に転換することの意義に関し存在効果，利用効果等の視点から検討する。その後，製品のイメージがコーポレート・ブランドの影響を不可避的に受けることを説明する。そして環境問題が深刻化し環境志向が消費者側で高まっているのにともない，環境経営への取り組み状況がコーポレート・ブランドイメージの規定要因として重要になっていることを指摘する。最後に，事例研究を取り入れながら企業緑地と屋内体験型施設の役割について論じ，ブランディングを推進する上でこれらをどのように設置し運用すれば良いかを実践的な見地で考察する。

第1章

環境経営とJIT生産および循環型システム

はじめに

　この章では，環境経営の定義を示した後，これに含まれる代表的活動としてリデュース，リユース，リサイクルの３Rとゼロエミッション等の概要を述べ，家電を念頭にリユースとリサイクルのプロセスについて説明する。そしてリサイクルと在庫削減の観点から，循環型生産システム，かんばん方式，ジャストインタイム生産，サプライチェーン・マネジメントの効果について検討する。加えて，企業による緑地創設の意義について環境経営の視点から論ずる。そもそも事業活動において原材料や仕掛り品，完成品（製品）の在庫を保有することとはどういうことなのか，そういう在庫保有が企業の経営に与える影響とはいかなるものかについても考察する。

　一方で，企業の規模や財務力，保有資源により，取り組み可能な環境経営の範囲，その活動内容は大きく異なる。３R，ゼロエミッション，緑地創設，その他を幅広く網羅する総合型環境経営を実践できる企業もあれば，これが困難な企業もある。しかし後者の企業も，できる範囲で特徴的な環境経営に取り組むことには大きな価値がある。本章ではそのような特化型環境経営の意義についても検討する。

1.1　環境経営

　環境経営という用語は単純に考えると，誤解を招きやすいことばである。本書における環境は地球環境，特に自然環境であるが，そもそも環境とは生物や物質など，そこで生存して活動したり，あるいは存在したりする主体に影響を

及ぼすファクターの集合または外界とその状況である。したがって定義上，その中にいる生物やそこにある物質の方が環境を完全にコントロールするということはできない。自然環境ないし地球環境を経営・管理したりマネージしたりするという発想は，ある意味で傲慢であり不遜でもある。そして本書ではこのような環境内部にあってその影響を受けている存在（主体）として経済主体，特に企業を念頭に置いている。

そのように企業を念頭に置くと，マクロ経済，所属する業界や市場，文化，諸制度も環境として考えられるが，本書で言う環境は先にも述べたように自然環境である。そして今日ではむしろこれは保全すべきものと見なされており，征服や開墾の対象というよりも保護して親しみ，後世に受け継ぐものという性格ないし価値観が強くなっている。経済主体は自然環境を経営（マネージ）できなくとも，これに対する配慮や保全はできるし，それが今日強く期待されているのである。

したがって環境経営とは「環境の経営」「環境を経営すること」ではなく，「環境にやさしい経営」または「環境に配慮して経営を行うこと」であるという理解が成り立つ。そして本書では先に述べたように環境内で存在し活動している主体として主に企業を想定しているから，自ずとこの経営についても特に企業の経営を前提にして考察したり分析したりすることとなる。このような想定，前提を置くのは，地球規模での温暖化，緑地減少と砂漠化，酸性雨やオゾン層の破壊といった環境問題の多くは企業の事業活動と関わっており，その防止と克服に対する企業の責任と役割は大きいからである。

すなわち「特に，環境負荷のかなりの部分を製造部門が出している現状においては，製品運用時の環境負荷を減らすことはもちろんのこと，製品製造段階における環境負荷を削減した環境に優しい製品製造を実現することが必須となっている」[1]。このような状況と考え方を背景に，売上等の大きさや事業内容，生産・販売している商品の種類や品質・性能・価格等とは別に，環境にやさしい経営をどれだけ意識し，どのように実践しているかということも企業のイメージを形成する上で重要になった。[1)]

このような企業イメージは商品の売れ行きに影響力を持つだけでなく，新入社員採用を計画通り行えるかどうかをも左右する。そして少子高齢化が進んで

いる日本では，後者の作用ないし関係を認識することは非常に大切である。

　こういう環境経営が最初に重視されるようになったのは，ヨーロッパにおいてである。ヨーロッパの消費者は前述した売上規模や事業内容，商品の価格や品質もさることながら，その企業がどれだけ環境にやさしい経営を行っているかをかなり以前から気にするようになっている。また投資家の中にも，環境経営に熱心に取り組んでいる企業の株を重点的に買おうとする人が増えている。第2章でも述べるように，CSRの遂行に積極的な企業への投資を行うSRI（Social Responsibility Investment）も実態としては，環境経営で顕著な実績をあげている企業の株を購入する環境経営投資の様相を呈しているのである。

　このためヨーロッパ企業の多くは，日々の事業活動の中で環境対策をどのように行うかを綿密に立案し，そしてそれを実践している。さらに広告宣伝のウェイトを商品そのものの説明から，自社がいかに熱心に環境経営に取り組んでいるかをアピールすることに移している。ブランディングにおけるその意義が従来よりも格段に増しているのである。

　現在，このような動きはヨーロッパを越えて，世界的な流れになりつつある。この流れについてある先行研究は，「世界中の多くの優れた企業が環境をキーワードとして事業展開へと舵を切っているのは，当然のことながらそこに企業として生き残りの道があるからだ」としている［2］。そして，その影響は日本にも現れている。

　1990年代まで長期にわたり，日本企業，特にメーカーにとって事業を行うこととは，基本的には毎期の利益を最大化することを目標に原材料を調達し，製品を生産し，市場に向けて出荷し，顧客の使用をサポートすることを意味した。「従来，企業は経済効率性の追求を第一義的行動規範としてきた」［3］という指摘は日本企業に関して強くあてはまることである。極論するならば，その後の段階で使用済みの製品がどのように処理されるのかは，日本企業にとってはそれほど関心のないことだったし，また収益にも関係がなかった。端的に言えば，日本企業にとって環境経営は「余裕ができたらいつかは取り組みたい」という程度のものでしかなかった。

　ところが近年は，環境にどれだけやさしい経営を行っているかが，日本でも企業の評価，商品の売れ行きや人材採用活動の成否に重大な影響を及ぼすよう

になってきた。この傾向は1990年代末に既に，「環境問題への対応については，取引先や投資家などの利害関係者の評価を強く意識する必要性が強まってきた」［3］というように指摘されている。消費者に関しても同様で，環境経営に積極的な企業の製品や，環境負荷の小さいエコ製品を買おうとする意識が強まっている。このようなことから「今後の企業活動においては，どのようにして環境負荷をかけないようにするかという『環境効率化』が重要な課題となる」［3］。

　重要となる具体的取り組みを技術的な観点で述べると，「廃棄物を再利用，再資源化するだけでなく，原材料→加工・生産→流通→消費の各プロセスにおいて省エネ・省資源や再利用，再資源化を推進することも重要になっている」［3］。すなわち実際の環境対策において，「これまでは廃棄物を排出口で処理・除去する方式（エンド・オブ・パイプ技術）が中心だったが，今後はリサイクル技術やクリーン技術が重要になる」（［4］，（　）内の補足は田中・佐伯による）。しかもメーカー内で完結するシステムではなく，小売流通を含むマクロなシステムの設計と構築が重要となる。後に詳述する循環型生産システムもこのような消費後の廃品回収をも含む社会規模での低環境負荷システムである。

　環境経営における最低限の取り組みとして，廃棄物や資源使用量を減らすリデュース（Reduce），モノを再利用するリユース（Reuse），モノを原材料段階まで戻して再生利用するリサイクル（Recycle）といういわゆる3Rは不可欠となっているし，役に立たない不要物（ゴミ）として捨てるモノすなわち最終廃棄物を出さないようにするゼロエミッション（Zero Emission）への要請も高まっている。

　より具体的には，環境経営ではたとえば工場やオフィスから有害物質はもちろんのこと，最終廃棄物を無くすゼロエミッションが図られなければならない。この最終廃棄物は先にも触れたように不要物，無価値物として環境に投棄・放出され，焼却や埋め立て等で処理されたり，場合によっては放置されたりするモノである。ゼロエミッションの実現には，なるべく排出物が出ない生産方法の設計と構築，排出物が出た際にこれを利用しつくすための後方業務や新事業の企画が必要となる。前者には生産効率の良い工程設計につながるという効果，排出物削減を図るプロセスで工程が合理的になっていくというメリットもある。

すなわち「ゴミをゼロにしよう，排出物を上手く利用しようと考えることで生産プロセスや工場管理の仕組みが変わることもある」のであり，「これは，環境（経営）が企業改革のためのきっかけになる可能性があることを意味している」（[5], （ ）内の補足は白石による）。後者の排出物が出た際にこれを利用しつくすための後方業務や新事業の企画については企業内，さらには産業内（企業間）におけるシステム的なアプローチ，システム思考が重要となる。換言すれば，「クリーンな生産の範囲が中核的事業内に留まっていると，コスト面で有効なゼロエミッションには決して発展しない」[6]。

　このようなゴミとして処分する最終廃棄物の発生を解消する取り組みとともに，生産工程へのインプット（資源投入量），原材料在庫をリデュース（Reduce）する活動も必要となる。ただし後者の投入削減が前者の廃棄物ゼロ化を促進する場合も多く，両者は密接な関係にある。したがってこのリデュースにも前述のゼロエミッションと同様，これを通じて工程が無駄のない合理的な形になるという効果がある。加えて，廃棄物の減量と製造時の資源消費削減（資源節約）のためには製品を小サイズ，コンパクトにし，また構成部品の少ないシンプルな構造にするということも重要である。さらに製品の性能を高めて使用の際のエネルギー消費を小さくしたり，社会全体での使用数量と生産数量を減らしたりすることも大事である。

　製品の再生利用，リサイクル（Recycle）も重要である。これは使用後の製品を回収し構成要素に還元した後，それを生産に再投入することをさす。すなわち使用終了後の製品を部品・パーツに分解したり，さらには原材料のレベルまで戻したりした後，当該部品・パーツ，原材料を新たなる生産に活用するのである。今日の日本では容器・包装，家電，自動車のように，社会全体でのリサイクルが法的に義務づけられている製品もある。

　そしてリサイクルには解体前と同じ製品の一部として自家利用される場合と，他の製品に「化ける」場合とがある。後に述べるクローズドループ・サプライチェーンは基本的には自家利用が前提となる。またリサイクルには社内でのリサイクル，社会全体でのリサイクル，リサイクルしやすい製品の設計等の取り組みが含まれる。

　経済主体別に述べると，このうち社会全体でのリサイクル，特に回収段階で

はユーザー（消費者）の意識や行動も重要となる。使用後にユーザーがゴミとして廃棄してしまうと，当該製品は回収プロセス，後に述べるリバース・ロジスティクスに乗らないから，企業側が循環型生産システムを構築していても有効に機能しないことになる。

　メーカー（生産者）が果たすべき役割には，先に述べたようにリサイクルを前提にした設計がある。「製品についての知識がいちばん深いのは製品を設計・製造している製造企業である」から，「設計の段階からリサイクルや廃棄処分について考慮することが，効率的なリサイクルや廃棄物処理につながる」[7]。そして「効率的なリサイクルのためには製造企業自らが廃棄物を回収し，生産から廃棄まで一貫性を有するシステムを構築する」[7] という考え方も必要となる。ただし「経済面での制約により自社のみでは回収・再使用のシステムを構築できない場合は，回収・再使用に関する情報を処理業者に提供して，円滑な再生・再使用を目指すべきである」[7] とされている。また先にも触れたように，リサイクルでは消費者側の協力・意識も重要である。

　たとえば複写機のリサイクルがうまく行っているのは，廃棄を含む製品のライフサイクル情報の取得が円滑になされているからである。すなわち「複写機においては，メンテナンスが必要という製品特性上，使用状況やメンテナンス履歴が収集可能であるという特徴があり，これらの情報を活用した循環型生産システムの構築が進められている」のである [8]。

　メーカーは，「消費者のもとで使用され，不要となった製品を回収し，自社内でリサイクルできる物，他社に再生処理を依頼する物，リサイクル不可能として廃棄する物に分別処理する部門」を持つことも必要となる [7]。すなわち「現状では再生処理業者がこの処理を行なっているが，設計・製造の情報が再生処理業者にうまく伝達されず，処理効率を低下させている」[7]。また「廃棄物縮減の観点から，製造企業に不要となった製品回収を義務づける」というのが時代の流れになっている [7]。

　一度だけの使いきり，使い捨てではなく，使えるものはくり返し使うというリユース（Reuse），再使用にも取り組まなければならない。これはリサイクルと異なり，使用の終わった製品や生産財を回収し再生のフェーズに戻すのではなく，その製品ないし生産財そのものを何度も使用するというコンセプトで

ある。一例をあげると，食品冷却水をそのまま設備の冷却ないし洗浄に用いる，ある事業所で使わなくなった机やキャビネット等の備品を廃棄せずに倉庫に保管しておき新しい事業所を開設した際に新品を購入せずに当該保管備品を再使用する，社内で同じ封筒を何度も使うというのがこれにあたる。

　使用済み製品を分解して部品を取り出し，それを洗浄した後，そのまま次期の製品生産に使うというのは，製品レベルから見ればリサイクルであるが，部品自体を一つの製品と見ればこれもある種のリユースである。そしてこれをリユースと見た場合には，「複写機などに見られるように使用済み製品から取り出した部品を同一・類似機種の製品製造のために利用する『製品組込リユース』，コンピュータの修理や自動車部品でよく行なわれている使用済み製品から取り出した部品をメンテナンスの際のスペアパーツ（補修部品）として利用する『スペアパーツ・リユース』などがある」（[9]，（　）内の補足は梅田による）。こういうリユースは，「部品のリユース」（部品リユース）の概念を説明したものと理解される。

　このように部品主体で考えて，これを一つの製品とした場合の再使用はある種のリユースということになり，その場合リサイクルとはさらにこれを鉄や樹脂，化学原料といった素材レベルまで還元することをさす。むろん最終製品に対して破砕や溶解処理をして，これらの原材料（素材）に戻す場合もリサイクルである。

　ただし先に述べたように最終製品（完成品）を中心に考えると，当該製品自体を再使用せずこれを部品すなわち構成要素に分解しているので，このような部品の組込みや補修用への転換（転用）はある種のリサイクルであるとも言える。したがってここでは単に「リユース」といった場合には最終製品のリユースをさし，部品の再利用は「部品のリユース」（部品リユース）と記す。先行研究にもこの用語を使っているものがあり，これが次のように説明されている。ただし基本的主旨は先に紹介した論文のそれと同じである。すなわち「部品リユースとは，使用済みの製品を分解して部品を取り出し，検査，洗浄，補修を行なった上，同じ機能を発現するよう別の製品に使用することである。取り出された部品は，順工程の製品製造ラインに直接投入されて製品に組み込まれたり（すなわち，製品再生産である），メンテナンス用補修部品として使用され

たり，あるいは，他の種類の製品に転用されたりする（たとえば，自動車のエンジンをとりはずして小型ボートのエンジンにするなど）」（[1]，（　）内の補足は近藤による）。

　いずれにせよ，こういう製品リサイクル，部品リユースは，「製品全体の寿命に比べて部品の物理寿命，価値寿命が十分長い場合に，その部品をもう一回（場合によっては数回）使用することにより，その寿命まで部品を使い切るライフサイクル・オプションである」（[9]，（　）内の補足は梅田による）。

　リサイクルの中には，先に言及したように製品を部品レベルではなく，原材料（素材）にまで還元する原材料へのリサイクル，材料リサイクルもある。先行研究ではこれが次のように説明されている。「材料リサイクルとは製品を粉砕し，鉄，非鉄金属，プラスチックなど材料ごとに選別し，素材レベルで再利用を行なうことである。材料リサイクルにおいては，可能な限り，同じ製品への閉ループリサイクルを行なうことが望ましいが，一般にプラスチック材料などは，再生する際に異物の混入などにより品質の劣化を伴うことが多く，閉ループリサイクルは必ずしも容易ではない。なお，永遠に故障や劣化しない人工物は存在しないため，以上のいずれの循環方法にも適さない部品や材料は，その他のリサイクル，たとえばサーマルリサイクルに回してエネルギーを回収するか，または廃棄されることになる」[10]。また別の先行研究では，リサイクルが「製品を破砕し，鉄や銅の素材として再利用するマテリアル・リサイクル，化学原料として利用するケミカル・リサイクル，および，真の意味でリサイクルとは言い難いが，焼却などによりエネルギを回収するエネルギ・リカバリー」というように分類されている[8]。なおここでの材料リサイクル，マテリアル・リサイクルは材料，マテリアルをリサイクルするということではなく，製品を材料，マテリアルに還元してリサイクルするという意味である。[2)]

　第Ⅱ部第5章のテーマであるジャストインタイム（JIT）生産は生産効率の良い工程設計，および原材料在庫のリデュースに寄与する。一方，循環型生産システムは以上のうちリユースおよびリサイクルを促進する。

　先にも触れたように，従来の環境対策で重要な位置を占めていたのは，排出・廃棄段階で有害物質を取り除くエンド・オブ・パイプ技術であった。極論するならば，有毒ガスや汚水であっても，それを無害な状態にして大気中や河

川に流せばそれで良いという考え方がなされていた。それが現在では，そもそも排出・廃棄される物が極力少なく，有害物質も出ないクリーンな生産システムと原材料の使用が重視されているのである。結果が良ければ良しとするのではなく，プロセス全体で資源使用量をなるべく減らし，また排出物・廃棄物を極力ゼロに近づけるシステム構築と取り組みが求められていると言える。だからこそ本書で扱う循環型生産システムが今後大切となるのである。

　以上のほかに，環境経営上の活動として今日重要性が増しているのは緑地増大に向けた施策と実践で，これには工場跡地における緑地の創設，事業活動を行っている敷地内の緑地率向上，事業拠点周辺における河川または湖沼の清掃や葦原等の植生維持，荒れ地への植樹，郊外における森林の保全活動等がある。広く捉えると，砂漠の緑地化基金への寄付等もこれに含まれる。

　これらの重要性が増しているのは，緑地の増大は二酸化炭素の削減，地球温暖化の防止やヒートアイランド現象の緩和に寄与する一方，工場跡地や事業拠点における緑地整備は当該跡地，当該拠点を保有する企業がその気にならなければ進まないからである。すなわちこれらのうち一部，たとえば河川の清掃や森林保全は市民のボランティアにも可能ではあるが，事業に使用しうる土地に緑地をつくるというのは企業にしかできない活動なのである。さらに加えて言うならば，こういった施策が広く実践され，緑地整備活動に広がりが生まれるためには，企業間で環境経営の意義と必要性が認識されなければならず，また持続可能な社会の構築に対する高い意識と理解が共有されなければならない。

　なお国際標準化機構（ISO）は，環境経営に関し一定の基準をクリアした企業にISO14001の規格を認定している。このISO14001を取得するにあたっては，原材料の調達，製品の生産・販売，リサイクルすべてに関し，環境対策の立案，対策の運用（実行），点検，見直しを行う体制が整備されているかどうかがチェックされる。このようなことから取得のプロセスでより有効な環境経営のしくみがつくられ，また従業員の環境経営に対する意識も高まるという効果がある。

　企業の中には，自社のISO14001取得にとどまらず，原材料などの購入先を14001認定企業に限定しようとする動きも見られる。このため，この取得が今日では取引関係を維持する上でも重要となっている。企業によっては，自社の

とっている環境対策の有効性を把握し，これを高めるために，環境対策の費用と効果を金銭的に測定して表示する「環境会計」を導入している所もある。

1.2　生産数量決定と調達の不確実性および在庫

1.2.1　生産数量の決定と在庫

　一般にある製品の生産個数ないし生産量（以下，生産数量）の決定で重要となるのは，その製品に対する需要の見通し，すなわち需要予測である。見方を変えれば，これは販売の見通し，販売予測ということになる［11］。そしてこの生産数量決定の前提となる需要予測は，ここ数年あるいはここ数カ月の当該製品の販売実績，周期変動，その他，過去のデータを分析することでなされる。[3]

　要するに需要予測というのは，過去の中に未来を見出す業務にほかならないが，これは過去と同じパターンが今後も現れるという想定に立って行われる。突発的な事象は予知できないから，ひとまずこれをないものと仮定して当該予測が行われるのである。しかし予知困難だから捨象されるだけであって，実際には突発的事象の発生もありうる。このため需要予測は「将来の危険と不確実性から完全に脱却できるものではない」［12］。

　すなわち長期的な傾向やパターンを乱す要因（かく乱要因）もあり，実際の需要量はなかなか予測通りにはならない。たとえば，たまたまその年が冷夏になるとアイスクリームやビール，エアコンの需要量は減る。このように需要予測は突発的事象の予知困難性を内包しつつ，これを捨象した上で行われるため，将来の不確実性を完全にまぬがれることはできない。

　実際の需要よりも生産数量が少ないと，社会的に見れば品不足が起こることになる。品不足とは，需要に生産が追いついていない状態で，これは個々の販売店では，製品在庫がなくなる品切れとこれによる収益減（品切れ損失），言い換えれば販売機会を逃す機会損失という現象になって現れる。したがって，意図的に生産数量を少なくして品切れを起こし，買い手の飢餓感を煽るというマーケティング手法もあることはあるが，あくまでこれは特殊なもので，生産数量は需要に見合っていなければならない。品不足で消費者と小売店に迷惑が

かかり，そこに強い不満感が生ずれば，ブランドイメージが悪化し顧客離れが起こるというリスクの方がむしろ大きいと言える。

　もっとも，現実にはこういうように予測以上に売れて，メーカーあるいは販売店が「うれしい悲鳴をあげる」といった事態になることはあまりない。むしろ多いのはこの逆，すなわち実際の需要よりも生産数量が多すぎるケースである。この場合には，製品在庫とこれを管理する費用，いわゆる在庫費用が増大する［13］。

　現実の購買場面に即して述べると，「在庫がある」と買い手は当該製品をその場で購入することが可能であるが，「在庫がない」と生産や納品を待たなければならない。場合によっては購入を断念するという意思決定もなされうる。このようなとき売り手側には，在庫があれば売れていたはずなのに，これが無いために売れないという前述の品切れ損失，販売機会損失が生じるのである。

　したがって売り手や買い手にとって在庫はある方が望ましいとも言えるが，在庫を生産したり，仕入れたりするのにもコストがかかっているので，企業にとってはこれはモノに資金が貼り付いて回収できずにいる状態を意味する。このことは製造業者の保有するメーカー在庫，問屋・卸・商社・ディーラー等の流通業者が抱える流通在庫，小売業者が持つ小売在庫のすべてに当てはまる。さらに小売在庫について言えば，倉庫やストックルーム，売場裏のバックヤードにもこれがあるし，店頭にもこれはある。そしてメーカーの在庫には製造原価，流通業者と小売業者の在庫には仕入原価が出荷・販売まで売上金化されず，未回収状態で置かれ続ける。

　しかも日本の場合，不動産価格が高いので，これを管理するための倉庫等の費用も高額となる。湿度や温度等の調整に気を配らないと，モノはどんどん劣化していく。これを防止するための空調等に費やすコストも無視できない。OA機器や家電製品などの場合，たとえ万全な管理を行っても，時間が経つにつれ旧式化，旧型化していくというコストもある。このようなことから，大きな在庫を抱えると，それにともなう在庫費用が経営を圧迫することになる。先にも言及したように，これは生産・流通・小売のどの段階についても言えることで，こういう在庫費用が各々の企業にとって資金繰り上，いわば手かせ足かせとなる。この製品在庫費用リスクはモノがメーカーの検査ライン，検査工程

を出た瞬間に発生する。

　それゆえ理想を言えば，生産したらそのつど瞬時に売れるというのが企業にとっては望ましい。しかし実際には，生産した製品が即座に売れるわけではないので，メーカーや流通経路には製品在庫が生まれがちとなる [13]。

　このような在庫費用は工場内でも発生しうる。工場内部で各工程間の処理能力に差が大きい場合，その差が在庫費用という形で表出する。つまり後工程の処理能力に前工程が追いついていないと，後工程が「遊ぶ」状態，いわゆる手待ちが生じる一方，前工程から送られてきた加工対象を後工程がさばききれないと，加工待ちの仕掛り品，一旦保管される半製品が発生する。[4]　また外注部品の仕入数が多すぎると，これに関して組付け待ちが生ずる。このような仕掛り品（半製品）を生産したり，外注部品を仕入れたりするのにもコストがかかっているから，これらにも資金が貼り付いていることになり，在庫費用の発生源となる。

　製品の需要予測と販売見込みが過大であった場合には製品在庫のみならず，当該製品を構成する部品の必要個数も増やし，さらには部品を生産するのに使われる原材料の必要量をもサプライチェーンの初期段階で増大させる。この原材料に関して言えば，過剰在庫の廃棄が行われる場合には資源の無駄遣いをしていることになる。そして採掘・掘削をしなくても良かった原油や鉱石，伐採せずに済んだはずの樹木，汲み上げる必要のなかった地下水が採取されることにより，資源枯渇のリスクは高まることになる。

　仕掛り品，組付け待ち部品に貼り付いている未回収資金は，財務的資源の自由度が最も低い状態にあると見ることができる。すなわち企業経営のための資金は土地・設備，労働力，原材料，仕掛り品・部品，完成品等に姿を変えるが，仕掛り品・部品は現金への換金が難しく，経済学的に言えば流動性が低い。

　しかも自社製品の差別的価値，他社製品と比較しての優位性を高めようとすると，仕掛り品の差異性，部品の特殊性も増し，転用や転売（換金）の可能性が更に低下する。たとえば今日，多くの製品でその使い勝手に大きな影響を及ぼしているのは内蔵しているバッテリー（電池）の性能や型式である。ところが同じバッテリーでも汎用性のあるものならば余剰在庫を他社に売却することも可能であるが，高性能の特殊なタイプなものの場合これを組み込む製品の競

争優位性は高まる一方，余剰在庫を市場で販売できる確率は低くなる。したがって，いわゆるコストリーダーシップ戦略ではなく差別化戦略を取っている企業は，転売（換金）の可能性を犠牲にしてバッテリーという部品の差別性を高めていると見ることができる。このような企業において仕掛り品・部品の在庫は特に大きなリスク要因であるから，生産プロセスにおけるその滞留時間は短ければ短いほど良い。

　後に述べるサプライチェーン・マネジメントが合理的でなくモノの流れ，原材料・部品・製品の授受が円滑でなかったり，工場内で工程間に処理能力の相違が大きかったりすると，各段階で在庫を多めに持とうという意識も働きがちとなり，それも在庫の増大に一層の拍車をかけることになる。たとえば工場にジャストインタイムで部品が入ってくる体制が構築されていないと，部品不足で生産が停止するリスクが高まるから，当該リスクを回避するために部品を念のため多めに確保しておこうということになる。前工程から仕掛り品がジャストインタイムで入ってこないならば，仕掛り品も多めに持たれる。このようなことから在庫を削減するためには，合理的なサプライチェーン・マネジメントとジャストインタイムでの生産体制を整備することが重要となる。

1.2.2　原材料と部品の調達

　製造業（メーカー）はモノづくりを担っているものの，何でもかんでも一から作っている企業というのは現実には少ない。一般的には生産数量が決定するとそれに合わせて原材料や内製していない部品を外部から仕入れることになる。すなわち，「自社で製品生産に必要な材料・部品などをすべて自社工場で製造することは，技術面・設備面・経済面などの制約から困難なことが多い。そういう意味で，自社製品の一部を他社の生産能力に依存することになる」[14]。たとえば自動車メーカーや家電メーカーも，「下請け」と呼ばれる協力企業から部品・パーツ類を調達して完成品に仕上げるのである。

　このように現代のメーカーは，原料や材料，部品の相当数を社外から仕入れて，これらを組み立てるという形で製品を生産している。ただし，ここで「原料や材料，部品の相当数」と述べたように，すべてを外部から調達するわけではなく，原材料・部品（特に後者）の中には内製しているものもある。つまり

生産に関わる重要な意思決定問題には，内製か外注かというものがある［15］。

一般的に外注が有利，あるいは外注せざるを得ないというのは，生産するのに自社にない高度の専門技術や設備を必要とする場合，生産数量が少なく自社生産ではコストが高くなる場合等である。このような場合は，「専門の工場に委せた方が，品質面でもコスト面でも有利である」ので［14］，基本的には外注するのが合理的となる。

外注する原材料や部品の調達（仕入）を実際に担当するのは購買部等の部署である。ここにおける根本的な使命は，品質の良いものを低コストで，なるべくジャストインタイムで納品となるようにすることである。

環境経営の観点では，リサイクルされたものなど環境負荷の小さい原材料や部品の購入，調達先をISO14001取得済みで環境経営に積極的に取り組んでいる企業とするグリーン調達も意識されなければならない。もっとも循環型生産システムは，最終段階では原材料を一度投入した後はクローズドループ内でリサイクルと原材料確保がなされうるから，究極的な低環境負荷調達であると見なせる。

このような原材料の購買には仕入先をそのつど選ぶ場合と，系列取引のように固定してしまう場合がある。両者の長所と短所を述べると以下のようになる。

原材料や部品の納入業者を毎回選択する場合の長所は第一に，最も安い価格の業者を選べるということである。また業者同士に競争意識が働くので，自らの意思でなされる丁寧な対応と配慮，自主的なサービスの向上，自発的に付加される便宜が期待できる。短所は，業者を選ぶのに手間・時間がかかるということである。また長期的な取引関係にない企業との売買には，情報偏在にともなう駆け引き的行動，いわゆる機会主義発生のリスクがある。したがって，これを防止するために相手がそのような行為に出ないかどうかを監視する必要がある。特に取引実績のない初回売買の場合，相手が信頼できる業者かどうかも不確実なのでそのようなモニタリングに費やすエネルギーは大きいものとなる。スポット取引においては，ひとことで言うと取引完遂のための非金銭的コスト，すなわち取引にともなう商品代価以外のコストが大きくなるわけである［15］。

一方，系列取引のように原材料や部品の仕入先を固定し，長期間これとの取引関係を継続することの長所は，相手業者に品質や仕様，納品方法に関して契

約文書に記載されていないような細かい要求ができるということである。つまり細部を契約で取り交わして文書に明記しなくとも，信頼関係に基づいて問題を解決し，柔軟に取引を進めることができる。また相手に対して技術的な指導も行えるし，完成品メーカーと部品メーカーとの間で共同開発が行われることもある。その際に技術的な知識やノウハウが競合他社に流出するというリスクも小さい。実際，日本では従来，完成品メーカーと下請け部品メーカーとの間でそのようなコラボレーションが行われてきた。メーカーにとって，こういう下請け企業との組織的な知識創造も競争優位を形成するうえで今後ますます重要になると考えられる［16］。[5]

しかしながら長期的な取引関係には，当該業者の売値が最も安いとは限らず，むしろ仕入コストそのものは一般的には高くなりがちという短所がある。また取引になれ合い的な意識が生じると，納期の遅れや品質の低下が発生する恐れもある。原材料メーカー，部品下請け企業の受注額に占める特定完成品メーカーの発注額割合が飛び抜けて大きい場合，後者が前者の生殺与奪を握ることになりかねない。あるいは後者の経営破綻が前者の連鎖倒産を招くというように，両者の関係が運命共同体的になり，前者の経営に関する独立性が低下するという問題もある。

1.3　環境経営から見たJIT生産および循環型システム

1.3.1　JIT生産と循環型システムの位置付け

環境経営は改めて定義すると，環境負荷軽減を志向する経営，すなわち環境に対する影響を認識し悪影響の防止と削減を図りながら企業経営を行うことをさす。これには事業の「活動」，「プロセス」に関するものと，事業を行う「空間」に関するものがある。言い換えれば，環境経営は「活動整備」（またはプロセス整備）の性格を有するものと，「空間整備」の側面を持つものに大別される。このように事業活動と事業空間の両方に関して環境に配慮するのが環境経営である。

前者すなわち事業活動プロセスに関する環境経営は，日々の事業活動において機能する環境対策の仕組みを確立する取り組み，換言すれば環境にやさしい

業務プロセス・業務システムの設計および運用をさす。ここでは今日，製品の開発・生産・販売・使用後回収というライフサイクルを通じた環境負荷の軽減が求められている。

　後者の事業空間に関する活動としては，自社の敷地内における緑地率向上や自然保護があげられる。下請けメーカーが周辺にあったり，自社の出荷製品を積んだトラックが敷地外に出て行ったりすることを考えると，本社・支店・工場等の敷地だけでなく，そういった事業拠点の周辺や立地する市町村もそのような事業空間となる。それどころか最も広く捉えると，地球全体が事業活動の空間ということになる。厳密に言えば，自社敷地外での環境の保護・保全活動，たとえば地元河川の清掃は住民・市民にも行えることで，また地域として責任を共有すべきものであるから，企業にとってはこれは環境経営というよりも環境面での地域貢献，あるいは環境奉仕活動と呼ぶべきものである。ただし広義の環境経営には，このような敷地外での環境保全，環境保護も含まれる。

　たとえば飲料メーカーが容器を回収し再生容器を使用するというのは前者すなわち事業活動プロセスにおける環境負荷軽減であり，同じく飲料メーカーが工場の正門前に花の植わったプランターを置いたり，工場外周の壁際に花壇を設けたりするというのは後者の空間整備にあたる。また同じ森林保護を意識した環境経営上のアクティビティであっても，木材使用量を減らしたりリサイクル材の使用を増やしたりするのは前者に該当し，社員が休日のイベントで荒れ地に桜の苗木を植えたり郊外の森林公園で松くい虫の駆除活動に参加したりするのは後者にあたる。さらに同じ水資源の保護に重点を置いたアクションであっても，同じ水を繰り返し循環利用するというのは前者の取り組みで，海外の汚染された湖をよみがえらせるプロジェクトに浄化装置を寄付するというのは後者の活動である。

　ジャストインタイム（JIT）生産と循環型システムの構築・運用は，前者すなわち環境負荷の軽減を志向した事業活動プロセス整備の代表的な取り組みと位置づけられる。後者すなわち事業空間における環境への配慮に関して今日，特に注目されるのは，第3章で取り上げる都市部の工場跡地における緑地の整備である。

　上記の位置付けで言及したように，JIT生産と循環型システムの構築・運用

は業務プロセス，特に生産活動にともなう環境負荷を軽減し，本章第1節 (1.1) で述べた3Rを推進する。そしてリデュースに関してもそうであるが，リユースとリサイクルは今日，社会的要請となっており，消費者やステークホルダーも各社がどうこれに取り組んでいるか，どれだけこれに積極的かということに目を光らせている。すなわち「生産活動におけるリユース／リサイクルは消費者やステークホルダー，そして社会全体から強く求められているのが現状であり，メーカーの最重要課題の一つに挙げられる」[17]。

このように3Rを推進する循環型生産システムの構築が重要性を増し，注目を集めているのは，資源消費（取り尽くし）型の生産モデル，製品使い捨てのライフスタイルが色々な意味で限界に来ているためである。つまり何かモノを廃棄するということには，当該廃棄物が地球環境に悪影響を与えうるということ以外に，原材料を採取して製品を作っては廃棄するという生産と消費のあり方が社会の持続性を低めているという問題もある。採取しては廃棄，採取しては廃棄ということを繰り返していると，やがて資源が枯渇しかねない。また廃棄物の最終処分場が不足し，これが飽和状態になるという問題もある。循環型生産システムは，これらの問題を解決することにもなる。

1.3.2 リユースおよびリサイクルのプロセスと方法

メカニカルな機械類を前提にすると，使用済み製品は回収専門業者や量販店，その他に委託された運送業者のトラックによりリサイクル拠点に持ち込まれる。そしてリサイクルが法制化されている家電製品，その他については，受入後一般的に解体ラインへ投入する前にリサイクル券等のバーコードが読み取られ，1台ずつ重量の計量が行われる。これにより再資源化までのプロセスを一元的に管理することが可能となる。また重量は最終段階で回収される再生資源や廃棄物についても計測されるので，解体前後の重量比較によりリサイクル率の把握が可能となる。

製品リサイクルおよびパーツの再利用（部品リユース）のプロセスは基本的には，製品の解体・分解，パーツの洗浄，パーツの検査・試験，パーツを元の良い状態にするための修理や新しい付属具（ネジ・金具等）の補充，製品への再組立てというプロセス連鎖（Process Chain）をなす（[18]，（ ）内の補足

は白石による)。

　部品や材料の有価値性，リサイクル可能性で見ると，解体は「1．価値ある材質を含む部品の取り外し，2．リサイクルできない部品の取り外し，3．危険な物質を含んだ部品の取り外し，4．部品として再利用可能な部品の取り外し」の四つに分類できる [19]。分解の手法や様態は各々異なる。すなわち「3，4番の部品の取り外しは，非破壊的に実施することが必要であり，3の場合には，専門設備等（たとえば冷蔵庫やエアコンなどを解体する際に放出されるフロンを回収する装置など）を使用することが必要な場合もある。1，2の場合には，分解は，必ずしも製品のネジ等を1つ1つ外すという分解を意味せず，破砕機により破砕した後，さまざまな手法で素材ごとに分別するなどの手法がとられることが多い」([19]，（　）内の補足は近藤による)。

　特に家電リサイクル法に定められているエアコン，テレビ，冷蔵庫，洗濯機のいわゆる家電4品目については，品目別に専用解体ラインが組まれていることが多い。実際の解体においては，機械処理前に分別困難なユニット等を従業員の手によりあらかじめ取り外して解体するというように，手作業と機械の併用による処理が行われる。

　たとえば冷蔵庫を例に取ると，解体・仕分け工程の初期段階で庫内部品やコンプレッサーを人の手で取り出す。後者のコンプレッサーは抜き取られた後，切断され銅コイルが取り出される。ケーブルは解体・仕分け工程で回収され，配線処理装置で芯線（銅線）からビニール類の被覆が剥がされる。この装置はナゲットマシンとも呼ばれる。これらの芯線，銅コイルは金属メーカーに送られ，高温で溶かされた後，銅原料として再利用される。断熱材（ウレタン）に含まれるフロンガスは後述する方法で回収され，金属，プラスチックなどは自動選別される [20]。

　その後，冷蔵庫の本体は多くの場合コンベア式の一次破砕装置に載せられて，破壊され砕かれる。この破砕装置は機能・構造としては街中で使われているゴミ回収車の荷台後部にある破砕機のそれに近い。すなわち二つの大きなブレードが交錯するように回転する仕組みになっている。この機械破砕の際，フロンガス回収後の断熱材ウレタンも冷蔵庫本体とともに破砕され，粉状にされる。そして粉状ウレタンは造粒機に入れられてペレット状に固められ，工場から搬

出された後，固形燃料として再利用される．

　エアコン，テレビ，洗濯機についても解体後，機械処理され，資源が回収される．このような使用済み家電から回収した資源は鉄，銅，プラスチック，ガラスに分けられ，製品原材料として再利用される．たとえば前述したケーブルは冷蔵庫に限らず，多くの家電製品で使用されており，冷蔵庫と同様に解体・仕分け工程で回収され，配線処理装置（ナゲットマシン）で芯線（銅線）と被覆が分離された後，再資源化される．またコンプレッサーについては冷蔵庫のほかにエアコンにも使われているが，これについても一般的には冷蔵庫と同じ処理が行われる．再生資源，廃棄物はすべて品目別に重量計量し，登録・管理することが求められる．

　大雑把に述べれば，このような再資源化には，選別前に破砕しその後に選別を行うという方式と，選別を先に行ってから破砕を行うというパターンの二つがある．そして選別には，金属により比重（密度）が異なることを利用し，一定の風圧をあてて飛散するものと残存するものに分けるという方法が一部，取られている．再資源化時の素材の大きさと形状は，素材の種類と後々の運搬・管理，利用の利便性により，分解・破壊が塊状やパーツのレベルに留まるものもあれば，フレーク状，粉状まで細かく砕かれたり，ペレット状にされるものもあるなど，種々色々である．

　解体において，対象家電に有害物資が含まれる場合は，これを適正かつ安全な方法により除去・回収し，その後，物質毎に厳重に管理することが必要となる．たとえばテレビ等に使用されているバックライトの蛍光灯ユニットや水銀リレーに含まれる水銀は，環境汚染の原因となるばかりでなく，人体にも有害である．現実のリサイクル工場では専用ブースが設けられ，この除去・回収は当該専用ブースで厳密に定められた作業手順に従って実施されている．万一の水銀飛散に備えて，作業者は所定ユニフォームと安全保護具を着用しているのはもちろんのこと，解体エリアの水銀濃度を専用モニターで監視している．

　フロンガスについては，単一の物質（ガス）の名称と思われがちだが，実はそうではなく，厳密には何種類かがあり，これを明確に分けて扱うというのが基本である．実際にもリサイクル企業では，これをすべて一緒に処理するわけではなく，化学的組成でその種類を区別して別々に回収している．回収後も種

類別に専用ボンベ，ドラム缶に封入し，温度管理を徹底した保管庫で厳重に管理している。そして保管庫内には石けん水に近い成分の専用液体の入ったボトルがあり，定期的に当該液体をボンベ・ドラム缶のバルブ部分に吹きかけ，漏出がないことを確認している。万が一，漏出がある場合にはその液体があわ立つ仕組みになっている。またフロン漏洩センサーを設置し，漏出があった際に対処できる体制が整えられている [21]。

プラスチック類についても，プラスチックと一まとめに扱われるのではなく，判別機の台座に置かれて種類が判定され，当該種類がディスプレイに表示され，その後，種類ごとに管理するというようなことが行われる。これに加えて，金属探知装置により金属混入の有無もチェックされる。不純物が混入している場合には手作業で除去してから，破砕し，純度を高めることで再生資源としてリサイクルしやすいようにされる。そしてプラスチックの一部については，使用済み家電製品から回収したものを同じ製品の原材料に再利用するという自家利用，クローズドループ（水平リサイクル）が実現している。すなわち家電の中でも特に洗濯機や冷蔵庫には，プラスチックが比較的多量に使われている。その機内・庫内プラスチック部分は取り出して破砕・選別され，後に成形メーカーへ原材料として提供される。それが洗濯機の台板や冷蔵庫の天井板にされるというように，解体前と同じ家電の一部として再利用されている。[6]

1.3.3 地球環境と資源問題に対するJIT生産と循環型システムの意義

地球環境問題への対策として従来重視されていたのは，廃棄物や排出物を無害にするエンド・オブ・パイプ技術であった。この傾向は戦後，いわゆる公害が深刻化する過程で生じた。具体的には1953年に工場廃液中の有機水銀を原因とする熊本県の水俣病が社会問題化し，1960年代には石油化学コンビナートから排出された亜硫酸ガスによるぜんそく患者が増大した。ちなみに四日市ぜんそくが表面化したのは1961年のことである。1970年代前半には首都圏で工場排出のばい煙や自動車の排気ガス等による大気汚染と光化学スモッグ，これによる健康被害が断続的に発生した。このような経緯により，廃液と排ガスから有害物質を取り除くということに企業側の意識が向き，そういう技術の開発に努力と金銭的コストが払われたのはある意味で無理からぬ流れ，自然な成り行き

であった。極論すれば，これは内部的なプロセスがどのようになっているかを問わず，結果的に環境に放出される物質が無害化されていればそれで良い，あるいは排出物がきれいであることが最も重要で生産システムの内部はブラックボックスでも構わないという立場である。

しかしながら，「いま求められている問題解決策は，従来の環境対策技術がそうであったように，廃棄物，有害物質，CO_2などの排出物などを出てきた後で適切に処理し，見えなくする技術（End of Pipe技術と呼ばれている）ではない」（[22]，（ ）内の補足は梅田による）。むしろ「現代社会は大量生産・大量消費・大量廃棄の中で，経済系の最大限の成長と利潤の最大化を目指しており，現在の繁栄は生態系の犠牲の上に成り立っている」という事実を認識する必要がある [23]。そして「今日，その生態系に与える影響が無視できなくなり，経済系と生態系の調和のとれた社会，すなわち生産・消費・廃棄の各主体が緊密に結び付いてリサイクルを押し進め，環境への影響を小さくする循環形社会への転換が望まれている」のである [23]。[7)]

すなわち，「現在，社会における物質循環は，採取・生産・消費・廃棄の大きなループを形成している。ところが，廃棄物が自然の手で再生されるには長い時間を要し，現在のように大量生産・大量消費・大量廃棄を続ければ，資源の枯渇とともに廃棄物の量が自然の処理能力を超え，この大きな循環そのものが破綻してしまう。これに対し循環形社会では，これらの流れの一部をリサイクルによって循環させ，自然界への負荷を適正量まで減じるようにする」[7]。

当然のことながらメーカーだけがこのようなリサイクルと循環型社会の構築に関して責任を負わなければならないわけではない。消費者，ユーザーが取り組まなければならないことも多いし，「循環形社会においてはリサイクルに向けた生産・消費・廃棄といった各主体間の協調が重要」となる [7]。

本章の第1節（1.1）で述べたように，環境経営におけるリサイクルとは，製品を部品段階ないしは原材料段階まで分解し，これを再生利用することをさす。これには社内でのリサイクル，社会全体でのリサイクル，リサイクルしやすい製品の設計等の活動が含まれる。容器・包装，家電，自動車のように，社会全体でのリサイクルが法的に義務づけられている製品もある。

そしてリユースとは，一度だけの使いきり，使い捨てではなく，使えるもの

はくり返し使うという活動をさす。これはリサイクルと異なり，役割の終わった製品や備品を回収し再生のフェーズに戻すのではなく，それに新たな寿命を与えて何度も使用するという取り組みである。たとえば誰かが使わなくなった家電製品をほかの誰かが使い続けるとか，ある事業拠点ないしある会社で使用しなくなった生産設備や工作機械，OA機器，計測装置，冷熱設備，空調設備を他の事業拠点または他の会社に移設した上で，その拠点・会社でまた事業活動に役立てるといったことがこれにあたる。また部品も一つの製品と考えれば，廃品として回収された機械からこれを取り出し，生産に再投入したり，スペア部品として他の製品に組み込んだりするのも，ある種のリユース（部品リユース）である。

モノのリサイクル，リユースをともなう循環型生産システムは，一方向的なサプライチェーンとは異なり，リバース・ロジスティクス，回収・再生プロセスを含むという点でモノ作りのあり方が大きく変わる。と同時に，そこには回収率や再生率に関する新たなる不確実性が生ずる。「大量生産・大量消費・大量廃棄からの脱却は，もの作りのあり方を大きく変えるものであり，当然のことながらその実現は容易ではない」[22]。しかし一方で，「地球環境問題に対する認識の高まりとともに，この問題の解決のためには，従来の大量生産・大量消費・大量廃棄型社会から脱却し，循環型社会を構築すべきであるという考え方」も定着しつつあり [22]，現実の企業がこうしたリサイクル，リユースを全く行っていないというのは今日ではむしろ稀である。「現在，メーカーにおいて行われている生産活動は地球環境や資源問題に対する配慮から，できるだけリユース／リサイクルを取り入れた生産システムに移行してきている」のである [17]。

つまり，問題となるのはリユース，リサイクルされている比率・割合である。循環型システムはこの比率を格段に高めることにつながる。たとえば，ある製品を構成する部品のうち何パーセントがリサイクル品なのか，新設の事業所で使用する備品のうち何割が再使用品なのかということが今日問われ，こういう比率を高めることが社会的に要請されているのである。

1.4 JIT生産および循環型システムと在庫

1.4.1 循環型システムにおける原材料と部品の調達

　一般に，原材料と部品の外部からの調達では，納入業者に対するモニタリング・コストが発生する。本章の第2節（1.2.2）で述べたように，特にスポット的な取引ではそのコストが大きくなる。

　一方，循環型生産システム（クローズドループ）内部で行われる原材料調達については廃品回収，再生が閉鎖的システムの中で持続的に行われる。このためモニタリングコストは，サードパーティの原材料供給業者に対するそれよりも格段に低くなる。ただし生産を再生原材料，いわゆるリサイクル材で100パーセント賄える循環型生産システムは現在はまだ一般的でなく，原材料には外部から新たに調達されるものもある。そして新しい原材料が第三者的な原材料供給業者から調達される場合は，モニタリング・コストが高くなる。

　もっとも基本的には，循環型生産システムにおける不確実性ファクターとしてむしろ重要なのは廃品回収数と利用可能率である。両者に関する不確実性は色々な理由や背景により生ずる。

　まず循環型生産システムにおいて，「原料はゴミ（使用終了製品）であるから，いつ，どこで，誰が捨てるかわからず，回収にコストもかかり，原料の供給量も不安定になる」（[8]，（　）内の補足は白石による）。また別の先行研究では，この点に関して次のように説明がなされている。「ユーザが，それぞれ購入した製品を廃棄するタイミングは不定である。なぜならユーザは使用している製品が故障したから製品を廃棄するのかもしれないし，あるいは単にその製品に飽きたから廃棄するのかもしれない。また，あるいは転居等の製品の性能とは関係のない理由で製品を廃棄するかもしれない。したがって製品の回収量の変動は大きく，製品がいつ，どのくらい市場から廃棄されるかをあらかじめ予測することはきわめて困難である」[24]。一言で製品の使用終了といっても，その理由や事情は様々であり，それが使用後製品の回収と回収品利用に関する不確実性を生じさせる一因となる。

　そして，循環型生産システムではフォワード・ロジスティクス（順工程）と，

リバース・ロジスティクス（逆工程）が結合されているからモノがまさに循環するのであるが，前者は後者を完全に制御できるわけではない。このことも回収をめぐる不確実性の要因となる。すなわち「一般に市場からの製品回収を循環型生産システムからコントロールすることはできない」[24]。言い換えれば，順工程ないし生産システムが製品使用終了時におけるユーザーの行動を思い通りにすることができないということが製品回収の不確実性につながる。

加えて，新規製造された部品に比べて，廃棄製品から回収されてリユースされる部品はどうしても品質が下がる。またその下がる程度も違うから，品質的なばらつきが大きい。このことが回収品利用に不確実性を生む。先行研究ではこれに対して次のような言及がなされている。「市場における製品の使用状態や使用環境は，ユーザごとに異なる。劣悪な使用環境の下で長時間製品を使用するユーザもいれば，好適な使用環境で，ほんのわずかの時間しか製品を使用しないユーザもいるだろう。このようなユーザによる使用履歴の相違は，廃棄されて市場から回収される製品やそれが含む部品の品質に大きなばらつきを与える」[24]。

同一製品であっても，年式やモデルにより使用部品が異なる場合には，回収部品のスペックに相違が生まれる。共通のプラットフォームで汎用部品を使って生産していても，ユーザが使用する年数がまちまちであると，こういうスペックの差異が生じる。すなわち「市場においては，新旧さまざまな年式，種類の製品が使用されており，それらが回収され，循環型生産システムへ新規生産の資材として投入される。このため，回収製品における新旧の生産年式や種類のばらつきが大きなものとなる」[24]。こういう場合，スペックの異なる回収部品を分別してスペック毎に管理するコストも大きくなるし，また生産（投入）における需要，必要数量とミスマッチが生じうる。

原材料に関しても，新規に調達し投入する原材料と比べて，リサイクル材，再生原材料は不純物等の混入により品質が下がりがちである。本章の第1節（1.1）でも言及したように，原材料段階まで還元しこれを生産に再投入する場合に「同じ製品への閉ループリサイクル（クローズドループ）を行なうことが望ましい」と考えたとしても，「一般にプラスチック材料などは，再生する際に異物の混入などにより品質の劣化を伴うことが多く，閉ループリサイクル

は容易ではない」（[10]，（　）内の補足は白石による）。さらに，「品質が下がる一方で，リサイクルには回収の際に大きなコストがかかる上，製品の分解など人手が多くかかるため，どうしてもコスト高になってしまう」[8]。つまり「リサイクルを進めることは，必ずしもコスト低減にはつながらない」[7]。一方で，リサイクル材よりも新品の材料が好まれる価値観や傾向も根強く，またリサイクル材の利幅は小さいから，「供給量が不安定で，品質が低く，おまけに必ずしも安くないリサイクル材を常に使用する産業があるか，すなわち，ゴミの排出と，リサイクル，さらにリサイクル材の使用というプロセスを量的に常にバランスさせることが可能かということが本質的な問題となる」[8]。ただし現状ではまだ少ないが，複写機のように「同じ製品の製造に素材を再利用するマテリアル・リサイクルが成功している」ケースもある。そしてそこでは，後に詳述するクローズドループ型のサプライチェーンが構築されている [8]。[8]

　前述した回収製品から取り出されるリユース用部品と生産投入需要とのミスマッチは，製品に関しても生じうる。すなわち「一般に市場の要求に基づく製品の需要と，市場から回収されてくる使用済み製品の供給は，必ずしも相関がなく，それぞれが独立の原理で回収製品の供給と新規製品の需要を生み出すため，これらの間でのアンバランスが発生する」[24]。

　クローズドループ・サプライチェーン，循環型生産システムでは，収益とリサイクル率が基本的にはトレードオフの関係であるということもある。これはコンピュータ・シミュレーションを用いた先行研究でも確認されている。具体的には「リサイクル率の最大化をはかると，総利益は約18％ほど減少している」[25]。[9]

　一方では，循環型生産は「製品ライフサイクル全体での環境負荷を低減し，ひいては無駄な製品製造，部品製造，材料製造等をなくすことにより収益性の向上をもあわせて目指す生産システムである」という立場もある [1]。持続可能な社会を構築するためには，またそういう循環型生産を実現することが必要となる。

1.4.2　かんばん方式およびJIT生産と在庫

　製品はいずれ販売され，これに貼り付いている資金が売上金として流動性

(現金等)の形で回収される必要がある。言い換えれば，製品の生産には費用がかかっているので在庫は費用ないし資金の回収待ち状態を意味する。会計的に言えば，これには当該製品の生産に直結している直接原価と計算の上で按分・賦課される間接原価がある。

このほか広義の在庫費用には，本章の第2節（1.2.1）でも述べたように，保管中に在庫が質的に劣化する，たとえば錆びたり腐ったりすることによる損失も含まれる。またこれを回避するためには空調すなわち温度管理や湿度調整等のコストがかかる。たとえ徹底した管理体制を敷いて完璧な状態で保管し続けても，保管している間にその製品が古いタイプ，旧型モデルになってしまうという旧式化・陳腐化による損失もある。たとえばパソコンなどの情報機器は，技術が進歩し他社が新製品を投入する過程で旧式化し価値が低下していく。さらに土地の値段が下がっているとはいえ，諸外国に比べれば日本の地価はかなり高い水準にあるので，在庫を保管する倉庫の土地代，すなわち保管場所を借りたり買ったりする費用も無視できない。先にも触れたように，これに空調等の管理コストが加わる。こういった種々の費用が発生するため，在庫は最小限に抑えられなければならない。また在庫を廃棄するといった事態になれば，資源浪費の問題と希少な資源の枯渇リスクも大きくなるので，環境保護の観点でも在庫は可能な限り少ないほうが良い。

このような在庫費用は本章第2節（1.2.1）で言及したように，工場内でも発生しうる。すなわち前工程から来た加工対象を後工程がさばききれないと，加工待ちの仕掛り品，一旦保管される半製品が発生するし，また外注部品の仕入数が多すぎるとこれに関して組付け待ちが生ずる。このような仕掛り品（半製品）を生産したり，外注部品を仕入れたりするのにもコストがかかっているから，これらにも資金が貼り付いていることになり，在庫費用の発生源となる。仕掛り品，組付け待ち部品に貼り付いている未回収資金は，財務的資源の自由度が最も低い状態にあり，企業経営上，財務を圧迫する要因となる。したがって生産プロセスにおけるその滞留時間は短ければ短いほど良い。

トヨタ自動車における成功後に導入企業が増えていったかんばん方式は，このような生産プロセスに滞留する在庫を劇的に削減する生産管理システムである。[10]　かんばんとはプレート，ビニール袋に入れられたカードなどで，基本

的には，これは仕掛り品，半製品や部品の入っているコンテナ（収容ケース）に貼られる。

　第Ⅱ部第5章にも言及があるように，かんばんの重要性は情報媒体としての機能にある。その情報伝達機能に注目すると，これには主に生産指示情報が書かれたものと引き取り情報が書かれたものがある。生産指示情報としては，生産すべき半製品や部品の品名・品番，生産数量，生産後の置き場所が書かれている。引き取り情報については，収容すべき半製品や部品の品名・品番，収容数，どこでそれをコンテナに収容するのか，そしてどこにコンテナを置けば良いのかが記されている。

　後工程の担当者はコンテナや収容ケースに入っている作業対象の仕掛り品や部品がなくなると，かんばんをはずして前工程に送ることになる。あるコンテナやケース内の加工対象がなくなった時点で「かんばんがはずれ，前工程に落とされる」のである。このようなかんばんの授受により，必要な半製品や部品が前工程で用意され，担当者によって後工程に届けられる。たとえば必要なヘッドランプが必要なときに，必要な数量だけ，その組付けを行う作業場に搬入される。

　かんばんのないときに前工程は後工程にモノを送らない。つまり前工程はかんばんなしに，後工程で作業の対象となるものを生産しないし，また運びもしない。これにより「つくり過ぎ」「送り過ぎ」が起こらないようにしているのである。各工程は余分な仕掛り品や部品を持たないし，過剰に生産することもない。

　このようにかんばん方式では前工程が下流に向けて加工対象を押し出すのではなく，後工程がかんばんを用いて前工程から加工対象を引き取る。つまりこれはPush型ではなくPull型の生産方式である。「後工程が前工程に，必要なものを，必要なとき，必要なだけ引き取りに行く」「前工程は引き取られた分だけつくればよい」というのがかんばん方式の発想なのである［26］。

　必要なものが，必要なときにそのつど，必要なだけ，必要な所に到着する仕組みはこれまで何度か使用してきたようにジャストインタイム（Just In Time），もしくは頭文字をとってJITと称される。かんばん方式の基本思想はまさにこのジャストインタイムにあると言える。

前工程の設備稼働率と作業の負担を平準化しつつこのようなJIT生産を堅持するために，場合によってはPush型生産を一部導入しPullとPushの特徴を併せ持つ有機的な混合方式を採ることも必要となる。これが第Ⅱ部の第7章で詳述するPull-Push型生産である。後工程より指示を受けてから生産に入るというのがPull型生産の原則であるが，あらかじめ生産指示を予測して生産に取り掛かっておくことにより稼働率と作業負荷を平坦にならすことができるし，また工程能力を超える大量の生産指示があってもJITを保持することが可能となる。この領域では人工知能（AI）の活用が期待され，その発達が生産指示予測の精度を高めて，この方式の有効性を向上させることになろう。

なおトヨタの場合，かんばん方式の対象範囲は部品納入業者にまで及ぶ。中には配達回数が1日に4回とか5回の業者もある。このため，ほとんどの部品業者はトヨタの工場の近辺に立地している。近隣に部品納入業者が立地し，この協力があるからこそ，広範囲に及ぶかんばん方式は可能なのである［27］。

1.4.3　サプライチェーン・マネジメントと在庫

本章の第2節（1.2.1）で，需要の予測がはずれ，生産数量と実際の需要が異なると，品不足や販売機会損失が発生したり，あるいは在庫費用が増大すると述べた。このような生産の過不足は，問屋や小売店と在庫や販売動向に関する情報を共有し，需要の変化に合わせて生産計画，生産数量を柔軟に変えるアジルな生産を行うことである程度防止できる。[11]

そしてメーカーがこのようなアジルな生産を行うと，原材料の発注数量が頻繁に変化することになる。原材料の供給業者が発注量の急な増減に対応できないと，メーカーは生産数量を臨機応変に変えることができない。生産数量を増やしたくても，それに必要な原材料を入手できなければ，増産はできないのである。したがってこのようなアジルな生産には，原材料業者の協力と柔軟な対応力が不可欠と言える。

このように過不足のない生産を行うということを一つの大きな目的として原材料業者，メーカー，問屋・卸，小売店，場合によっては最終顧客をもネットワークで結び，情報共有を図る取り組みがサプライチェーン・マネジメント（Supply Chain Management），いわゆるSCMである。そして的確な需要予測

を立てるためにSCMのネットワーク上で参加企業が情報を交換しあい，その需要予測に基づいて当該企業各社が在庫を増減させる取り組みをCPFRと言う。[12)]

　厳密には，サプライチェーンとは「顧客・小売業・卸売業・製造業・部品資材サプライヤー等の供給活動の連鎖構造」[28] のことで，これが合理的になるように管理するサプライチェーン・マネジメント，SCMは「不確定性の高い市場変化にサプライチェーン全体をアジル（機敏）に対応させ，ダイナミックに最適化を図る」取り組みであると言える（[28]，（　）内の補足は藤野による）。ただし原材料や部品・パーツの生産，完成品への組立て，製品の流通・販売が同一企業ないし同じ企業グループ内で行われている場合には，これが社内ネットワークに近い形や感覚で構築・運用されているケースも見られる。いずれにせよ，このようなSCMの効果として，ある先行研究はチャネル・トータル在庫の縮小がもたらされ，チャネル全体のコスト削減が実現するとしている [29]。[13)]

　SCMの重要な側面は製造と販売といった使命・役割の違う企業，異なる機能間におけるリアルタイムでの情報共有である。この側面を重視すると，これは「部品供給業者から製造会社，卸，小売に至るまでのサプライチェーン全体をネットワークで結び，生産や在庫，販売，物流などすべての情報をリアルタイムに共有することで，チェーン全体で効率を飛躍的に高める手法」[30] であるとも定義できる。なおここにおける情報共有の「情報」は広義概念で，最も重要となるのは売れ行き動向（販売データ）や在庫データであるが，共有の対象はこれに留まらない。在庫の増減と合理的な生産計画に影響しうるその他の情報，たとえばサプライチェーンを構成する企業の工場が大地震や洪水などの災害で損壊した，同じように関係する企業の倉庫や物流拠点が火災に遭った，戦乱など地政学上の突発的事象から生産に必要な資源の輸入がストップする可能性がある，大手小売企業でその製品が販売キャンペーンの目玉商品にされる予定がある，ある企業や官庁・学校が大規模購入を決めたといった情報も共有される必要がある。

　SCMは品切れによる不満と過剰在庫を両方解消することにつながり，川下側（買い手）にとっても川上側（売り手）にとってもそのメリットは大きい。

一方では，これはインターネット上のコミュニティと違って，自然と成り行き的に形成されるものでもないし，創発的に出現するものでもなく，戦略的に構築し運用する必要がある。このようなことからSCMは「顧客満足度を向上させ，しかも経営効率が大幅にアップする新たな情報戦略」[31] と位置づけられる。

　技術的な観点で述べると，SCMの重要な側面は先にも述べたように異なる企業・機能間でのリアルタイム情報共有であるから，そこにおいては異企業間，異機能間でシームレスな情報流を確保する必要がある。ただし送受信され共有されるのは文字情報，数値データであるから，ナレッジマネジメント等とは異なり臨場感形成や映像関連の技術は重要性が低い [32]。また顧客関係管理 (Customer Relationship Management)，いわゆるCRM等のマーケティング用ツールとも違い，ユーザーフレンドリーなインターフェース技術もさほど必要としない。

　SCMが有する目的，すなわち在庫費用および品切れ損失の削減等を達成するためには，情報利用者が在庫，需要，販売，その他の最新情報をタイムラグなく入手することが不可欠である。言い換えれば，情報の利用主体にとってこれらの情報を発生時点で即時に受信することが重要であるから，情報システムの機能に関しては「蓄積」(貯蔵) よりも「速報性」が重視されることになる。すなわちSCMではリアルオンタイムでの送受信が基本であり，ナレッジマネジメント等の場合とは対照的に，レポジトリー (ライブラリー) やデータベース等の技術の重要性は低い。また情報が発生したり，情報が入力されると同時に他組織に，紙に落とされることなく (ペーパーレスで) 即時送信される必要があるから，電子的な情報交換技術やデータ変換技術が重要となる [32]。

　翻ってみるに，SCMにおいては製品を作れば後は販売部門が売ってくれるという工場の意識や体制を変える必要がある [33]。そして従来の見込生産では，ラインや機械の稼動率を勘案して工場が主体的に生産計画を作り，実行してきたが，SCMを成功させるためには，注文に俊敏に対応して生産する体制，需要の変動を鋭敏に感知した上でそれに従って生産計画を即座に変更できるアジルな生産システムを事前構築することが前提条件となる。

1.4.4 クローズドループ・サプライチェーン

モノの流れに着目した場合，サプライチェーンは基本的には原材料供給者から小売業者ないし最終顧客に向けての供給連鎖，すなわち川上から川下に向けての一方向的な物流供給プロセスで，SCMはそのマネジメントシステムと位置づけられる。こういう一方向の供給マネジメントでも在庫削減に対する効果は大きく，経費の削減と環境負荷軽減に相当程度寄与する。しかし廃棄物を回収しリサイクルするという川下から川上へのフィードバックプロセスがあると，資源の有効利用と資源消費の削減に関してより効果が大きく，生産活動が一層環境にやさしいものとなる。

そして近年，「原材料・部品の調達から製品の生産，消費者への配送までのサプライ・チェーンに加えて，製品の回収から再生産までの範囲を含むサプライ・チェーンは，クローズド・ループ・サプライ・チェーン (Closed-Loop Supply Chain: CLSC) と呼ばれており」，その枠組みで有効性の高い在庫管理手法や最適発注策が研究されている（[34]，（ ）内の補足は佐藤・開沼による）。すなわち厳密に言えば，「サプライ・チェーンは，原材料や部品の調達から製品が製造され，市場・小売店に製品を配送し販売され消費者に製品が供給されるまでフォワード・ロジスティクスと呼ばれる範囲を対象としている」[35]。それに対して，「CLSCでは消費者や市場に供給した製品を回収してリユース／リサイクルを行い，再び生産を行うまでのリバース・ロジスティクスと呼ばれる範囲を含んだ循環型のサプライ・チェーンである」[35]。広い意味での循環型生産システムのうち，回収製品から取り出した部品や，これを還元した原材料を同じ製品の生産に自家利用する場合がこのクローズドループ・サプライチェーン，CLSCであるとも言える。

リバース・ロジスティクスは消費者，ユーザーの製品廃棄およびその回収からスタートすると考えると，その起点は消費者，ユーザーであることになる。すなわち「フォワード・サプライチェーンでは，顧客は典型的には当該プロセスの終点であった。しかしクローズドループ・サプライチェーンは返却プロセスを含み，製造者は付加価値の獲得意思，さらにはあらゆるサプライチェーン活動を統合する意思を持つ。したがってクローズドループ・サプライチェーンは伝統的なフォワード・サプライチェーン活動と，リバース・サプライチェー

ンの付加的活動を内包する」[36]。

　翻って考えるに，大量生産体制のもとで製品の廃棄や返品が増大し，それが収益を圧迫するという傾向は今後強まっていくであろう。このため次のような流れが生ずると考えられるし，またそうでなければならない。すなわち「企業は製品に対するライフサイクル的なアプローチの必要性を理解することになろう。これはあらゆる製品回収（小売流通からの返品，保証期間中の返品，修理，使用終了にともなう返却，製品寿命終了時の回収）を当該製品のビジネスモデルに統合するアプローチである。企業はあらゆるタイプの製品返却を活用し，また環境にやさしい製品廃棄を内包するフォワード・サプライチェーンとリバース・サプライチェーンを設計しなければならない」（[37]．（　）内の補足はGuide Jr.らによる）。

　循環型生産システムは端的に言えば原材料の使い回しをするため，サプライチェーンの最上流における資源投入量を減らすことにつながるし，これが普及すれば，新たに原油や鉱石，水，木材を採取する必要性も減る。つまりこれは資源の有効活用と環境にやさしい生産活動の実現に貢献する。

　しかし循環型生産システム，特にCLSCには，需要変動への対応が上流ほど，すなわち最終製品市場から離れるほど複雑になるという問題がある。たとえばソフトドリンクの需要が減少した場合，飲料メーカーは自社製品の生産数量をそれに合わせて減らせば良いが，ドリンク需要の減少がアルミ缶需要を減らすだけでなく空き缶の回収数も減らすため，リサイクルを取り入れているアルミ缶メーカーにとっては新しいアルミニウム（素材）の調達量調整が単純には行かない。しかもリバース・ロジスティクスとリサイクル・プロセスでは，「回収製品の品質がばらつくことから，検査・仕分け工程からそれぞれの後工程へ分配する割合が大きく変化し，回収量の変化とあいまって，後工程へと流れる製品の量はさらに大きく変化してしまう」[38]。このようにCLSCでは，本章第2節（1.2.1）で述べた天候不順，その他による最終製品需要のかく乱以外に，廃棄品の回収率と再生率という不確実性要因が加わるのである。このためCLSCを導入しても，川上側では必ずしも在庫の削減にはつながらないこともある。

　その一つの有効な対応策は，ベンダーが小売店在庫を監視し補充するVMI

(Vendor Managed Inventory）の導入である。すなわち「VMIはサプライ・チェーンの上流側の売り手であるベンダーが下流側の買い手である小売店の在庫管理を代行し，売上量に応じてベンダーが小売店に対して供給を行う方式である」[39]。

これは運用の仕方によっては前述した回収と再生をめぐる不確実性の吸収・削減に機能する。またベンダー側にとっては小売店との安定的な取引関係を維持することができるというメリットがあるし，小売側にはベンダー側が商品補充を担当することで販売機会損失を防止でき，また発注業務の手間や費用を負担しなくてよくなるという利点がある。そしてこれには，たとえば店頭で売れた分だけ補充する方式，店頭在庫が基準在庫水準を割り込んだときに基準在庫を満たす商品数を補充する方式等がある。

アルミ缶を題材にしたコンピュータ・シミュレーションによる先行研究では，VMIを導入することにより「システム在庫の削減が確認できる」[40]という結果が出ている。またシステム内の在庫削減に関するVMI導入の効果が大きいのは，廃棄品の回収率および再生率が高い場合である。これに関してこの先行研究は，「回収率および再生率が低い場合には，CLSC内で循環する製品そのものが減少しているため，アルミ缶生産拠点において新たなアルミ原材料を使用しなければならない。したがって各拠点での在庫量のばらつきが大きくなっていて，VMIを導入してもシステム在庫削減の効果が得られなかったと考えられる」[40]と考察している。

1.5 環境経営から見た緑地創設

1.5.1 大都市特有の環境問題

本章の第1節（1.1）で言及した温暖化，緑地減少，酸性雨やオゾン層の破壊は，地球規模での環境問題であるが，大都市特有の環境問題にヒートアイランド現象がある。これは都市化にともない平均気温が上昇するという現象，あるいは都市化率が高い都市ほど平均気温が高い現象をさす。[14)]

たとえば100年間の推定上昇気温を見ると，網走・根室・石巻・飯田・彦根・宮崎・名瀬等の平均値が1.5℃であるのに対し，東京3.3℃，名古屋2.9℃，

大阪2.7℃と大都市の方が当該上昇幅は大きい［41］。ヒートアイランド現象はこのような大都市特有の現象で，先にも述べたように地球全体で温暖化（高温化）が進む温暖化現象とは異なる。地球温暖化が二酸化炭素等の温室効果ガスにより引き起こされるのに対して，ヒートアイランド現象は建築物の高密度化（林立）と高層化による風通しの減少，アスファルト・コンクリートの日射熱蓄積と照り返し・熱放出，機械類の排出熱等により生じ深刻化するというように原因も両者では大きく違う。そしてこのようなことに原因があるからヒートアイランド現象を防止・緩和するためには，市街地において緑地や花壇，芝生，植栽を設けることが重要となる。ビルの屋上に庭園等をつくったり，建物の壁面にツタ（ツル）類を這わせたりすることにも効果があると言われる。

一方，都市部の公園面積の現状を見ると，その一人当たり面積（m^2／人）はベルリン27.9，ロンドン26.9，ニューヨーク18.6，パリ11.6，ソウル11.3に対し，東京は4.5である［42］。こういう現状があることから，日本では都市部に大規模な緑地を創設することが強く求められている。

ただし翻って考えるに，このような大規模緑地創設の意義はヒートアイランド現象の防止と緩和に留まらない。この意義は緑地開設後その緑地が存在することによる意義すなわち存在効果と，人の利用に関する意義すなわち利用効果に分けて考える必要がある。さらに緑地を国や自治体ではなく企業が創設する場合には，これらに当該企業にとっての意義が加わる。

観点を換えればこの考察は，1）緑地創設一般の意義，2）都市部に緑地を設けることの意義，3）企業が緑地創設を行うことの意義に分けて行う必要がある。先に述べたように，1）と2）については，緑地があること自体による意義（存在効果）と利用に関する意義（利用効果）に分けることでより厳密な考察が可能となる［43］。3）については，第3章で事例研究を取り入れながら論ずる。

1.5.2　存在効果

緑地の最大の特徴は植物が生えているということであり，そして植物は葉緑体により光合成を行っているから，緑地の存在効果としては二酸化炭素の削減および酸素の増加，地球温暖化の緩和，生物多様性の維持，その他が考えられ

る。樹木が豊富な森林には，これらに加え水資源の保護や洪水の防止という機能もある。

　特に都市部における緑地の存在効果としては，「多様性や四季の変化が心を育み，潤いのある美しい景観を形成する」「ヒートアイランドの緩和等都市の気温の調節，騒音・振動の吸収，防風，防塵，大気汚染防止効果等」「緑による心理的安定効果，美しく潤いのある都市景観，郷土に対する愛着意識の涵養」「緑の存在による周辺地区への地価上昇等の経済効果，地域の文化・歴史資産と一体となった緑地による観光資源等への付加価値」が指摘されている[44]。これらに加え，火災時に延焼を食い止めるなど災害の防止やその被害の軽減も都市部緑地の存在効果と見なせるだろう。

　なおヒートアイランド緩和については，先にも述べたようにビル屋上や壁面の緑化，壁際の植え込みや玄関前の植栽にも同様の効果がある。実際，そのようなことから，森ビルや東京建物といった大手不動産会社の大規模ビルにもこういった緑化が施されていることが多い。たとえば前者については六本木ヒルズ（東京都港区六本木），アークヒルズ（東京都港区赤坂），後者については東京スクエアガーデン（東京都中央区京橋），大手町タワー（東京都千代田区大手町）がそういう取り組みで都市緑化機構等の機関より環境貢献や緑化貢献に関する認定・表彰を受けている。

　このような緑地の存在効果を高めるためには，緑地の面積をなるべく広くすることもさることながら，色々な植物や生物を保持するなど緑地を構成する要素の種類を増やし，より豊かな自然を形成することも重要となる。この観点で注目されるのは，小川や池，湿地を含む自然環境の復元空間であるビオトープ（biotope）の設置である。これは環境保護，工場建設前に元々その場所にあった原風景の保存，生物多様性維持などの目的で，自然の池や湿地を保存・再現したスペースである。特に都市部におけるビオトープは「都会での野生生物の多様性を確保する上で効果的である」[45]と先行研究では指摘されている。

　ビオトープでは自然環境に近づけるため，池や湿地の周囲は人工的な施工をせず，雑草や葦が伸び放題にしておかれる。「粗放的な管理で生物相を豊かにする」「粗放的な管理で，生物が生息しやすい空間を残す」[46]というのがそのコンセプトである。一見すると手入れのなされていない荒れ放題の池・湿地，

しかしその背後には立地場所への思い入れ，地元への貢献や環境保護等に関する深い思慮があるこういう水辺復元空間がビオトープである。

したがってビオトープとトンボ池，メダカ池は大きく異なる。ビオトープの設置では，先にも述べたように従来その場所にあった原風景の保存が一つの重要目的となるから，その地域の元々の生態系や自然を調査・推定することが必要となる。ところが，「日本では，対象地周辺の生物や生態系の情報を調べずにつくった『トンボ池』や『メダカ池』もビオトープであると勘違いされている場合が多い。そして，このように立地にあわない創出をしたために，維持管理に苦労している例も多い」[46]。

ビオトープと植物園や庭園にも大きな相違がある。すなわち後者では一般に遊歩道等が設けられ，自然の観察はその通路からに限られる。柵やロープの内側への立ち入りは基本的に禁止で，ドングリを拾うことも許されない。こういった植物園・庭園では害虫は駆除されるのに対し，ビオトープでは害虫という人間側の都合・価値観自体が無効で，これが排斥される。そして害虫もそこに生息する生物，生態系の一部として尊重されるか，少なくとも放置される。すなわち植物園や庭園は「人間の生活環境の整備がその本来の目的である」のに対しビオトープのコンセプトは「主人公が生き物である」「都市にも野生の聖域を確保する」という点で，これらの設置・運営趣旨は全く異なる [47]。また「ビオトープの造成は，都市部にすむ水生昆虫の新たな生息地を産み出すのであり，移動力をもった昆虫にとってより安定的な生息地ネットワークを提供するもの」である [48]。

以上のように，生物多様性維持の観点でビオトープの設置，特に都市部におけるその設置は効果的である。「こういうビオトープを独立してヘクタール単位で設けられればそれに越したことはないが，それができない大都市中心部では企業設置の緑地内に数百平方メートルの規模でこれを設けることにも大きな意義があると考えられる」[49]。

1.5.3　利用効果

利用効果は人々の利用に関する価値・効用で，典型的にはスポーツや課外活動，レクリエーションがそこで行えるというものである。またこれに伴って，

精神的な疲れや緊張を緩和・解消したり，爽快な気分になったり，気力を回復したりするという効用もある。

特に人口密度の高い都市部の緑地に関して言えば，地域に自然の緑が少なく周辺にビルや住居，その他の建造物・建築物が多数あるという立地的特性ないし近隣状況から，特有の価値が生まれる。すなわちそういう特性・状況を考えると，これはいわゆるオアシス的な憩いの場，地域住民のコミュニティ活動拠点，環境学習・情操教育を実施する場，災害時の避難場所，イベント開催の場としての有用性を持つ。

憩いの場としての性格については，「高木がつくり出す濃い緑の葉陰や花壇に植え込まれた季節の草花が，オフィス街で働くサラリーマンにほっと一息つけるオアシスを提供し，昼時には弁当をひろげる姿も散見される」[50] というように先行研究では指摘されている。これと関連する効用として，「『癒し効果』や『リフレッシュ効果』，『休憩場所として』といった人の心身の健康やストレス緩和」[51] もあるとされている。また公園，特に大規模公園に人々が求める価値は「日常からの脱却であり，気分転換であり，暇つぶしである」とされ，そこでは「繁華街では得られない開放感」も享受されるという[52]。

都市部緑地は先にも触れたように，地域住民のコミュニティ活動拠点という性格も持つ。これは言い換えれば「地域の溜まり場」としての性格であり[53]，「そこに人々が集まり，コミュニティの形成に寄与する」という側面である[54]。使われ方にもよるが，人間関係を再構築し，単なる街並みを超えた人と人のつながりのあるコミュニティ，地域共同体としての要素を取り戻す機能を持ちうるのである。たとえば快適な居住性を維持し高めるための共同作業，防犯や安全維持のための協力関係，災害時における助け合い（互助），これらが可能であるということによる安心感や地縁的意識がそのような共同体としての要素にあたる。夏祭りや音楽イベントではより広範囲の人が集まりうる。

加うるに，「自然は見て触れて肌で五感で感じなければ理解できない」し，また「次代を担う幼児や子供たちを感受性豊かな人間に育てるために，多くの環境に接する機会を提供する」ことが重要であるから，都市部における緑地は子供の情操教育，感受性・情感の育成にも役立つ[45]。先に言及したビオトープの設置はこのような環境学習・情操教育の場すなわち「生態系としての

自然とふれあい，理解する場」[48] としても有効である。日本では水のある環境が好まれ，「すぐ近くに小川があり，郊外に行けば美しい風景の湖があるとよいと，多くの人が考えている」し [55]，また水辺で体験学習をしたり，水生動植物を観察したりするためにはそのための空間，ビオトープが欠かせない。

大規模災害時に緊急避難場所，救援活動拠点として使用できるというのも，緑地の利用効果と見なせる。この機能・効果により都市部緑地は地域の復興に寄与する。言い換えればコミュニティとしての復元力，居住空間としての強靭さを高めることになる。見ようによっては先に述べた人のつながりを再形成する機能もこの効果に含まれる。先行研究のことばを借りるならば，「『好縁』づくり」が進み，それを通じて地域再生が行われるのである [56]。

大地震発生後に周辺の多くの建物が全壊・半壊している状況では，面積的広がりを持つ緑地は周辺で暮らす住民にとり身を守るための安心安全なスペース，臨時の居住空間として役立つ。さらにはヘリコプターの発着，救援物資の搬入・管理と配布，炊き出し等もそこで行われうる。都市部における緑地創設には，以上のような健康の維持と増進の場，憩いやリフレッシュの場，コミュニティ活動やイベント開催の場，情操教育の機会拡大，災害時の避難場所提供による復興力向上という価値および効用がある。

1.6 特化型環境経営の意義

地球規模で温暖化や緑地減少，オゾン層の破壊，酸性雨といった環境問題が深刻化している現代においては，環境経営に関する全社的な戦略と活動推進体制のもとで，環境保護に配慮した製品の開発・生産・販売，使用済み製品のリサイクル・リユースなど製品ライフサイクルを通じた環境負荷軽減の取り組み，事業所内と周辺，その他における環境整備・自然保護活動のすべてが遂行されていることが望ましい。しかし実際には，これらすべてを網羅する総合型環境経営を実践している企業というのは少ない。

少ないことの一つの理由には環境経営に対する意識の低さもあるが，企業の規模や資金力の問題もある。すなわち中小企業の場合，一般的には資金や設備，

人員面で制約があるため，これらすべてを実行するというのは現実には難しい。

　事業の内容，業種的な要因で可能な取り組みが限られてくるという場合もある。リサイクルを例に取ると，これが技術的に容易に，また低コストでできるかどうかは製品の素材，原材料の種類にもよるから，すべての業種，メーカーで大々的に実践できるわけではない。たとえば加工食品の場合には肥料等にする以外これが難しい。賞味期限切れのパンや廃棄する菓子を小麦粉や米，油脂レベルまで還元し原料として再投入可能な状態に戻そうとすると，コストが莫大で，費用的に高くついてしまうからである。企業にとっては売上が同じ際に得られる利益が大きい方が望ましいから，製造原価がリサイクルしない時よりもリサイクルした時の方が格段に高額ということであれば，どうしても当該リサイクルに消極的となってしまう。まして規模的に小さく財務的な余裕がない企業ならば，これはあきらめざるを得ない。無理して取り組めば，環境には良いかもしれないが，事業の存続が難しくなるのである。

　したがって可能な水準，できる範囲で環境経営に取り組むという発想も必要となる。敢えて誤解を恐れずに言うならば，無理をして経営を圧迫する事態を招くのは本末転倒で，「身の丈にあった」環境対策の実践，特化型ないし一点集中主義の環境経営でも良しとしなければならない。また実際，そういう環境経営であっても一定の有効性はある。「できることから始める」という感覚で，たとえば製品の冷却に用いた水を機械・設備の洗浄にも使うという水のリユースだけ，あるいは工場の屋根にソーラーパネルを設置しての太陽光発電だけに取り組むというのでも一向に構わないであろう。もちろん工場敷地内の緑地率アップ，営業車のハイブリッド率向上にもっぱら取り組むということでも良かろう。

　しかしそうであっても，その取り組みを大企業と同様に対外的に訴求することは重要である。その対外的訴求とこれをベースにしたブランディング活動は企業の規模にかかわらず同じように重要で，この点すなわち当該重要性については会社規模は関係がない。

　日本企業はこのような環境経営やその他の社会的責任遂行の取り組みと実績を対外的にアピールするという意識がこれまで弱かった。しかし黙っていても消費者はわかってくれるはずというのは，ある意味であまい。良いことを行っ

ているのならば，それをアピールして，ブランド好感度を高めることが営利組織である企業では大切なのである。

■注

1）　「商品」と「製品」を厳密に区別するならば，本書で「商品」と言った場合には対価の授受をともなって行われる労務としてのサービスを含むが，「製品」とある場合はこれを含まない。すなわち「製品」は何らかの製法によって人工的につくられた有形物をさす。一方，「商品」は販売に供されるもの，売買関係に置かれるもの一般を意味し，前述のサービスや自然界に存在する物質等もこれに含まれる。
2）　材料，マテリアルをリサイクルするというのは，鉱石や原油，樹木に戻すということで，これは現実的ではない。
3）　周期変動とは一定のサイクルを持つ変化をさす。たとえば季節の移り変わり，折々の天候によって引き起こされる販売（需要）のパターン的変化，いわゆる季節変動がこれにあたる。
4）　仕掛り品と半製品は両者とも工場出荷前の未完成品であるが，厳密に言えば前者は製造工程内で作業途中にあるもの，または工程間にあるもの，後者は保管庫や倉庫等に置かれていて，もし当該半製品を買いたいという者が現れた場合出荷しうる状態にあるものというニュアンスで使われることが多い。ここでも，両者をそういう含意で使用している。
5）　調達コストの削減を重視して，部品調達先をそのつど変えると，このような下請け企業とのコラボレーションは望めなくなる。すなわちコスト面では継続取引よりもスポット取引の方が仮に有利としても，長期的に見てこれが望ましいかは不確かである。むしろコスト削減の観点からよく行われる系列取引の廃止は，場合によっては競争優位基盤の一部を自ら破壊することにもなりうる。
6）　本項（1.3.2）を執筆するにあたって，東芝環境ソリューション株式会社への訪問調査で得た知見とその際に入手した紙媒体資料を参考にした。
7）　原著論文に即してここでは「循環型」ではなく「循環形」と表記した。
8）　「クローズドループ」の原著論文における表記は「閉ループ」である。
9）　この研究では，自社で部品生産を行わずに組立生産だけを行い，当該企業は1種類の製品の組立・販売・回収分別，および再生可能部品の売却を行っていると仮定されている。
10）　かんばんは1959年にトヨタ自動車・元町工場で導入され，同社の全工場で採用されたのは1962年であると言われる。
11）　アジル（agile）は俊敏，機敏であることを意味し，アジャイルとも表記される。
12）　CPFRはCollaborative（共同での），Planning（計画），Forecasting（予測），Replenishment（在庫補充）の頭文字をとった略語である。すなわちCPFRは本文でも述べているように，的確な需要予測を立てるため，サプライチェーン・マネジメント用に構築されたネットワーク上で参加企業が情報を交換しあい，その需要予測に基づいて当該SCM参加企業が在庫を増減することをさす。

13) ここでチャネル・トータル在庫とは流通経路全体で見た同じ製品の在庫，すなわちメーカー，問屋・卸，小売店が抱えているある製品の在庫の合計量をさす。
14) 都市化は観測地点を中心とした半径7km円内における人工的被覆率で測定および表示し，人工的被覆率は建物，道路・鉄道等，公園・緑地以外の面積割合で定義するのが一般的である。

■参考文献

※ 本文の複数個所に同じ文献番号が付されている場合は，同じ文献の同じページを引用もしくは参考にしている。

[1] 近藤伸亮（2004）循環型生産システム構築のための課題，計測と制御，第43巻5号（pp.401-406），p.401.
[2] 井熊均（2007）環境問題と企業経営，予防時報，第229号（pp.14-19），p.19.
[3] 田中宏二郎・佐伯隆（1999）21世紀に向けた環境経営戦略，知的資産創造，第7巻1号（pp.51-62），p.51.
[4] 田中宏二郎・佐伯隆，前掲論文，p.56.
[5] 井熊均（2007）環境問題と企業経営，予防時報，第229号（pp.14-19），p.17.
[6] Pauli, Gunter (1997) Zero Emissions: The Ultimate Goal of Cleaner Production, *Journal of Cleaner Production*, Vol.5, No.1-2 (pp.109-113), p.112.
[7] 星野健・由良憲二・人見勝人（1994）循環形生産システムの解析，日本機械学会論文集（C編），第60巻571号（pp.385-391），p.386.
[8] 梅田靖（2004）ライフサイクルエンジニアリングの基本的な考え方，計測と制御，第43巻5号（pp.388-394），p.389.
[9] 梅田靖，前掲論文，p.392.
[10] 近藤伸亮（2004）循環型生産システム構築のための課題，計測と制御，第43巻5号（pp.401-406），pp.401-402.
[11] 白石弘幸（2010）企業経営の情報論，創成社，p.117.
[12] 山下高之（1990）体系生産管理論，中央経済社，p.54.
[13] 白石弘幸（2010）企業経営の情報論，創成社，p.118.
[14] 甲斐章人（1982）生産管理，泉文堂，p.249.
[15] 白石弘幸（2010）企業経営の情報論，創成社，p.122.
[16] 白石弘幸，前掲書，p.123.
[17] 佐藤淳崇・開沼泰隆（2009）クローズド・ループ・サプライ・チェーンにおけるVMIの有効性の検討，日本情報経営学会誌，第29巻4号（pp.84-92），p.84.
[18] Steinhilper, Rolf, Rosemann, Bernd, and Freiberger, Stefan (2006) Product and Process Assessment for Remanufacturing of Computer Controlled Automotive Components, *Proceedings of LCE 2006: 13th CIRP International Conference of Life Cycle Engineering* (pp.441-446), p.441.

[19] 近藤伸亮（2004）循環型生産システム構築のための課題，計測と制御，第43巻5号（pp.401-406），p.404.
[20] 白石弘幸（2017）多角的環境経営と口コミ形成―東芝を事例とした試論―，金沢大学経済論集，第37巻2号（pp.33-56），pp.45-46.
[21] 白石弘幸，前掲論文，p.47.
[22] 梅田靖（2004）ライフサイクルエンジニアリングの基本的な考え方，計測と制御，第43巻5号（pp.388-394），p.388.
[23] 星野健・由良憲二・人見勝人（1994）循環形生産システムの解析，日本機械学会論文集（C編），第60巻571号（pp.385-391），p.385.
[24] 近藤伸亮（2004）循環型生産システム構築のための課題，計測と制御，第43巻5号（pp.401-406），p.402.
[25] 星野健・由良憲二・人見勝人（1994）循環形生産システムの解析，日本機械学会論文集（C編），第60巻571号（pp.385-391），p.391.
[26] 大野耐一（1978）トヨタ生産方式―脱規模の経営をめざして―，ダイヤモンド社，p.11.
[27] 白石弘幸（2010）企業経営の情報論，創成社，p.132.
[28] 藤野直明（1998）サプライチェーン経営革命―その本質と企業戦略―，ダイヤモンド・ハーバード・ビジネス編集部編（1998）サプライチェーン―理論と戦略―，ダイヤモンド社（pp.3-45），p.5.
[29] Walt, Cathy and Gattorna, John（1998）New Dimensions of Leadership in the Supply Chain: Aligning Leadership Style to the Supply Chain Challenge, Gattorna, John ed. *Strategic Supply Chain Alignment: Best Practice in Supply Chain Management*, Gower Publishing（pp.472-490），p.489；前田健蔵・田村誠一訳（1999）新時代のサプライチェーン・リーダーシップ，前田健蔵・田村誠一訳（1999）サプライチェーン戦略，東洋経済新報社（pp.303-321），p.320.
[30] 大山繁樹・中川香美（1998）サプライチェーン革命，日経情報ストラテジー，8月号（pp.8-37），p.8.
[31] 大山繁樹・中川香美，前掲論文，p.10.
[32] 白石弘幸（2003）組織ナレッジと情報―メタナレッジによるダイナミクス―，千倉書房，pp.132-133.
[33] 入江仁之（1998）過剰生産と機会損失を招かない業務プロセスへの改革，ダイヤモンド・ハーバード・ビジネス編集部編（1998）サプライチェーン―理論と戦略―，ダイヤモンド社（pp.139-164），p.159.
[34] 佐藤淳崇・開沼泰隆（2009）クローズド・ループ・サプライ・チェーンにおけるVMIの有効性の検討，日本情報経営学会誌，第29巻4号（pp.84-92），pp.84-85.
[35] 佐藤淳崇・開沼泰隆，前掲論文，p.85.
[36] Guide Jr.,V. Daniel R., Harrison, Terry P., and Van Wassenhove, Luk N.（2003）The Challenge of Closed-Loop Supply Chains, *Interfaces*, Vol.33, No.6（pp.3-6），p.3.
[37] Guide Jr., V. Daniel R., Harrison, Terry P., and Van Wassenhove, Luk N., *op. cit.*, p.5.

[38] 近藤伸亮（2004）循環型生産システム構築のための課題，計測と制御，第43巻5号（pp.401-406），p.403.
[39] 佐藤淳崇・開沼泰隆（2009）クローズド・ループ・サプライ・チェーンにおけるVMIの有効性の検討，日本情報経営学会誌，第29巻4号（pp.84-92），p.86.
[40] 佐藤淳崇・開沼泰隆，前掲論文，p.91.
[41] 気象庁（2017）ヒートアイランド監視報告，p.4.
[42] 国土交通省都市局公園緑地・景観課（2014）平成25年度末都市公園等整備及び緑地保全・緑化の取組の状況（速報値）について，プレスリリース，2014年12月12日，p.3.
[43] 白石弘幸（2018）都市部工場跡における緑地創設と地域レジリエンス，日本情報経営学会誌，第37巻3号（pp.62-73），p.65.
[44] 公園・緑地維持管理研究会編（2005）公園・緑地の維持管理と積算（改訂4版），経済調査会出版部，p.11.
[45] 上田恭幸（2004）みどりの都市計画―命を吹き込む街づくり―，ぎょうせい，p.274.
[46] 原口真・山田順之・高井健慈（2000）生物多様性企業戦略と工場ビオトープ，グリーン・エージ，第27巻9号（pp.23-31），p.23.
[47] 森本幸裕（2005）都市によみがえる野生，森本幸裕・夏原由博編著（2005）いのちの森―生物親和都市の理論と実践―，京都大学学術出版会（pp.3-35），p.3.
[48] 夏原由博（2005）都市に自然をつくる，森本幸裕・夏原由博編著（2005）いのちの森―生物親和都市の理論と実践―，京都大学学術出版会（pp.366-389），p.380.
[49] 白石弘幸（2018）都市部工場跡における緑地創設と地域レジリエンス，日本情報経営学会誌，第37巻3号（pp.62-73），p.66.
[50] 上田恭幸（2004）みどりの都市計画―命を吹き込む街づくり―，ぎょうせい，p.2.
[51] 岩崎寛（2010）人の健康と緑のデザイン，日本緑化工学会誌，第36巻2号（pp.243-244），p.243.
[52] 上田恭幸（2004）みどりの都市計画―命を吹き込む街づくり―，ぎょうせい，p.267.
[53] 上田恭幸，前掲書，p.266.
[54] 上田恭幸，前掲書，p.269.
[55] 阿部晶　坂井宏光（2012）水環境を守る活動と環境教育，社会環境学（福岡工業大学），第1巻1号（pp.17-28），p.18.
[56] （財）東京市町村自治調査会（2009）「公園」を舞台とした地域再生―あなたが主役の「好縁」づくり―調査研究報告書，p.161.

第2章

ブランディング基盤としての環境経営

はじめに

　地球規模での緑地減少と温暖化，酸性雨，オゾン層の破壊等の環境問題が深刻化するのにともない，企業における環境経営の位置づけと意義も変わってきた。従来，これは企業においてともすれば副次的な活動と見なされ軽視されがちだったが，社会的責任（CSR）としての意義が徐々に増し，さらに今日ではブランディングの基盤として極めて重要かつ有効となっている。

　環境経営がこのようなブランディング基盤として重要性と有効性を持つのは，ほとんどすべての製品にはコーポレート・ブランドが付され，その製品を生産し供給している事業者の企業としてのイメージが製品のイメージをかなりの程度規定するからである。また環境問題とこれを緩和・解消する対策への関心が消費者サイドで高まっていることも深く関係している。本章ではこのような観点から，製品の売買が行われる市場とは異なる「場」におけるオフマーケット・ブランディングの意義とあり方を検討する。

2.1　オフマーケット・ブランディングの意義

2.1.1　コモディティ化とその要因

　近年，多くの製品カテゴリーでコモディティ化が進行している。これは物理的構造等の客観的属性で独自性を出すことができなくなる傾向を言う。言い換えれば，ハードとしての製品そのもので差別化することが困難となり，模倣と類似品の製造が容易になる現象である。そして製品がコモディティ化すると，当該製品市場における競争はもっぱら価格だけをめぐって展開されるようにな

る。価格競争は一般にその製品事業における各社の利益率を低下させるから，企業にとってそれは望まれる事態ではない。製品のアーキテクチャーがインテグラル型からオープン・モデュラー型にシフトしたり，複数成り立っていた規格が一つの標準規格に収れんしたり，人間の知覚能力では差が認識できないレベルまで性能向上が進んだりすると，このようなコモディティ化が出現する（図2－1）。

アーキテクチャーすなわち設計と構造に関する基本的性質について言えば，部品同士の相性を考えながら設計し製造するインテグラル型製品の場合，部品のすり合わせに関して蓄積されたエンジニアのノウハウや現場の職人技，きめの細かいスキルが必要で，完成した製品にもその違いが現れる。ところが市場で流通しているパーツの単純結合で製品ができ上がるオープン・モデュラー型製品の場合，組立てに関する知識があれば比較的容易に，そこそこの性能を持つ製品が生産できる。たとえばテレビの製品革新はブラウン管型から薄型へ，アナログからデジタルへという二つの側面で捉えられがちであるが，国際的な競争において重要だったのはむしろその背後にあるインテグラル型からオープン・モデュラー型へというアーキテクチャーの変化だったと考えられる。

また複数の規格が並び立っている製品市場では，それぞれの規格により個性

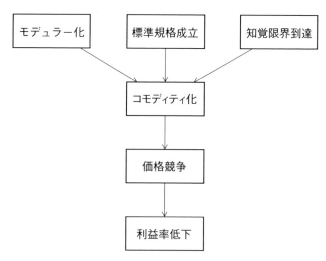

■図2－1　コモディティ化の因果関係

的で，しかも長期間売れ続けるような製品ができる。ところがデファクト・スタンダードの成立等により，規格が一つに統合されると，その規格の枠内での差別化競争となり，ハードに関して独創的な製品を製造し販売することが難しくなる。たとえ独自規格で個性の強い製品をつくって市場投入しても，一緒に使われる補完品のほとんどすべてがデファクト・スタンダード向けであれば，その製品は市場で存続できず短命に終わる危険性が高い。たとえば独自のOSでスマートフォンやパソコンを生産し販売しても，アプリケーションソフトのベンダーがついて来ず使えるアプリが極めて少ないということになれば，市場からの撤退を早晩余儀なくされる。

　一方，視覚や聴覚といった人間の知覚能力には限界があるから，製品の性能がある一定レベル以上になると，その違いを認識できなくなる。今日，dpiやbpsといった数値で示される一部の情報機器の性能はこのレベルを超えていると言われ，新製品と旧製品を比較してもなかなかその相違が判らなくなっている。たとえば家電量販店でディスプレイの映像やテストプリントされた印刷物を見せられながら，店頭スタッフに「ほら，この辺りが違うでしょう」と言われても全くわからないとか，「言われてみればなんとなく」程度にしかその差異が認識できないことも多い。こういった製品における性能向上は過剰品質になりかねないし，それにより値段が上がっている場合は価格的にも割高ということになる。

　このような要因により進行するコモディティ化と価格競争および利益率の低下は，企業にとってはいわば「あり地獄」のようなもので，技術力を土台に成長してきた企業は一度これに陥るとなかなか抜け出せないことが多い。トップマネジャー層が共有している考え方や思考上のパラダイム，ドミナントロジック（支配的論理）が技術力を頼みにするものであると，何とか製品そのもので競争優位を取り戻そうとする。別の「場」や違う方法で差別化を図るアプローチもあるし，それがむしろ求められているという発想の転換ないしパラダイムの棄却，いわゆるアンラーニング（棄却学習）ができない。実際，一部の日本企業には自社の技術力に対する過信があったため，この陥穽にはまり苦境に直面したのである。

2.1.2 イメージ源泉としてのコーポレート・ブランド

一般に企業のブランドは階層をなす。たとえば食品メーカーの味の素社は「AJINOMOTO」という企業ブランド，いわゆるコーポレート・ブランドを使用するのに加え，マヨネーズ等の「ピュアセレクト」，料理用レトルト食品（合わせ調味料）シリーズの「Cook Do」，顆粒スープ商品群の「Knorr（クノール）」など，商品カテゴリー別にブランドを展開している。ブランディングが積極的かつ有効に推進されている証左として，これらのカテゴリー・ブランドの浸透度が高く，「クックドゥのパック入り商品はどこにありますか？」とか「今日の朝はクノールのポタージュにしよう」といったように，これに関して消費者間でコーポレート・ブランドなみの知名度と利用度が実現している。食品スーパー等の店舗でも「今日のお買い得，クノールのカップスープ」というようにこれがコーポレート・ブランドに準じて扱われたりする。さらに，こうした知名度の高いカテゴリー・ブランドの下には具体的な製品名（料理種類），たとえば「Cook Do」であれば「きょうの大皿・肉みそキャベツ用甘から味噌炒め」「きょうの大皿・豚バラ大根用すき焼き煮」等，「Knorr」では「カップスープ・コーンクリーム」「カップスープ・オニオンコンソメ」等が付される。

同様の階層的なブランド編成は化粧品，キッチン周り，トイレタリー等の日用品にも見られる。たとえば，アメリカのプロクター・アンド・ギャンブル社はP&Gというコーポレート・ブランドの下に，紙おむつ等の「Pampers」，カミソリの「Gillette」，シャンプー等の「PANTENE」というカテゴリー・ブランド（ファミリー・ブランド）を置き，カテゴリーによってはさらにその下位に商品の種類や用途，対象を示す個別商品ブランドを置いている。たとえば「Pampers」を例に取るならば，「弱酸性ふわふわシート」（乳児用おしりふき），「はじめての肌へのいちばん」（新生児用おむつ）といった具合である。[1]

このようにブランドにはいくつかのレベルがあり，企業のブランドは階層性を有する。そしてこのような階層性を持つ企業のブランドで最も上位に位置するのがある企業の製品に共通して付される企業ブランド，コーポレート・ブランドである。これは表記の相違はあるにしても前述のAJINOMOTOのように会社名と基本的に同じであるか，P&Gといったように会社名の略称等である

ことが多い。[2]

　こういう階層性を持つブランドのうち複数，たとえばコーポレート・ブランドとカテゴリー・ブランドが組み合わせられて商品に付されることも多い。むしろそういう場合が一般的で，あるレベルのブランドが一つだけ付けられている商品というのは稀であるし，少なくともコーポレート・ブランドは付されているというのが通常のパターンである。したがって商品は一般にコーポレート・ブランドのイメージから逃れることは難しく，かなりの程度その影響を受ける。先の例で言えば，どのようなカテゴリーの商品であっても味の素社の商品，プロクター・アンド・ギャンブル社が出している商品といったように，会社としてのイメージがどうしても付きまとう。そして会社に好感が持たれているならば，一般的に個別商品ブランドと商品そのものも好ましく思われ，不祥事続き等の理由で悪いイメージを持たれている会社ならば，商品ブランドと商品もマイナスイメージで捉えられてしまう。消費者は合理的存在として客観的にブランドと商品を評価するとは限らず，感情を持つ人間として情緒的にこれらを見てしまうのである。商品のイメージ源泉には当該商品の使用経験，価格・機能・性能・品質，広告宣伝等があるが，これに付されるコーポレート・ブランドも当該源泉として重要なのである。[3]

　ケラー（2008）はこういうコーポレート・ブランドとの関連で思い浮かぶこと，これに対するイメージが持つ意義について次のように述べている。「さまざまなタイプの連想が，物理的な製品特性を超越したコーポレート・ブランドに結びつく。こうした無形の連想は，ブランド・エクイティにとって貴重な源泉となり，また重要な類似化ポイントあるいは差別化ポイントとして役立つ」[1]。ここで類似化ポイントというのは自社製品に多様性がある場合にそのイメージを統合しアイデンティティを形成するファクター（要素）という意味で，差別化ポイントというのは競合他社との関係において商品イメージを独自にする要素ということである。そのようなアイデンティティ，独自の商品イメージを形成するファクターとして肯定的に，すなわち好ましい内容を形成する形で機能しているならば，そのコーポレート・ブランドはブランド・エクイティと見なすことができる。[4]

　従来，このようなファクターとして重視されてきたのは技術，特に新製品開

発とものづくりにおいて中核をなす組織能力としてのコア・コンピタンスであった。しかし多くの製品でコモディティ化が進み，技術的独自性を出しにくく，また模倣と類似品製造が容易になっている今日では，このようなファクターをブランドに求めなければならなくなっていると言える。

またアーカー（1996）によれば，「しばしば，企業ブランド（たとえば，ジョンソン＆ジョンソン）のコア・アイデンティティの一部となる信用は，組織とその顧客との関係に強い基礎を与える」([2], （ ）内の補足はアーカーによる）。加えて，「好感を持たれているブランドのメッセージは受け入れられる傾向があるが，一方で，好きではないブランドの訴求は懐疑的な目で見られる」[3]。

2.1.3　コーポレート・ブランドとオフマーケット・ブランディング

企業は持続的競争優位を構築するために，自社ブランドの認知度向上，ブランド選好とより強固なブランド・ロイヤルティの確立，端的に言えばブランディングを推進する必要がある。一方，近年多くの商品ジャンルでコモディティ化が進み，製品そのものの構造や機能・性能で独自性を出すことが難しくなっている。日本企業の技術に関する独自性とこれによる競争優位がゆらぎ，「技術力で勝負」というわけにはいかなくなっているのである。途上国メーカーの追い上げが激しくなっている今日，競争優位の土台としてブランド力が重みを増す一方，技術力とは異なるファクターによるブランディングの必要性が高まっていると言える。

コトラー（2000）は，このブランディングの目標を「当該ブランドに対する肯定的なブランド連想を作り出すことにある」としている [4]。ただしこのような連想は製品を媒介しなくとも形成されうる。

すなわちアーカー（1996）によれば，ブランド選好ないしブランド・ロイヤルティの形成は，製品あるいはこれに関する広告宣伝および使用経験によるとは限らず，「環境への配慮や意義のあるチャリティの後援，そのコミュニティにおける関心と関与，さらには彼らの従業員に対する待遇を含む様々な方法」で，端的に言えば「善良な企業市民であることを証明」することでも行われうる [5]。つまり，ふだん地域社会でその企業はどう行動しているのかが，会社

のイメージ，ひいてはブランドと商品のイメージも規定しうる。したがって，製品の売買を媒介せずオフマーケットでブランディングを行うこともできるのである。先に言及したように実際のところ多くの製品でコモディティ化が進行し，客観的属性で優位を形成したり差別化を図ったりすることが難しくなっている今日の状況では，特にこの発想が重要となる。

　このように，マーケットにおけるブランディングも重要であるのは確かだが，これと別の「場」で広範囲を対象としたブランドの認知度向上，選好とロイヤルティの形成を行うことが意識されなければならない。製品売買とは関係のない領域と「場」でブランディングを進めておかなければ，製品がコモディティ化した際に企業はシェアと収益を維持できなくなるからである。実際の現象としても，家電等多くの製品市場でそういう傾向が既に現れている。

　こういうオフマーケット・ブランディングが可能で，また有効性と重要性を有するのは，ほとんどの製品にはコーポレート・ブランドが付けられ，そのイメージの影響を必然的に受けるからである。すなわち前項 (2.1.2) でも述べたように，製品へのブランド付けでは階層性を持つブランドのうち複数が組み合わせられることが多いが，少なくともコーポレート・ブランドは添付されているというのが通常パターンである。したがって製品は一般にコーポレート・ブランドのイメージから逃れることは難しく，半ば不可避的にその影響を受ける。つまり個別製品ブランドが付いていても，どうしてもそれをつくったメーカーの印象，会社としてのイメージは付きまとう。製品のイメージ源泉には当該製品の使用経験，価格・機能・性能・品質，広告宣伝等があるが，それを開発し製造している会社に対する印象，その会社がどういう会社かということも当該源泉として重要なのである。

　たとえば企業の社会的責任，CSR全般にもそういう企業イメージ，コーポレート・ブランドのイメージに対する効果がある。一般的にはその積極的遂行はこれらのイメージを好ましいものとする肯定的（プラスの）効果を持つ。すなわち先行研究によれば，これには「企業活動を優位にする」という側面があり，その具体的効果として「取引上の優位，株の購入促進，従業員ロイヤルティの向上，企業ブランド価値の向上などがあげられる」[6]。つまり「企業経営者は，CSRの実践によって競争優位を築けるという可能性に着目し，守り

ではなく，攻めの姿勢で実践することが成功企業の条件となる」という［6］。責任だから遂行するというよりも，ブランディング上重要だからという視点が求められているのである。

　換言すれば，CSRは企業の社会的責任と訳されるものの，「企業ブランド価値の向上や，ビジネス展開基盤の確立，事業活動への直接的な貢献」がその目的となりうる［7］。より具体的にはCSRは「重点顧客のロイヤルティ向上」「潜在顧客に対して社会性に配慮した製品をアピール・提供し新たなファン層を確立する」ということを媒介して「ステークホルダーからの信頼獲得によるブランド価値向上」と「売り上げ増」につながるという［8］。

　バリッチおよびコトラー（1991）によれば，「企業は良き市民であり，そして良い行為に関する広報に多額の投資をすれば，強い企業イメージを獲得しうる」［9］。そして「良き市民」であることにつながる具体的ファクター，「良い行為」の具体的内容は多様である。言い換えれば，企業のイメージは製品，企業行動，消費者とのコミュニケーションなど多数の要因によって決まる。たとえば製品の特徴や性能もさることながら，環境やコミュニティに対する貢献といった社会活動（Corporate Social Conduct），慈善活動，学校や芸術団体に対する寄付行為もそのような要因となる。地球規模での温暖化や砂漠化が進行し，その影響とこれへの対策が広く人々の関心事となっている今日では，その中でも特に環境貢献，第1章で述べた環境経営が意識される必要がある。

　もっともブランディングのベースには優良な製品がなければならない。つまりこのような社会貢献や環境経営，寄付行為が企業イメージの向上に機能するためには，土台に製品に関する信頼性がなければならず，前者が優れていれば後者の弱さが帳消しになる，あるいは買い手に大目に見てもらえるというわけではない。

　このように製品が劣悪であってはならないが，環境経営，CSRへの積極的取り組みが企業の評価を高め，ブランドの選好，ひいてはロイヤルティの形成に機能しうる。持続可能な社会の構築に努力しているということが消費者に当該企業に対する信用と好感を醸成することが大いにありうるのである。

　品質や価格が同等ならば，環境にやさしい企業，そういうイメージのある企業の商品を選ぶというのは消費者行動として，むしろある意味で自然である。

企業がどれだけ環境に配慮した事業活動を行っているかは他人事ではなく，自分の生命や生活，自分の子供・孫の健康や将来にも影響を及ぼすという認識，これを守りたいという防衛本能は誰でも強弱の差はあれ持っているからである。

2.1.4 企業イメージの本質とブランディングにおけるその重要性

ケラー（2008）は，企業イメージの本質とブランディングにおけるその重要性について次のように述べている。「企業イメージとは，製品を作ったりサービスを提供したりしている企業に対して消費者が抱く連想と考えることができる。ブランディング戦略においてコーポレート・ブランドが際立った役割を果たしている場合，企業イメージは特に重要である。企業が社会で果たしている役割，つまり企業が従業員，株主，近隣住民などにどのような待遇をしているかについての消費者の知覚が，購買決定において重要なファクターになってきている」[10]。そして知名度を上げることも重要であるが，有名になればなおさら企業は自社の本質，内部で行われていることに関して透明度を高め，対外的にオープンにする必要があるという。すなわち「企業は，知名度が上がったためにいっそう世間の目にさらされる立場となることを受け入れ，自社の価値観，活動，プログラムについて透明性を高める努力をするべきである」[11]。

端的に言えば，企業は自社に関して信頼性がイメージされるようにしなければならない。ここで言う企業の信頼性とは，「その企業が顧客のニーズとウォンツを満たす製品やサービスを設計し供給できるということを，消費者がどの程度信じているかの尺度である」[12]。そしてこれには次の三つのファクターがあるという。第一に企業の専門度あるいは業務遂行能力に対する評価で，これは「消費者から見て，どの程度その企業がうまく製品を製造・販売できているか，あるいはサービスを提供できているか」を意味する。第二に企業の信用度で，「消費者から見て，どの程度その企業が誠実で，頼りがいがあり，顧客ニーズに対して敏感であろうとしているか」というファクターである。第三に企業の好感度で，これは「消費者から見て，どの程度その企業が好ましく，魅力的で，一流で，躍動的であるか」というものである [12]。

ただし環境問題が深刻化し，持続可能な社会の構築への関心が高まっている今日，これら三つの評価に大きな影響を与えるようになっているのは環境経営

への取り組み度合である。たとえば，どの程度うまく製品の製造・販売，サービスを行っているかという第一の尺度では，環境に悪影響を与えずに業務を遂行しているかどうか，すなわち事業活動における環境負荷の程度が見られるようになった。また誠実さや顧客ニーズへの敏感さという第二の尺度，企業としての好ましさ等の第三の尺度においてもどれだけ環境にやさしい経営を行っているか，提供している商品がどの程度環境に配慮したものであるかが注視されるようになっている。したがってこういう信頼性の認識，信頼感の形成（獲得）という観点でも，第1章で述べた環境経営への取り組みとこれに関する情報戦略が重要となっているのである。

だからこそ現代の企業はマーケティング上のコミュニケーション戦略として，「環境保護の責任遂行に関して懐疑的な公衆を説得するために，豪華なパンフレットを使い，議会工作も行い，また非常に多数のプレスリリースも発行して，PR活動を積極的に進めることが多い」[13]。その中には，本質的な環境経営の実践，実質的な効果の大きい環境保護活動に裏打ちされたPRもあるし，それが環境汚染イメージを緩和してきたという場合も多い。一方では，意義のある活動や成果を伴わない上辺だけのPR，いわゆるグリーンウォッシュも少なくない。

言い換えれば，企業に対するイメージは個人の頭の中にあるもので，必ずしもその企業の現実状況，実態がそうであるとは限らない。しかしこうしたイメージを単なる印象，思い込みと軽視するのも適当ではない。現実はどうであるにせよ，そういうイメージで捉えられているということが重要なのである。本当の所はどうかということよりも，個人の消費行動に大きな影響力を持つのはむしろイメージ，心象であり，これがいわば頭の中にある真実ないし意思決定の土台としてブランド選択や消費の意思決定を相当程度規定するからである。

ただし長期的には実態に即していないグリーンウォッシュは，ごまかしと消費者に受け取られたり，偽善ないしまやかし的な意図が消費者に見破られたりすると強い反発を招き，ブランディングや販売促進に関して逆効果となる。環境経営によるブランディングは，実際に効果のある環境保護活動や環境負荷の小さい事業活動，環境調和型製品の開発・生産・販売に裏打ちされていなければならないのである。

翻ってみるに，こういう企業イメージは商品の売れ行きのみならず，社員の募集と採用を計画通りに行えるかどうかをも左右する。特に労働の需給が逼迫している人材採用難の状況では，求職者が自社に対しどのようなイメージを抱いているか，イメージ的に環境にやさしい会社か環境を汚染している会社かが採用活動を首尾よく進める上でポイントとなる。

2.1.5　「良き企業市民」ブランド選好における消費者心理

本節の第3項（2.1.3）で述べたように，ブランドの選好，ロイヤルティの形成は製品あるいはこれに関する広告宣伝および使用経験によるとは限らない。企業は「良き企業市民」性の獲得に関する意識と姿勢，これに向けた環境経営，社会貢献的な取り組みと活動実績を訴求することでブランド選好，ひいてはブランド・ロイヤルティの形成を行いうる。それでは環境経営に積極的に取り組んでいるなど「良き企業市民」性の訴求と消費者側における当該市民性の認識を媒介してブランド選好，ブランド・ロイヤルティが形成される際，消費者内部ではどのような心理が働いているのであろうか。

たとえば植林や砂漠の緑地化に積極的に取り組んでいる企業の商品を買うのは環境保護が重要だからという認識，自己と家族の健康を守りたいという自己防衛的な意識も関係しているが，その他にも色々考えられる。つまり常日頃環境保護に対して努力していないという思いがある個人にとっては，せめて環境保護に熱心な企業を応援することによって日頃の行いに対するいわば償いないし罪滅ぼし，贖罪になるという意識もあると思われる。そういう企業の商品を購入することで，当該企業の環境保護活動を資金的にサポートし間接的に環境保護に貢献できればという思いもあろう。

一方，地元のオーケストラを財政面で支援している企業のブランドにロイヤルティを持つのは，同じ業界の企業ならば地元への利益還元や文化活動に積極的な企業を応援するのは当然という判断からかもしれないが，そういう企業のブランドを支持することにより自分自身が音楽活動に理解のある人間，文化的な香りのある人間であるという意識を持つことができるからということも考えられる。この点についてアーカー（1996）は「地方の交響楽団の主要なスポンサーである銀行と（おそらくローンを通じて）自分自身を結びつけることに

よって，芸術を愛しているという自己に対するイメージを強化できるだろう」と述べている（[14]，（　）内の補足はアーカーによる）。

　要するに，ブランド選択と商品購買は消費者にとって自己表現，または自己内部におけるアイデンティティの再確認と強化の機会という側面も持つ。「悪」（ワル），「アウトロー」（無法者）であるのが格好良く，他人からそう見られたいと考えている人もいるかもしれないが，多くの人は自分に関して一般的に好まれたり尊敬されたりしそうな自己イメージとアイデンティティを形成したいと思う。他人からどう見られているかはわからないとしても，少なくとも自分自身は自分を環境にやさしい人間であるとか文化のわかる人間，良識を備えた人間であると思いたい，そういう人間であると感じていたいというのが人間心理であろう。このため，環境経営や社会貢献に積極的な印象の強いコーポレート・ブランドの商品は多くの人に選択されやすいのである。

　このようなことから美術館や音楽ホールを建設し文化活動を支援するといういわゆるメセナ，障がいのある人の雇用に積極的であったりあるいは女性を管理職に多数登用している等のダイバーシティ・マネジメント，従業員の働きやすさに配慮したワークライフバランスやファミリーフレンドリー的な勤務制度，スポーツの振興，その他が企業の評価を高め，ブランド・ロイヤルティの形成に機能することもある。また公共に役立つように駅前や街中のビルに巨大な時計，ニュース放映用の大型ビジョンを設置すること，あるいは種々のコンクール・コンテストを後援することが，ビジネスパーソンや地元住民に当該企業に対する信用と好感を醸成するという場合もある。

2.2　CSRとしての環境経営

　環境経営は事業活動にともなう環境負荷軽減を志向する経営，すなわち事業活動の環境に対する影響を認識し悪影響の防止と削減を図りながら企業経営を行うことをさす。これは環境対策を直接の収益源とするいわゆる環境ビジネス，たとえば本業として廃棄物の回収と処理・再生，太陽光パネルの生産と販売等を行うのと異なり，日々の本来的な事業活動において機能する環境対策の仕組みを構築したり，社内でまた社外における貢献として環境保全活動を実施した

りすることを意味し,「環境にやさしい経営」と呼ぶこともできる。たとえば飲料メーカーが容器を回収し再生容器を使用するというのは前者すなわち本来的業務における環境対策の例であり,同じく飲料メーカーが社員のボランティアにより休日に社屋近くの河川でゴミ拾いを行うというのは後者すなわち社内外における環境保全活動にあたる。

　もし企業が環境への配慮を全くせずに,事業活動を行ったらどういうことになるだろうか。地球温暖化,緑地の減少と砂漠化,オゾン層の破壊と紫外線の増加,酸性雨による生態系への影響など環境問題はますます深刻になる一方,カップ (1950) はその責任が私的生産者（企業）,特にその経営者にあることを立証することは難しいため,結局は社会的費用つまり社会全体で負うべき費用に転嫁されてしまうとしている。したがって企業には,そうならないように,環境に配慮して事業を行う義務があるという [15]。ワシク (1996) も同様の立場で,彼は企業経営のあり方を従来の「自然を征服し,資源を使いつくす」ものから,「自然との調和を図る」ものへと,世界規模で変えることの重要性を指摘した [16]。このような先行研究で示唆されているのは環境問題には外部性,市場の失敗,政府の失敗の側面があり,環境経営を行うことは企業の責務だということである。

　翻って見るに,「社会が持続的に発展していけるからこそ,企業もその基盤のうえでビジネスを継続していける」という事実がある [17]。企業もある種の生き物ないしオープンシステムであり,地球環境が良好であればその存続と成長に有利である一方,これが悪化すればその存続にマイナスに作用する。そればかりか環境の悪化は人間の生活や生態系にも影響を及ぼす。

　このようなことから近年,企業の環境経営に対する社会的要請が強まってきており,「環境経営は企業の社会的責任 (CSR: Corporate Social Responsibility) の一つとして位置づけられている」のである ([18],（　）内の補足は科野による)。この点に関して海野 (2009) は次のように述べている。「社会が持続可能な発展を続けていけなければ,企業も事業を継続できない。技術的な施策だけでなく,事業活動のあらゆる場面で環境対策を取り込むといった経営全体での発想に広がっている。さらに自らの管理が及ぶ事業所内の直接の範囲での行動にとどまらず,製品の使用時での環境負荷を減らしたり環境に配慮した

原料の調達といった間接的な分野にまで認識が広がっている。これが地球環境時代の環境経営として，CSRのひとつに位置づけられている流れだ」[19]。

それどころか近年，環境経営はCSRの最も重要な要素，中核と考えられるようになってきている。この点に関し，ある先行研究では「拡大生産者責任に見られるように，環境問題の克服に向けたCSR（企業の社会的責任）はますます大きくなっている」のが近年の流れであり，「市場メカニズム，法規制，それに技術革新に期待するだけでは国民や人類の環境保全はできないという危機感がその背景にある」と指摘されている（[20]，（　）内の補足は貫による）。これはある意味で合理的なトレンドでもある。なぜならば，「厳密な法規制を徹底するには行政コストが高くなり過ぎるから，CSRの水準が高くなることで，低コストで政府介入の効果を最大化（「政府の失敗」を最小化）できればそれに越したことはない」からである（[20]，（　）内の補足は貫による）。

現実企業においても，環境経営が今日，CSR活動の中核をなすようになっている。これは多くの企業で環境経営がCSR報告書の重要なコンテンツになっていることにも現れている。また第1章第1節（1.1）でも述べたように，CSRの遂行に積極的な企業への投資を行うSRI（Social Responsibility Investment）も実態としては環境経営で顕著な実績をあげている企業の株を購入する環境経営投資になっている感がある。この実態を踏まえて，「SRI（Social Responsibility Investment：社会的責任投資）は環境等の面で優れた活動を行っている企業を対象とした投資信託である」（[21]，（　）内の補足は井熊による）という捉え方もある。

さらにCSRに関する国内最大規模の東洋経済「CSR調査」でも，IR担当部署や法令順守関連部署といった企業統治に関する項目，女性管理職比率や障がい者雇用率といった雇用・人材活用に関する項目等とともに環境経営が評価項目になっている。より具体的には，この調査では環境担当部署の有無，環境担当役員の有無，同役員の担当職域，環境方針文書の有無，環境会計の有無，同会計における費用と効果の把握状況，同会計の公開状況，環境監査の実施状況，ISO14001の取得体制，ISO14001の取得率（国内），ISO14001の取得率（海外），グリーン購入体制，事務用品等のグリーン購入比率，原材料のグリーン調達，土壌・地下水の汚染状況把握，環境関連法令違反の有無，環境問題を引き起こ

す事故・汚染の有無，CO_2排出量等削減への中期計画の有無，調査前年度の環境目標・実績，気候変動への対応の取り組み，環境関連の表彰歴，環境ビジネスへの取り組み，生物多様性保全への取り組み，生物多様性保全プロジェクトへの支出額，その他が見られている。

このような流れの中で，三菱地所のようにCSRとしての緑地創設および環境負荷軽減と自社のミッション，基本使命を同一的に扱う企業も現れている。具体的には「三菱地所グループにとってのCSR（Corporate Social Responsibility）は，『基本使命』である『住み・働き・憩う方々に満足いただける，地球環境にも配慮した魅力あふれるまちづくりを通じて，真に価値ある社会の実現に貢献』することです」と語られている [22]。また「もちろん街のイメージアップ，ブランディングが資産価値の維持につながることではありますが，環境負荷軽減に向けて能動的に社会に貢献していく姿勢をより明確にすると共に，多くの人々が訪れる公的空間である街路環境を私企業が整備することは，CSRの視点から正当化される」と述べられている [22]。

目を転ずると，環境経営には次節で述べるようにブランディング，イメージ向上の効果がある。これを考慮すると，このような環境経営に関する責任の拡大，クリアすべき水準の高度化は，消費者サイドの環境志向によってもたらされていると見ることもできる。

2.3 環境経営とブランディング

2.3.1 環境経営の戦略的訴求

環境経営は費用の負担感だけが認識されることも多い。すなわち環境経営の金銭的損益を検討すると，これは企業経営においてコスト要因とされ，工程改善や原料費削減等の効果を考えても，収支バランス上は少なくとも短期的にはマイナスであると見られがちである。先行研究のことばを借りるならば，「要するに，企業は環境の保護を機会ではなく，重荷，最小化すべきコストと見ている」のである [23]。しかし環境問題が深刻化し，これに対する関心が社会的に高まっている今日，「企業には良きビジネスセンスと環境の持続性を結合し，回収製品からの価値実現を可能にするための有効なビジネスモデルが必要

である」[23]。

　実際，企業市民としての当然の責務であるということに考えが及ばない企業，企業イメージの向上やブランディングという長期的な効果を忘れている企業は，短期的視座を取り環境経営等のCSR遂行にどうしても消極的となる。すなわちCSRと損得（収支）の議論はなじまないという考え方がある一方，環境経営等のCSRは企業が事業を行って売上を得る代わりに社会から課せられるコスト，事業活動に随伴する必要経費であり，それ自体は収支的にマイナスかつ不本意であっても我慢して負わなければならないという捉え方がなされうる［24］。

　しかし今日，企業の環境経営は持続可能な社会の構築には不可欠であり，その遂行は自社が良き企業市民たるためには必須となっている。加えて，これにはブランディング上の意義がある。このブランディングは厳密には広範囲へのブランド認知の普及すなわち知名度の上昇，ブランドイメージのアップすなわち好感度の向上とそれによりもたらされる選好，そのブランドの商品を使用した時に非常に満足した，そのブランドの商品に助けられた等の経験により生ずる当該ブランドへの忠誠心すなわちブランド・ロイヤルティの形成と強化をさす。当然のことながらこの三つ，すなわち広がり（展開），イメージ向上，個々人内部への浸透すべてが推進されるブランディングというのが望ましいのであるが，いずれか一つの発現であってもブランディング活動の効果が現れたと見なしうる。

　環境経営は企業の社会的責任，前節で述べたCSRとしての意義が従来強調されてきたが，今日，こういうブランディングや企業イメージの向上に関する重要性が従来よりも格段に増している。先にも言及したように「環境問題への対応はコスト要因とみなされ，企業収益にマイナスの効果しか及ぼさないと受け止められてきた」が，「むしろ企業競争力を高めたり，企業イメージの向上につながったりする例も多い」［25］という認識が今後より一層重要となる。

　言い換えれば，企業がどれだけ環境にやさしい事業活動を行っているか，環境問題の緩和・解消に向けてどのような努力をしているかが消費者の関心事となった近年，環境経営に積極的に取り組んで，その内容を戦略的に広報したり広告宣伝の素材として活用したりすることが日本企業にとっても極めて大切になった。現代社会において環境経営が企業の基本的な責任になっているという

認識も必要不可欠であるが，これを積極的に遂行しているのであれば，それを対外的に訴求しブランディングや企業としての評価向上につなげるという戦略的視点が必要となっているのである。日本企業はこの視点が従来弱かったと言えよう。すなわち良い行いを自らアピールするのは下品であるとか，黙っていて自然と高く評価されるのが正道であるとか，見過ごされて気付かれなくても世の中に良いことを行っていればそれで良いではないかという態度を取りがちだった。しかしこういう態度は営利組織としてあまいのではなかろうか。こういった不遇・不運を受け入れて我慢するのが潔いというのはいかにも日本的な考え方であるが，企業経営の合理性という観点では，はなはだ不十分と言えるだろう。

　先行研究のことばを借りるならば，「環境問題を現場レベルの問題としてではなく，経営問題として積極的にとらえることによって，市場・社会に対して企業の価値を訴求することが，今後より重要になってくる」[25]。実際，前節でも触れたように，近年はCSRレポートやインターネットによる企業情報の公開において，環境経営への取り組みは欠くことのできない内容となっている。事業活動においてどのような環境対策を取っているか，社内外で緑地の整備等どのような環境保全活動を行っているかが，投資家向け文書やホームページの重要なコンテンツとなっているのである。

　そもそも構造や性能・機能等の客観的属性で独自性を形成することが極めて困難なコモディティ商品は，商品そのもので企業イメージの向上，商品イメージの改善，ブランディングを行うことが難しい。すなわちコモディティ商品の場合，それ自体の属性に独自性を形成する余地がほとんど無く，イメージの向上（改善），ブランディングを図るために機能・性能や使い勝手を他社製に比べて優れたものにするとか，独自なものにするということが不可能に近い。こういう商品は買い手に訴求できるファクターがもっぱら価格だけであるから，無為無策でいると泥沼的な価格競争に巻き込まれ，利益率が低下する。そういう商品では，環境経営など商品属性以外のファクターによる差別化が重要となる。

2.3.2　ブランディング・アプローチとしての環境経営

　環境経営を実践するには経費がかかる。しかしこれにより生産活動の効率性が向上したり資産の有効利用が進んだりすれば，環境経営は企業全体で見て最終的にはコストを削減する。加えて，競争力の強化，自社に対する信頼感の形成とブランドイメージの向上をもたらす。換言すれば，環境経営は今日，ブランディングに関して大きな意義を持っている。これはオフマーケット・ブランディングの有力な具体的アプローチとなりうるのである。特に前述したコモディティ商品では，環境経営によるブランディング，環境経営ブランディングは必要不可欠であるとさえ言える。

　環境経営により「選ばれるブランド」となるのは，今後も人類が生存できる地球を維持し，自分や家族の身を守りたいという防衛本能が消費者側にはあるからである。あるいは次世代のために持続可能な社会を構築することが重要で，そのためには環境経営に意欲的な企業のブランド，製品を選好するのが合理的であるという判断がなされていることも考えられる。本章の第1節（2.1.5）でも述べたように，自分自身は環境保護活動に参加できないが，せめて環境保護に熱心な企業のブランド，製品を選択・購買することを通じて間接的に環境保護に貢献し社会の存続性をサポートしたいという意識，日頃の償い，贖罪という心理もあろう。環境経営に積極的な企業に対して投資までは行えないが，同じ代価・料金を支払うならば，それがそのまま会社の利益や経営者の収入となる企業よりも，一部でも環境保護に活用してもらえそうな企業の商品を購入したいという資金的援助に似た意識もあるかもしれない。

　ただし環境経営に「意欲的」であるとか「熱心」ないし「積極的」であるというのはあくまで当該個人の印象であって，実際はどうなのかわからないという場合もあろう。つまりどういう環境経営を行っているかまでは調べず，自分の印象に基づいてこういう判断がなされていることも大いに考えられる。だからこそ前述したように環境経営上の取り組みや実績を有効に対外的に訴求することも大切であるし，後に述べるように看板的な環境対策とそれを端的に言い表すフレーズやスローガン（標語），シンボル的な環境配慮型製品が必要となるのである。

　こういう消費者の行動傾向，すなわち「環境や社会を配慮して製造された商

品を選択し，そうでない商品は選択・消費しない消費行動」は一部の先行研究では，「倫理的消費（エシカル・コンシューマリズム）」と呼ばれている（[26]，（　）内の表記は原著に即している）。いわゆるグリーン・コンシューマーリズムではもっぱら環境保護が志向されているのに対して，このエシカル・コンシューマリズムはこれに社会的責任，社会貢献の意識が加わるという点に特徴がある。すなわちそこにおいて，「『倫理的（エシカル）』という言葉には，『環境保全』や『社会貢献』という意味が含まれる」[26]。

　このほかに，環境保護に対するイメージの変化も環境経営ブランディングの有効性向上要因としてあげられる。環境保護は従来，大量生産・大量消費社会に対する反発等の思想・信条を持つ人か商品の使用と消費に関し非常に生真面目な態度を持つ人だけが関心を持ち実行するもので，ともすれば少数による市民運動という性格が強かった。したがってこれに対する一般消費者，特に若者が抱いているイメージは，我慢が必要で禁欲的，堅苦しいというものであった。ところがロックミュージシャンが環境保護を掲げてコンサートを開いたり，海外の若手人気俳優が黒塗りの高級車や大排気量の高級スポーツカーではなく，ハイブリッドカー，たとえばプリウスを乗り回したりする光景がテレビやインターネットで流れるようになると，環境保護は格好が良いとか，おしゃれだという価値観が徐々に広まっていった。「環境に気を使っているオレって格好いい」とか「環境にやさしい生活スタイルがおしゃれ」といった思いを抱く若者が増えたのである。

　加うるに，環境保護を念頭に置いた購買の比率を高めるという傾向は企業の購買行動にも見られる。つまり生産したり使用したりする際の環境負荷が小さい製品，環境対策に積極的なサプライヤーの部品・パーツ，環境への悪影響が小さい原材料や資材を調達するいわゆるグリーン調達の動きが年々広まっている。

　このような傾向，「企業や消費者などが消費財を購入する場合に，環境負荷の少ない製品を購入しようとする動き」が年々強まっていることの背後には，前述した人々の心理や意識変化のほかに「地球環境問題の深刻化，環境をはじめとする関連法令の強化，環境関連市場の拡大，環境保全への社会的認識の向上やステークホルダーからの要請等」の要因がある [27]。見方を変えれば，

これらは企業が環境経営をベースにブランディングや市場開拓，販売促進を行う環境マーケティングの促進要因でもある。

環境経営に関する国際規格であるISO14001の取得にも，イメージ向上の効果，消費者と取引先に対する訴求効果があると先行研究は指摘している。実際，当該規格を取得した企業に対するアンケート調査では，取得の背景として「品質管理及び小集団活動の実績や，企業の環境にやさしいイメージの獲得，取引先の選定条件」が指摘され，これに加えて「銀行の融資対象の条件や行政からの発注を受注するための条件など」があげられている［28］。

大石（1999）は，このような環境経営のイメージ向上効果について，「地球環境対策がコストを削減し当該企業に価格競争力を与えたり，地球環境にやさしい製品を提供することによって製品差別化競争力を与えたり，企業イメージを高めて売上高増大や利益増進の土台になる」［29］と述べている。また工藤（2000）のことばを借りるならば，環境経営は「新しいコスト低減の方法」であると同時に新しいタイプの「競争力の基盤」であると言える［30］。

このように環境経営にはイメージ向上とブランディングの効果がある。そしてこのことを考えると，消費者サイドにおける環境志向の高まりが企業の環境経営を促進することになる。特に，日本と米国の製造業企業を比較分析した場合，「日本の製造業企業は，顧客・市場から受ける環境経営への要請を行政や地域社会から受ける要請よりも強く知覚している」という傾向が見られる［31］。[5]

以上で述べてきたように，環境経営はそれ自体，ブランディングに機能する。一方，CSR活動もブランディングに機能する。そして環境経営は今日，CSR活動の中核をなすのである（図2－2）。

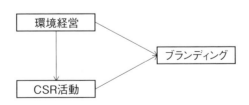

■図2－2　環境経営とCSR，ブランディングの関係

2.3.3 環境経営シンボルの重要性

　翻って見るに今日では，企業における一つの不祥事，たとえば労働法令違反あるいは原材料の偽装，粉飾決算が環境経営を含め，その企業の業務全般に悪い連想を与える。つまり「一事が万事」で，労務管理または品質表示，会計がでたらめなのだから環境対策等もいい加減なはずで，有害物質の管理もきちんとできていないのではないかという疑いに発展し，さらにはそれが当該企業のみならずその業界全体のイメージにマイナスに作用する。業種によっては，もともと長時間労働，偽装表示ないし過大広告，どんぶり勘定など，何か特有のマイナスイメージが強いという業界もある。

　そして業種や不祥事に由来する負の業界イメージはその業界の代表的企業に関して特に強くなるという傾向がある［33］。すなわちその業界に特有のマイナスイメージがあったり，一社の不祥事により当該業界全体のイメージがダウンした場合，そういう特有イメージやイメージダウンは当該業界のリーディング・カンパニーに関して特に顕著になる。

　ただしこういう代表的企業に省エネ，温暖化防止などに関する強固なプラスイメージ，あるいは知名度の高い環境配慮型製品があれば，これが他社で起きた不祥事のもたらす負の波及作用に対する防波堤，マイナスイメージ作用に対する防護壁となりうる。

　たとえば2001年から2005年にかけて断続的に発生した三菱自動車工業と三菱ふそうにおけるリコール隠し等の不祥事は自動車業界全体の印象にマイナスに作用したが，同業界の代表的企業であるトヨタ自動車の環境ブランドイメージはその間と直後においてもさほど悪化しなかった［34］。これは同社に前述したようなイメージダウン作用に対する強固な防護壁があったからであろう。すなわち強い省資源イメージにつながっている無駄のない生産システム「かんばん方式」と知名度の高いハイブリッドカー「プリウス」がそれである。環境ブランドイメージの強い企業には，このような環境保護に結び付く象徴的な取り組みとこれをわかりやすく言い表したフレーズや標語，シンボル的な環境配慮型製品のある企業が少なくない。そしてそれが環境経営の看板的な役割を果たしている感がある。トヨタ自動車以外の例をあげると，イオンと言えば植樹活動，岩谷産業と言えば琵琶湖における鳥人間コンテストの運営支援，アサヒ飲

料およびキリンビバレッジと言えば容器リサイクルといった活動がこれにあたる。また看板的なエコ製品としては，花王の洗剤「ウルトラアタックNeo」，味の素社（AGF）のソリュブルコーヒー「マキシム」「ブレンディ」詰め替え用，パナソニックや三菱電機のエコキュート給湯器があげられる。[6]

　以上のように，事件・事故や粉飾決算等の不祥事からもたらされる悪い連想はいわば負の連鎖となって同業界の他企業にも波及する。特にその影響は当該業界の代表的企業に強く，かつ長期的に現れる。しかし代表的企業も含め他の企業が看板的な環境対策活動とこれを端的に表現したフレーズ，環境配慮型の製品ブランドを保有して普段から堅固なプラスイメージを形成していれば，これが防護壁となり，マイナス作用の影響を最小限に食い止めることができる。環境ブランドイメージの悪化を抑えるために訴求力のある環境対策活動ないし環境配慮型製品を平時より確保しておく必要があるのである。

2.3.4　近年の注目事例

　近年，シンボル的な環境対策や看板的なエコ商品を有効に訴求している企業として，日本コカ・コーラ，JXTGエネルギー（ENEOS），ヤマト運輸，サントリー，ブリヂストンが挙げられる。すなわちこれら5社は積極的に環境経営に取り組んで実績をあげているのに加え，一般消費者にもわかりやすいフレーズないしキャッチコピー，環境配慮型製品や環境配慮ブランドをつくって社外にそれを発信し，環境経営に積極的な企業というイメージ作りに成功していると思われる。

　たとえば日本コカ・コーラは，製造に使用した量と同等量の水を自然に還元するという「ウォーター・ニュートラリティー」の達成に取り組み，また日中の最長16時間冷却を停止して最大時95％電力を削減しながら24時間冷たくおいしい製品を提供する「ピークシフト自販機」を導入していることを近年，『サステナビリティーレポート』等で強調している。

　加えて，同社には廃棄する際にコンパクトにボトルを圧縮できるミネラルウォーター商品「い・ろ・は・す」がある。競合他社が「富士山」「六甲」「アルプス」といった取水地を商品ブランドに冠しているの対して，同商品はLOHASすなわちLifestyle Of Health And Sustainability（健康と持続可能性を

心がけた生活スタイル）をブランドに掲げている。また先に触れたようにつぶしたりしぼったりしやすく，ラベルも面積的に小さめでまたはがしやすく，原材料に石油由来の代わりとなる植物由来の素材を配合したプラントボトルを採用し，これに対する消費者側の好感と選好により売上を伸ばしている。

JXTGエネルギー（ENEOS）は年度別『CSR報告』において近年，「Ⅰ．地球温暖化防止・生物多様性保全策の推進」「Ⅱ．環境負荷低減」「Ⅲ．環境マネジメント体制の充実」からなる環境経営を前面に出している。また同社は「エネルギーを，すてきに。ENEOS」をキャッチコピーとし，イメージキャラクターとしてゴリラ「エネゴリくん」を用い，環境負荷の小さい事業活動と製品をテレビCMで広告宣伝してきた。

まず「Ⅰ．地球温暖化防止・生物多様性保全策の推進」については，これまで環境にやさしい商品提供としてのバイオガソリン全国展開，SUSTINA等の環境配慮型商品の開発・拡販，SOFC型エネファーム，太陽光パネルやメガソーラーへの投資，サプライチェーン全体としてのCO_2削減を進めてきた。さらに製油所等の緑地活用および希少種保護活動の推進，「ENEOSの森」充実化，京都メカニズムの活用として排出権ファンドへの出資継続，ロシアにおけるJIプロジェクトの実施に取り組んでいる。[7]

次に「Ⅱ．環境負荷低減」については，土壌汚染の調査および対策の実施，揮発性有機化合物（VOC）排出量の削減，廃棄物削減対策の実施，オフィスにおける紙・ごみの削減と節電が推進されている。なお水の循環利用システムを工場内で構築している企業は多いが，同社は個々のサービスステーション（ガソリンスタンド）内でこの導入を進めている。すなわちサービスステーション内では，洗車で1台あたり約150リットルという大量の水を使用するため，そのリサイクルが課題になっていた。そこで同社では排水量の80～90％をリサイクル水として活用できるリサイクル装置をステーション内に設置し，水資源の有効活用を図っている。これにより，リサイクル率が80％の場合でも1台分の水量で5台の洗車ができるという。

3番目の「Ⅲ．環境マネジメント体制の充実」については，主要な海外製造拠点に環境経営の範囲を拡大，特約店に対するEMS（環境マネジメントシステム）体制構築支援の実施，環境保全活動の実施，次世代育成・支援活動に取

り組んでいる。このうちEMSに関してはJXTGエネルギー本社・支店等，製油所・製造所等，JXTGエネルギーグループ会社，JXTGエネルギー海外拠点別に「要領」が定められ運用されている。また次世代育成の具体例としては「ENEOSわくわく環境教室」の開催が挙げられる。

ヤマト運輸の場合，環境経営は「ネコロジー」の名のもとに取り組まれている。これは「クロネコヤマト便」の「ネコ」と「エコロジー」を連想させる秀逸のネーミングと言って良かろう。

ネコロジーでは，できるだけ車両を「使わない」，「使うならエコ」な車両，さらに徹底して「使い方」にこだわるということが意識されている。まず「使わない」については，あらかじめ決まった駐車位置に車両をとめ，そこからは台車や新スリーター（リヤカー付き電動自転車）を利用するという運搬方法が導入されている。そして「使うならエコ」については，低公害車の保有比率を上昇させており，特に世界遺産などがある地域では軽商用電気自動車の使用が推進されている。「使い方」についてはヤマト運輸独自の車載システム「See-T Navi」によってセールスドライバーの運転を細部までデータ化（見える化）し，運転が安全でかつ環境にやさしいものとなるように役立てられている。またローギア発進，ソフトなアクセル操作，十分な車間距離，ムラのない運転，早めのアクセルオフ，エンジンブレーキの積極活用，アイドリング・ストップによる「エコドライブ」が各ドライバーに求められている。

加えて，「お客様と一緒にできるエコ活動」「LINEで宅急便！」と銘打って，顧客にも環境対策への協力を呼びかけてきた。具体的には，電子メールで宅急便の配達予定を通知し，これを受信した顧客がネット上で希望の受取日・時間帯を指定したり，ヤマト運輸直営店・コンビニエンスストア・勤務先等から受け取り場所を選んだり，コミュニケーションアプリ「LINE」でこれらを変更したりできるという会員サービスを導入している。これにより配達が1回で完了する確率が大幅に増し，環境負荷，特にCO_2排出量が削減されている。

このほかに，物流施設「羽田クロノゲート」における太陽光パネルの設置，ヤマト包装技術研究所における緩衝材が不要な包装資材の開発，顧客不要文書の回収・溶解処理・リサイクル，次世代を担う子供達へ環境を守ることの大切さを伝える「クロネコヤマト環境教室」の実施，引越時に発生する不要家電・

家具のヤマトホームコンビニエンスによる洗浄・修理と「クロネコキャラバン」と称した全国各地へのこれら家電・家具の出張販売が実施されている。

　サントリーでは，事業経営に関する意識ないし思いとして「水と生きる」が掲げられている。[8]　近年の『サントリーグループCSRレポート』にもこのことばが何度か登場している。また，これとの関連で「水のサステナビリティの実現」「すべての生命の源であり，事業基盤である『水』を大切に使い，きれいに浄化して自然環境に還し，使用した以上の水を育む森を守り続けている」ということが訴求されている。

　同社は国内各地の森林所有者と数十年にわたる長期間の契約を結び，「天然水の森」と位置づけ，これを「水を育む森」に整備するという活動を2003年から進めてきた。そこでは水源涵養林としての高い機能維持，生物多様性を確保するための野鳥の調査と保護，植生の調査と保護，間伐，作業道整備，獣害対策，その他の作業が社員自らの手により行われている。そしてこのような活動を実施するエリア面積すなわち「天然水の森」の広さを1万2,000ヘクタールに拡大することが中期目標とされている。[9]

　同社はこうして保護している天然水を製品ブランドに活用している。たとえばミネラルウォーターの「天然水」，プレミアムビールの「プレミアムモルツ天然水仕込み」がそれである。

　このほかに同社の『CSRレポート』の環境経営部分でキーワードになっているのは3R，少なくする（Reduce）・くり返し使う（Reuse）・処理して再生利用する（Recycle）である。3Rの一般的概念は第1章第1節（1.1）で述べたとおりであるが，同社の当該レポートでは，工場の用水使用と原材料・エネルギー使用，自動販売機等に関するこれに向けた活動が紹介されている。このうち飲料メーカーならではの取り組みとして注目されるのは自動販売機に関連する3Rである。これについては，冷却庫室で発生した熱を回収し加温庫室で活用するヒートポンプ機能，夏季の電力消費ピーク時に最大11時間の冷却停止で電力使用を平準化するピークカット機能，販売直前の商品のみを温めたり冷やしたりすることで消費電力を削減するゾーンヒーティングおよび同冷却，屋内設置自動販売機の24時間消灯と屋外設置自動販売機の昼間消灯，販売数量や商品温度を把握し電力消費を抑制する学習省エネ機能，消費電力の少ない発光ダ

イオード（LED）照明，地球温暖化係数の低い冷媒の使用を実現し，回収したペットボトル等容器・包装のリサイクル，回収した自動販売機部品のリユースが図られている。

　ブリヂストンはタイヤのゴムと水のリサイクルで近年脚光を浴びている。同社は『2050年の世界を見据えて』等の対外的文書でこれらのリサイクルを含む環境経営を重点的にアピールしている。これによれば，同社の環境経営には三つの柱がある。すなわち「自然と共生する」「資源を大切に使う」「CO_2を減らす」である。

　まず「自然と共生する」について述べると，生物多様性ノーネットロス（貢献量＞影響）が目標として掲げられている。また全世界の拠点においてウォーターマネジメントに取り組み水の循環活用や効率的利用に努めていること，リアルタイムで水の使用量を「見える」化し工場排水のリサイクル，クローズド化を図っていること，雨水の活用を進めていることが対外的に訴求されている。他企業には見られない同社独自の活動として，インドネシアにおける天然ゴム園周辺での荒廃地の整備と回復が注目される。

　次に「資源を大切に使う」では，使用済みタイヤのリサイクル，再生ゴムをタイヤなどのゴム製品に再利用する取り組みが推進されている。目標として100％サステナブルマテリアル化が標榜されている。

　最後に「CO_2を減らす」については，全製品を対象としてその原材料調達から生産，流通，製品廃棄にいたるモノづくりの過程で排出されるCO_2を売上高あたり35％削減，車両の燃費に影響するタイヤの転がり抵抗25％低減が目標として掲げられている。低燃費タイヤの製造・販売にもこのような取り組みの一環としての側面があるという。

　特筆に値する施策として，顧客とともに日本の森を守るという趣旨で「エコピアの森」を工場近隣に設けていることがあげられる。また取引先・顧客の環境経営を表彰する「グリーンパートナー表彰」制度も設けられている。

■注
1）　個別商品ブランドは，2017年時点での日本における使用例である。
2）　P&Gについては，会社名が創業者二人の名前に由来することから，両者の名前の頭文

第2章　ブランディング基盤としての環境経営

字でもある。
3) 後に述べるように，下位のブランドたとえば個別商品ブランドがコーポレート・ブランドのイメージに影響を与えるという側面もある。たとえば「プリウス」に対するイメージはトヨタのイメージに影響を受けるものの，逆に「プリウス」がトヨタのイメージに影響を与えるという傾向も見られる。
4) ブランド・エクイティは端的に言えば資産としてのブランドをさす。
5) 他方で，環境経営はブランディングや競争優位の源泉というよりも，むしろ競争参加の条件であるとする立場もある。たとえばこの立場を取っていると思われる名取（2010）は次のように述べている。「『環境』は，それ単体としてプレミアムコストが支払われる価値観ではない。しかし，今後の市場トレンドを考えると，『環境』イメージが弱い場合，そもそも競争の場にも立てない可能性がある。『環境』は競争優位の源泉ではないが，手を緩めてはいけない基本的要素である」[32]。
6) 日経エコロジー（2014）のインタビュー記事では「とことん目立つ商品があれば消費者の心に残る」と指摘され，日産自動車における電気自動車「リーフ」等がその例としてあげられている[35]。
7) SUSTINAは高品質オイルの商品名，SOFC型エネファームは固体酸化物燃料電池（SOFC）を用いる家庭用コジェネレーションシステムである。JIプロジェクトは，京都議定書に定められている温室効果ガス削減の一手法で，先進国同士がいずれかの国内で二酸化炭素等の削減事業を共同で実施し，そこで生じた排出削減量に基づき，事業を実施している国から排出枠が排出権として相手国に発行されることをさす。
8) 同社ではこれが「経営理念」ではなく，「コーポレートメッセージ」として表明されている。
9) 『日経ビジネス』2014年1月13日号では，「天然水の森」を守るために，「天然水を担当する全営業マン1300人を送り込み，枝打ちなどの作業をさせた」[36]と紹介されている。

■参考文献
※ 本文の複数個所に同じ文献番号が付されている場合は，同じ文献の同じページを引用もしくは参考にしている。

[1] Keller, Kevin Lane (2008) *Strategic Brand Management: Building, Measuring, and Managing Brand Equity*, 3rd ed., Prentice Hall, p.461；恩蔵直人監訳・株式会社バベル訳（2010）戦略的ブランド・マネジメント（第3版），東急エージェンシー，p.533.
[2] Aaker, David A. (1996) *Building Strong Brands*, Free Press, p.133；陶山計介・小林哲・梅本春夫・石垣智徳訳（1997）ブランド優位の戦略──顧客を創造するBIの開発と実践──，ダイヤモンド社，p.169.
[3] Aaker, David A., *op. cit.*, p.134；陶山計介・小林哲・梅本春夫・石垣智徳，前掲邦訳，p.169.
[4] Kotler, Philip (2000) *Marketing Management*, The Millennium ed., Prentice Hall, p.405；

恩蔵直人監修・月谷真紀訳（2001）コトラーのマーケティング・マネジメント（ミレニアム版），ピアソン・エデュケーション，p.499.
[5] Aaker, David A. (1996) *Building Strong Brands*, Free Press, pp.118-119；陶山計介・小林哲・梅本春夫・石垣智徳訳（1997）ブランド優位の戦略―顧客を創造するBIの開発と実践―，ダイヤモンド社，p.150.
[6] 伊吹英子（2003）経営戦略としての「企業の社会的責任」，知的資産創造，第11巻9号（pp.54-71），p.65.
[7] 伊吹英子，前掲論文，pp.65-66.
[8] 伊吹英子，前掲論文，p.68.
[9] Barich, Howard and Kotler, Philip (1991) A Framework for Marketing Image Management, *Sloan Management Review*, Winter (pp.94-104), p.96.
[10] Keller, Kevin Lane (2008) *Strategic Brand Management: Building, Measuring, and Managing Brand Equity*, 3rd ed., Prentice Hall, p.449；恩蔵直人監訳・株式会社バベル訳（2010）戦略的ブランド・マネジメント（第3版），東急エージェンシー，pp.541-542.
[11] Keller, Kevin Lane, *op. cit.*, p.450；恩蔵直人・株式会社バベル，前掲邦訳，p.544.
[12] Keller, Kevin Lane, *op. cit.*, p.459；恩蔵直人・株式会社バベル，前掲邦訳，p.551.
[13] Peattie, Ken and Crane, Andrew (2005) Green Marketing: Legend, Myth, Farce or Prophesy?, *Qualitative Market Research*, Vol.8, Issue4 (pp.357-370), pp.360-361.
[14] Aaker, David A. (1996) *Building Strong Brands*, Free Press, p.132；陶山計介・小林哲・梅本春夫・石垣智徳訳（1997）ブランド優位の戦略―顧客を創造するBIの開発と実践―，ダイヤモンド社，p.167.
[15] Kapp, K. William (1950) *The Social Costs of Private Enterprise*, Harvard University Press, p.13；篠原泰三訳（1959）私的企業と社会的費用，岩波書店，p.16.
[16] Wasik, John F. (1996) *Green Marketing and Management: A Global Perspective*, Blackwell Business, p.6.
[17] 海野みづえ（2009）企業のCSRとみどり，新都市，第63巻10号（pp.48-51），p.48.
[18] 科野宏典（2005）環境新時代に求められる企業価値を高める「新環境経営」，知的資産創造，第13巻8号（pp.6-17），p.11.
[19] 海野みづえ（2009）企業のCSRとみどり，新都市，第63巻10号（pp.48-51），p.49.
[20] 貫隆夫（2012）環境マネジメントの3つの次元―企業，国家，地球―，日本情報経営学会誌，第32巻4号（pp.2-10），p.9.
[21] 井熊均（2007）環境問題と企業経営，予防時報，第229号（pp.14-19），p.15.
[22] 国富剛（2009）企業からみたCSRの場としてみどりの役割―大手町・丸の内・有楽町地区における取り組みを通じて―，都市公園，第184号（pp.5-7），p.7.
[23] Guide Jr., V. Daniel R., Harrison, Terry P., and Van Wassenhove, Luk N. (2003) The Challenge of Closed-Loop Supply Chains, *Interfaces*, Vol.33, No.6 (pp.3-6), p.5.
[24] 白石弘幸（2016）環境経営の訴求とブランディング―えびせんべいの里を事例に―，金沢大学経済論集，第37巻1号（pp.23-60），p.34.

［25］田中宏二郎・佐伯隆（1999）21世紀に向けた環境経営戦略，知的資産創造，第7巻1号（pp.51-62），p.53.
［26］小谷光正（2016）環境マーケティングの進展とグリーンコンシューマーリズム，名古屋学院大学論集（社会科学篇），第53巻1号（pp.13-24），p.21.
［27］小谷光正，前掲論文，p.20.
［28］藤井秀道・金原達夫（2013）日米製造業企業の環境経営と外部要因，組織科学，第46巻4号（pp.83-101），p.90.
［29］大石芳裕（1999）グリーンマーケティング，安室憲一編著（1999）地球環境時代の国際経営，白桃書房（pp.43-69），p.64.
［30］工藤剛治（2000）環境経営の意義と課題，寺本義也・原田保編著（2000）環境経営，同友館（pp.3-17），pp.8-9.
［31］藤井秀道・金原達夫（2013）日米製造業企業の環境経営と外部要因，組織科学，第46巻4号（pp.83-101），p.96.
［32］名取滋樹（2010）環境を軸としたブランド戦略のポイント―ブランド価値構造把握の重要性―，知的資産創造，第18巻1号（pp.74-83），p.82.
［33］白石弘幸（2015）環境経営ブランディングと経営倫理，金沢大学経済論集，第35巻2号（pp.37-69），p.62.
［34］白石弘幸，前掲論文，p.63.
［35］日経エコロジー編集部（2014）環境ブランド調査2014―上位企業の評価は定着，強いシンボルで姿勢示す―，日経エコロジー，8月号（pp.42-53），p.45.
［36］中尚子（2014）サントリーホールディングス，シェア逆転の真実，日経ビジネス，1月13日号（pp.54-58），p.55.

第3章

体験型施設と環境経営およびブランディング

はじめに

　近年，会社の体質，「良き企業市民」としての存在性を見極めようという意識が消費者や投資家の間で高まっている。本章では，そういう近年の傾向を念頭に置き，心理的な差別化と口コミ形成の土台としての環境経営と地域貢献，その促進要因としての体験型施設における両者の訴求とホスピタリティの重要性について述べる。あわせて環境経営と地域貢献の観点から，都市部の自社工場跡地を緑地に整備することの効果について検討し，事例としてノリタケカンパニーリミテドと株式会社小松製作所のケースを取り上げる。

　一般的には企業規模が異なれば可能な環境経営の範囲や具体的取り組みにも相違がある。つまり当該企業の保有資産や従業員数によって実践できる環境経営の内容，あり方は変わってくる。その一方で，資金や設備，人員面で制約がありながらも，特徴のある環境経営を推進してそれを効果的に訴求し，コーポレート・ブランドへの言及のある口コミ活発化につなげている企業も中にはある。これについては，関西電力株式会社と株式会社えびせんべいの里に関して事例研究を行い，売上や人員的に見て規模の大きく異なる企業の環境経営とその訴求について論じる。

3.1　会社の本質が問われる時代に

　製品それ自体，すなわち物理的構造や化学的組成は，模倣のリスクを常に内包している。メカニカルな製品の場合，第2章第1節（2.1.1）で言及したオープン・モジュラー化がこの模倣リスクを一段と高める。特許等で保護されてい

ない限り，製品の客観的属性はいずれは真似される運命にあると言っても過言ではないし，構造や組成，仕様やデザインのすべてが知的財産化できるとは限らない。法的・公的に占有権や独占的使用権が認められる客観的属性というのはむしろ少ないと言えよう。このようなことから実際，海外メーカーの類似品，しかも相対的により安価なものとの競争にさらされている製品は今日，多い。

日本企業はこのような海外企業との競争激化，低価格類似品との競争圧力増大の中で，どのようにして生き残りを図り，成長を実現すれば良いのだろうか。製品そのものの客観的属性による競争優位の維持が難しい以上，広告宣伝もさることながら企業の本質やふだんの活動によって企業とブランドのイメージを独自で優れたものとし，これによって心理的な差別化を促進したり，口コミ形成を刺激したりする意識が必要となろう。広告宣伝が氾濫し消費者サイドでこれに対する懐疑的な態度が強まっている今日では，むしろこれ以外の方法や売買関係を離れた「場」を通じた心理的差別化と口コミ形成こそが重要となると考えられる。

一方では，その会社の「本質」ないし「体質」を見極めようとする消費者や投資家の目が近年，厳しくなっている。不祥事発覚の企業業績に対するマイナス効果が大きくなり，敢えて誤解を恐れずに言うならば，従来ならさほど業績に影響しなかったイシューであっても，大きな販売減と顧客離れを引き起こし，会社の存続さえ許されなくなっているケースが増えているのもその表れである。また第1章，第2章でも言及した環境経営や地域貢献，社会貢献に積極的な企業に投資を行うSRI（Social Responsibility Investment）の隆盛・活発化にもその傾向が現れている。実際，この傾向が先行しているヨーロッパでは自社の環境経営に関する取り組み状況と実績を紹介することが販売促進と資金調達上，非常に重要になっている。

こういう会社の本質や体質，「良き企業市民」としての存在性が問われる時代においては，先に触れた広告宣伝，あるいは値引きや景品提供といった販売促進策は有効性がなおさら低くなる。このようなことから，心理的な差別化と口コミ形成の土台として環境経営と地域貢献，その促進要因として体験型施設における両者の訴求とホスピタリティが重要となる。

ここで環境経営を改めて定義すると，環境負荷軽減を志向する経営，すなわ

ち環境に対する影響を認識し悪影響の防止と削減を図りながら企業経営を行うことをさす。これは日々の事業活動において機能する環境対策の仕組みを確立する取り組み，すなわち環境にやさしい業務プロセス・業務システムの設計および運用と，事業を行う空間すなわち本社・支店・工場等の敷地，その他で環境保全，環境保護を行う活動からなる。第1章で論じたJIT生産と循環型システムの構築・運用は前者にあたる。後者に関して近年，特に注目されるのは，都市部工場跡地の緑地への転換・整備である。

　企業は言うまでもなく利益の確保が存続に不可欠な営利組織であり，ブランドに対する好感度の向上が利益増大を通じてその成長をもたらす。そして環境問題が深刻化し，持続可能な社会の構築への関心が高まっている今日，ブランド好感度の土台としての重要性が増しているのは「環境にやさしい企業」という顧客側認識である。

　したがって理想的には，今日の企業では環境経営そのものの実践と当該活動内容の対外的訴求の両方が有効に行われていることが望ましい。しかしこの両方が揃っている企業というのは実際には少ない。つまり活動内容は貴重で尊いがうまくそれを訴求できていなかったり，これと逆に大した活動はしていないのに訴求だけ立派だったりすることが多い。

　環境経営に関連する有意義な活動を行っているのにそれを消費者や投資家等のステークホルダーに向けて紹介しアピールするのが拙劣だったり，その意識が希薄だったりするのは営利組織として問題がある一方，活動自体には特段の内容がないのに，そういう中身の乏しい活動を広報媒体で大げさに書いたり，見栄えの良い環境報告書で取り繕ったり過大に伝えたりすれば，会社の本質・体質を見極めようとしている消費者・投資家からやがては背を向けられることになる。

　言い換えれば，環境経営に関する取り組みを紹介し，「良き企業市民」としての存在性を対外的に訴求するためには，まず環境経営に関する全社的な方針や戦略が存在し，これに関する推進体制が構築されていることが望ましい。全社的な環境経営のスキームが確立されて組織的に共有され，部署や職務内容を問わずこれが機能し推進されているのが理想的である。しかし実際にはこれが難しく，無政府状態のもとで無秩序に環境経営に取り組んでいる企業が多い。

すなわち本来ならばアドホック，「行き当たりばったり」的にではなく，そういうスキームと推進体制のもとで開発・生産から販売，使用後回収までの環境負荷軽減が行われていることが環境経営では重要なのである。そしてこれには環境調和型製品，いわゆるエコ製品の開発・生産・販売も含まれるから，結果として顧客が購入した後の使用・消費時における環境負荷軽減も促すことになる。

さらに今日の企業はこういった取り組みや活動を適切に社外にアピールし，自社の企業イメージ向上，自社ブランドの確立，口コミ形成に結び付けなければならない。敢えて誤解を恐れずに言うならば，良いことをやっていれば黙っていても消費者はわかってくれるはずというのはあまい。すなわち黙っていても外から高く評価されるのが本来のあり方で，自らアピールするのは下品であるというのは，ともすれば老舗と呼ばれる伝統的企業が陥りがちな誤解で，会社の本質・体質への関心が高まり，商品の選択・購買，投資判断の際にこれが問われる時代においては，こういう姿勢はある意味で独善的，独りよがりと言わねばならない。

3.2 体験型施設の本質・意義・形態

3.2.1 エデュテインメントを通じたブランディング

一般に体験型施設と言った際に思い浮かべられがちなのはスリル感あふれるゲーム機が並んでいるようなアミューズメント施設，農村や古代人の暮らしを気軽に味わえるといった生活体験施設であろう。企業の体験型施設における体験にはアミューズメント性の強いものもあるが，機器類の操作や運転，試食や試着，イベントへの参加，大型スクリーンでの動画鑑賞，工作や料理等，種々のものがこれに含まれる。そしてこれらの中には体験を通じた学習，体験学習の要素を有するものが少なくない。端的に言えば，「企業の体験型施設における『体験』にはエデュケーション（教育）とエンターテインメント（娯楽）の複合，すなわちエデュテインメントの側面がある」[1]。

企業が設置・運営し，こういう体験を提供する常設の空間が本書の言う体験型施設である。そしてこれは典型的には屋外空間を主とした公園緑地型と建造

物内に設置された屋内型に大別される。前者は屋外空間が体験提供上大きな役割を果たすもので、広い面積の芝生や庭園等を散策するなど屋外環境を楽しむ性格が強いことをその特徴とする。後者は建造物内に設置されているもので、こちらの場合、基本的に来場者の回遊は屋内で行われる。厳密に言えば、前者は「公園緑地タイプの体験型施設」ということになるが、これは開放型の「企業緑地」とも呼べるだろう。後者の主な例としては、試食・調理・工作等の体験プログラム、シミュレーターやタッチパネル式端末を豊富に取り入れたPRセンターまたは企業ミュージアム、見学用通路を備えて常時見学に供されているオープンファクトリーが挙げられる。

このうち公園緑地型すなわち企業緑地は、先にも触れたように広い面積の屋外空間を持ち、散策や花壇の観賞、芝生上での飲食とレクリエーションなど屋外環境を楽しむ要素が強いことをその特徴とする。一方、屋内型のうち企業ミュージアムは直訳すると企業の博物館であるが、本書では「ミュージアム」とカタカナ表記している場合は体験型の施設をさす。実際には名称に「ミュージアム」の6文字が付されている施設の中にも体験の要素が少なく展示中心のものが見られるが、こういう施設はたとえ名称に「ミュージアム」とあっても本書では漢字表記の「企業博物館」と位置づけられる。

なお屋内体験型施設であるPRセンターのPR（Public Relations）は公衆ないし社会との関係強化を広くさす。これは広報ないし広告宣伝と混同されがちであるが、その活動は公衆・社会に事業内容等を理解してもらい信頼を獲得するために行われるもので、広報や広告宣伝によるとは限らないし、PRにおけるそのウェイトは今日むしろ低下している。また体験には、ものづくりの様子、すなわち生産風景を間近に見るという実地見学もあるから、先にも述べたように見学者に常時開放しているオープンファクトリーもこれに類することになる。これは生産現場をガラス張りにし、見学用通路からその現場をいつでも見ることができるという開放（公開）型の工場である。

前述したように、体験型施設における体験には学習、「学び」の要素がある。すなわち種々の実体験を提供しながら、その業界の仕事内容や楽しさ、近年における業界の状況やこれを取り巻く環境、自社の製品、同じく自社の経営理念や沿革、事業分野と事業活動の内容、環境経営への取り組み等に関する知識や

情報が伝達される。特に地球温暖化や森林減少，砂漠化が深刻化している今日，そういう環境問題の現状と環境保全の重要性に関する学びの提供，自社の環境経営に関する訴求が重要性を増している。

　一方，パネル展示等に当該企業の事業内容や製品紹介が過度に多くなると，コンテンツの性格に関して広告宣伝色が強くなり，来場者から一歩引いて見られるようになる。それに対して環境問題とその対策は特別学習のテーマとして意義が伝わりやすく，保護者からも「受け」が良いから，これに関するコンテンツを多くすると，当該施設は社会科見学，研修旅行・修学旅行の訪問先として選ばれやすくなる。ブランディングに関し広告宣伝と比べて体験型施設が劣るのは訴求の範囲・人数であるが，学校単位で多数の子供が訪れるようになると，その課題・短所が克服される。しかも子供は次項で述べるように，ブランディングの対象として今日極めて重要になっている。このようなことから，環境問題と環境経営はコンテンツ的に体験型施設と親和性が高いと言える。

　こういった環境経営を含む学びの過程で，来場者はその企業がどういう組織であるか，組織としてどのような理念をもって常日頃どういうことに取り組んでいるかについて感じ取る。つまり施設で行われていることを目にしたり体験したりし，展示されている製品に試乗したりパネルを読んだりして当該企業について知識を深め，内部の雰囲気やそこにいるスタッフの立ち居振る舞いからその企業の本質を肌で認識する。事業概要や沿革を理解できない子供にも，地元に「恩返し」ないし奉仕するという意識が強いとか，子供達の育成にまじめに取り組んでいるといったことがこの過程で微妙に伝わるであろう。ましてや大人ならば「良き企業市民」としての責務を果たしているとか，次世代育成や地域貢献に積極的であるということが理解されうる。そしてその企業がどういう組織なのかということに関する体験学習で得られた認識や理解がブランドイメージに作用し，その向上とさらにはブランド・ロイヤルティの土台となることも多い。

　すなわちアーカー（1996）によれば，ブランド選好ないしブランド・ロイヤルティの形成は，製品あるいはこれに関する広告宣伝および使用経験によるとは限らず，「環境への配慮や意義のあるチャリティの後援，そのコミュニティにおける関心と関与，さらには彼らの従業員に対する待遇を含む様々な方法」

で，端的に言えば「善良な企業市民であることを証明」することでも行われうる[2]。公園緑地型と屋内型を問わず体験型施設は，自社がそのような「善良な（良き）企業市民」であることを説明し，アピールするための有力な「場」となりうるのである。

　仮に次世代育成等の社会的責任の遂行，地元への利益還元，地域社会の活性化に対する貢献が施設の主たる目的であっても，それがこういうようにブランディングに機能するに越したことはないし，営利組織である企業は開放型の企業緑地やPRセンターに関し当然そういう効果を意識しなければならない。また本気で社会貢献や地域社会への活性化に取り組めば，ブランディング効果がおのずと生まれるはずである。

　そういうブランディング効果が体験型施設に関する口コミやパブリシティによってもたらされることも多い。広告宣伝と異なり，こういった体験型施設の設置・運用やこれに関するパブリシティ，来場者を起点にした口コミに販売促進につながりうる現実的効果を期待するのは邪道という考え方もあるが，「費用や時間をかける以上，企業として見返りを求めるのは当然である」[3]。

　先のアーカー（1996）はまた「正しいことを行っている企業」「信用できる組織」であることの重要性，およびそれを認識してもらうことの大切さについても触れ，これを次のように説いている。「『信用』できる組織が訴求することは，信頼され，また信じられるであろう。信用できると見られている組織は，顧客とのコミュニケーションや取引において，誠実であり，頼りになり，消費者ニーズに敏感であると認識されるだろう」[4]。つまりこういう組織は販売や取引においても支持されるのである。言い換えれば，同じ情報を発信しても，信じてもらえる組織ないし機関と疑いの目で見られてしまう組織（機関）がある。企業はもちろん自社を前者にしなければならない。

　構造や機能・性能等の物理的属性に関する優位性は持続しないことが多く，したがってこれに基づくロイヤルティも壊れやすい。また洗練された広告宣伝も商品への関心を引いたりブランドの認知度を向上させたりする上では効果があるものの，持続的な選好とロイヤルティの形成に関しては効力が疑問視される。ブランドに対する選好，さらにこれより強固なロイヤルティを形成するためには，むしろ自社がどういう組織であるかということを見て触れて体験しな

がら学習してもらった方が効果的なのである。その時の体験が快くてインパクトがあり，組織のイメージ，組織連想が良いものとなれば持続的な選好，ロイヤルティと競争優位基盤の形成につながる。「組織は特定の製品ラインよりも，通常，持続性があり複雑で永続的である」から，「組織連想は企業の持続的競争優位の重要な源泉となり得るのである」[5]。

　このように，開放型の企業緑地や体験プログラム重視のPRセンター，企業ミュージアム，オープンファクトリーを有効に活用すれば，自社が環境経営や次世代育成，地域貢献に積極的に取り組んでいる「良き企業市民」であることを理解してもらい，ブランディングを推進することができる。しかし企業はどうしても広告宣伝を重視しがちで，販売促進手段としてこれに重点を置きたがる。特に短期的な視座を取る企業はその傾向が強い。なぜならば売上や利益に関する効果が目に見える形で，かつ短期間のうちに現れやすいのは広告宣伝だからである。それに比べて，こういう体験型施設における活動は短期的な費用と効果の関係，コストパフォーマンスが不明瞭であるし，特に子供を対象にしたエデュテインメントの実施，体験学習の機会提供という活動にコストパフォーマンスの概念を適用すること自体難しい。また「投資や支出をなるべく合理的に行いたいという意識が働くのは営利組織としてはある意味で当然であるので，費用対効果がわかりやすく，有効性の分析と今後における継続の適否や拡大・縮小の妥当性を判断しやすい活動にどうしても予算の配分を厚くしてしまう」[6]。

　しかし長期的な視点に立てば，体験型施設における思い出づくりとブランド，製品への経験価値の付与は企業の存続と成長に不可欠であり，これへの投資は欠かせない。この経験価値とは端的に言えば，種々の経験により形成されるブランドないし商品に関する個人的，心理的な価値である。家族や友人と一緒に動かして遊んだり，試食したりした際の楽しい思い出，そして楽しかったから度々思い起こされるという記憶，すなわちくり返し想起される好ましい体験によりそういう経験価値が強固な形で形成される。そしてそれは，当該企業を応援したいという心理，ひいては積極的に当該企業の製品を選ぶという行動，ブランドに対する選好，ロイヤルティに結びつく（図3−1）。さらにそういった記憶や思い出は容易には消え去らない以上，その企業を応援したいという心

第3章　体験型施設と環境経営およびブランディング

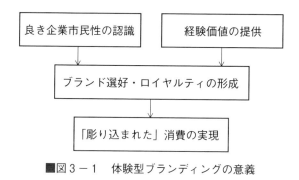

■図3－1　体験型ブランディングの意義

理や当該企業に対する親近感，当該企業の製品を意識的に選ぶという行動も持続的となり，「個人に彫り込まれた」消費の実現につながる［7］。

3.2.2　子供向け体験型ブランディングの重要性

　経験価値形成の対象として子供は今日重要であり，そしてそのような子供を対象にした経験価値の提供によるブランディング，体験型ブランディングに関して企業緑地とPRセンター，オープンファクトリー，企業ミュージアムは優位性を持っている。PR誌やカタログ，インターネットのホームページ，CSRレポート等はビジネスパーソンや消費者といった大人に対するブランディングには一定程度の効果を持っていても，こういうものを見ても理解できないか，そもそもこういったものに触れる機会がほとんどない幼児・小学生のブランディングには効力がない。

　また自社製品の種類が自動車や建設機械，オフィス用情報機器といったように，子供には現物の運転・操作ができないものである場合，将来ユーザーとなる可能性を秘めていても，日々の生活や業務における使用経験を通じてブランド・ロイヤルティを形成するというアプローチも採れない。子供に関しては，こういう製品の場合，実際に購入して使ってもらい「ものの良さ」をわかってもらうということができないのである。それに対して，子供にも楽しいプログラムや遊具，コンテンツを多数備えた企業緑地，PRセンター等の体験型施設は，幼少期から自社名を心に植え付けられる，ないし自社ブランドを印象付けられるという大きな利点を持っている。

実際，国語や算数は苦手であっても体育や音楽，図工など実技系の教科は好きだという児童は少なくない。つまり体を動かす実体験は子供にとってインパクトがあるし，講習会やセミナーにおける「座学」よりも体で経験したり感じたりしたことの方が子供には受け入れられやすく，心に残りやすい。

このようなことから子供達に対するブランディングに関して大きなパワー，高い有効性を体験型施設は持っているのである。細部については徐々にあいまいになるにしても，子供の時に父親ないし母親，祖父母といっしょに歩き回った，展示機器を動かしてみて楽しかったという思い出は大人になっても残り続ける。そして幼少期の思い出は購買年齢になった際にその個人の行動を規定する。また人手が機械や人工知能（AI）に置き換えられる職務は今後あろうが，少子高齢化が急速に進行している今日の日本では，社員の採用・補充が企業存続上ますます重要になっていく。これを考えると，このような子供に重点を置いた経験価値提供によるブランディング，体験型ブランディングは将来における人材確保という点でも欠かせない。

したがって体験型施設における幼年層を対象としたブランディングは，未来においても自社が存続できるように布石を打っておくということにほかならない。いわば20年後，30年後を見据えての種まきと見なせる。

また子供あるいは孫がシミュレーターや模型を動かしてはしゃいでいるのを見て「来て良かった」と思えば，親や祖父母の内部でもその企業に対する好感度が上がり，当該ブランドに対する経験価値が形成される。言い換えれば，子供ないし孫が喜んだという経験は現役世代，つまりその時点で購買年齢層である親や祖父母のブランディングにも機能する。このように，「体験型施設は将来の購買層，現在の購買層の両方に関して大きなブランディング効果が期待できるのである」[8]。

さらに企業緑地に関して言えば，次節で述べるように緑地ならではの存在効果と利用効果がある。端的に言えば前者は光合成により二酸化炭素が吸収され，ヒートアイランド現象が緩和する等のメリット，後者はレクリエーションや休憩の場所，災害時避難場所やコミュニティ活動の拠点としての意義である。

以上のことを踏まえると，体験型施設でやるべきことは創業記念館や歴史資料館で行っているとか，販売促進に関しては広告宣伝をやっているから体験型

施設は不要であるという考えは大きな誤りである。体験型施設はブランディングに関して独自の機能と意義を有するし、それは広告宣伝や記念館・資料館に比べてむしろ大きいと考えられるのである。

3.2.3　コモディティ商品のブランディングと体験型施設

　第2章第1節（2.1.1）で述べたように、それ自体の客観的属性に独自性を持たせることが困難な商品をコモディティという。鉄やセメント、塩や小麦粉といった素材、電気・ガス・灯油・レギュラーガソリン等のエネルギー・燃料、CDやDVD等の記録媒体、タップや延長コード等の電気日用品、ティッシュやトイレットペーパー、台所スポンジ等の水周り消耗品、シャープペンシルの芯およびステープラ（ホチキス）の針、クリップやスティックのり等の事務用消耗品がその例である。メカニカルな製品の中でも、デジタルウォッチのようにパーツや回路の単純結合でつくられるオープン・モデュラー型のものはコモディティの性格が強い。

　こういうものの場合、製品そのもので企業イメージの向上や商品イメージの改善、ブランディングを行うことは難しい。すなわちイメージの向上（改善）、ブランディングを図るために構造や機能・性能、使い勝手を他社製に比べて優れたものにするとか、独自なものにするということができない。

　こういったコモディティ商品を扱う企業が価格競争による利益率低下を回避し、またマーケットで生き残るためには、客観的属性以外のファクターによる差別化が必要となる。その一つの具体的な方法となるのは、コーポレート・ブランドに関する経験価値の提供である。この経験価値とは改めて定義すると、個人的かつ心理的なブランドないし商品の価値で、それは当該企業、当該ブランドとの関連で生起する種々の経験によって形成される。使用等の経験でこれをつくることが難しいコモディティ商品であっても、本節の第1項（3.2.1）末尾でも触れたように、たとえば体験型のPR施設で試食・試飲・試乗をする、ゲームやクイズ用の端末を操作するといった経験をし、設置主体の企業名との結びつきで良い思い出ができると、そういう経験価値が形成される。つまり使用や売買関係を離れた他の「場」でも企業名、コーポレート・ブランドの想起を伴う快い経験の記憶を与えられれば当該価値をつくることができるのである。

一般にブランドにはいくつかのレベルがあり，企業のブランドは階層性を有する。[1] そしてこのような階層性を持つ企業のブランドで最も上位に位置するのが，ある企業の商品に共通して付されるコーポレート・ブランドである。基本的にこれが付されない商品というのはないから，第2章第1節（2.1.3）でも論じたように，どういうものであっても商品のイメージはそれを供給する企業のイメージに大きく左右されることになり，これが売買関係を離れた「場」におけるブランディング，オフマーケット・ブランディングに道を拓く。

つまり商品は一般にコーポレート・ブランドのイメージから逃れることは難しく，その影響をかなりの程度受ける。端的に言えば，会社としてのイメージがどうしても付きまとう。商品のイメージ源泉には当該製品の使用経験，機能・性能・品質，価格，広告宣伝等があるが，これに付けられるコーポレート・ブランドは当該源泉として極めて重要なのである［9］。特にコモディティ商品の場合，前述したように構造や機能・性能等の属性で独自のイメージを形成することは極めて難しく，当該形成においてコーポレート・ブランド，企業としてのイメージが大きな役割を果たすことになる。

したがってコモディティ商品を扱う企業は，たとえば誰でも気軽に入場できる体験型のPR施設を作った上で，広く消費者や住民，就職活動中の学生等を呼び寄せ，コーポレート・ブランドの記銘と想起を伴う楽しい思い出，経験価値を形成しなければならない。すなわち前項（3.2.2）までで述べてきた体験型施設の必要性はそういう企業では特に高いと言える。そして「そういう経験価値を形成する空間としての体験型施設では，そこでの記憶が好ましいものとなる歓待，楽しい思い出ができる『おもてなし』が重要となる」［10］。というのは，「何らかの『場』を設けても，その『場』において来場者に不快な思いをさせれば，その企業のブランド，製品に関する当該個人の経験価値はゼロどころかマイナスにさえなりかねないからである」［10］。このようなことから，ホスピタリティの実践が必要不可欠なのである。

一方では前述したように，近年，環境経営やその他のCSR遂行，地域貢献が企業イメージ形成要因として重要性を増している。こういうことから，コモディティ商品を扱う企業ではこれらの積極的な遂行と実践が肝要となる。

さらに，こういうコモディティ商品でブランディングを推進するためには，

前述したようなPR施設を設けた上で多数の人を呼び寄せ，自社の環境経営，CSR遂行，地域貢献への取り組みを紹介したり，またその実績をアピールしたり，これらに関する認識を深化させたりするといったことが行われなければならない。こういう施設は，それ自体，学びの提供等の次世代育成や地元のPRといったCSR遂行，地域社会への貢献活動を担うこともできる。施設外の事業所や本社，工場で行われているCSR遂行，地域貢献を訴求するための「場」として機能するし，施設自体が次世代育成など当該遂行と貢献の「場」になりうるのである。

3.3 緑地創設による環境経営

3.3.1 都市部工場跡緑地の定義

ところで前節で言及した開放型の企業緑地を都市部の自社工場跡地に整備するメーカー等も近年見られる。こういう企業設置の都市部工場跡緑地は，民間企業により都市部の自社保有工場跡地に設けられ市民に公開された一定面積以上の緑地と定義される。緑地すなわち植物のある土地であるから，ビルの屋上に庭園等を設けているケースや建物の壁面にツタ（ツル）類を這わせているケースは含まない。

次に一定面積以上という条件の具体的数字が問題となるが，周辺環境に影響を与えうる等の理由で工場立地法が設置や廃止に際し届け出を義務付けている大規模工場（特定工場）の基準9,000平方メートルがここでの下限となる。[2]

したがって工場跡地であってもこれより面積の小さい花壇や植栽はここでの緑地に該当しない。また面積がこれより大きくても，社員だけに供されている中庭や工場内の芝生はこれに該当しない。

ただし先の定義のように都市部と言っても，市町村合併により市域が広くなり，山村部が郡部ではなくどこかの市内であるということも多くなった。一方，後述するヒートアイランド現象の緩和といった緑地創設の効果が顕著に現れるのは，都市部でも特にオフィスビルやマンションが立ち並ぶ市街地である。したがって典型的には，そういう市街地にあった工場等を廃止・移転した際に，当該企業の費用負担により跡地を緑地として整備し，市民に開放しているケー

スがここでの考察対象となる。こういった市街地は東京・名古屋・大阪の三大都市圏等の場合，地価が高く，そこにある工場跡地も不動産としての評価，資産的価値が高額となるため，現金収入を生まない緑地にこれが転換されることは少ない。しかし後に取り上げるノリタケの森のように，三大都市圏の中心部に企業緑地が設けられるケースもなくはない。なお市街地の工場跡であっても，これを地方自治体が用地取得し公立の公園として整備したケースは議論の対象から除く。[3)]

　企業が都市部（市街地）においてこのような市民向け緑地を開設することにはどのような意義があるのだろうか。これは第1章第5節（1.5.1）でも言及したように，その緑地の存在がもたらす作用すなわち存在効果と，人の利用により生まれる価値すなわち利用効果という観点から検討されなければならない。さらにここで考察対象としているのは緑地を自治体ではなく企業が創設する場合であるから，これらに当該企業にとっての意義が加わる。

　言い換えればこの考察は，1）緑地創設一般の意義，2）都市部に緑地を設けることの意義，3）企業が緑地創設を行うことの意義に分けて進める必要がある。先に述べたように，1）と2）については，緑地があること自体による意義（存在効果）と利用に関する意義（利用効果）に分けることでより厳密な考察が可能となる［11］。

3.3.2　存在効果に関する意義

　アスファルトに覆われていたり地面がむき出しになったりしている更地と緑地とでは，植物とその光合成活動があるかいなかという大きな相違がある。すなわち第1章第5節（1.5.2）でも触れたように，緑地の最大の特徴は植物が生え，そこで光合成が行われているということであるから，緑地の存在効果としては二酸化炭素の削減および酸素の増加，地球温暖化の緩和，生物多様性の維持，その他が考えられる。したがって存在効果に関して言えば，創設する場所が都市部かそれ以外かにかかわらず，緑地を創設すること一般の意義は緑地が有するこれらの作用を拡大することと捉えられる。樹木主体の森林にはこれらに加え水資源の保護や洪水の防止という機能もある。ゆえに森林保護や植樹活動には当該機能を維持し向上させるという意義があることになる。

特に人口密度と建造物の集積度が高い都市部（市街地）における緑地の存在効果としては，「多様性や四季の変化が心を育み，潤いのある美しい景観を形成する」「ヒートアイランドの緩和等都市の気温の調節，騒音・振動の吸収，防風，防塵，大気汚染防止効果等」「緑による心理的安定効果，美しく潤いのある都市景観，郷土に対する愛着意識の涵養」「緑の存在による周辺地区への地価上昇等の経済効果，地域の文化・歴史資産と一体となった緑地による観光資源等への付加価値」が指摘されている［12］。これらに加え，火災時の延焼防止など災害の被害軽減も都市部緑地の存在効果と言えるだろう。

このような緑地創設の効果を大きくするためには，緑地の面積をなるべく広くすることもさることながら，同じ面積で機能を高めたり，空間構成要素や景観に多様性を持たせたりすることも重要となる。この観点で注目されるのは，小川や池，湿地を含む自然環境の復元空間であるビオトープ（biotope）の設置である。これは環境保護，工場建設前に元々その場所にあった原風景の保存，生物多様性維持などの目的で，自然の池や湿地を保存・再現したスペースである。特に都市部におけるビオトープは「都会での野生生物の多様性を確保する上で効果的である」［13］と先行研究では指摘されている。

ビオトープはいわば元々の自然環境を保存し承継するカプセルのようなものである。つまりその土地に昔生えていた植物，都市化の前に生息していた生物を保存したり，あるいはこれらの遺伝子を後世に受け継ぐという役割を持つ。このためその開設においては，その地域本来の生態系や元々あった自然を調査・推定することが重要となる。ところが，「日本では，対象地周辺の生物や生態系の情報を調べずにつくった『トンボ池』や『メダカ池』もビオトープであると勘違いされている場合が多い」［14］。

そしてビオトープではそういう自然環境（原風景）に近づけるため，池や湿地の周囲は人工的な施工をせず，雑草や葦が伸び放題にしておかれる。「粗放的な管理で生物相を豊かにする」「粗放的な管理で，生物が生息しやすい空間を残す」［14］というのがそのコンセプトである。

翻って，都市部の植物園や庭園では，美観の維持・管理や保全に意識が向けられる。したがって自由に散策するというわけにはいかず，自然の観察は遊歩道や通路からに限られる。すなわち植物園や庭園は「人間の生活環境の整備が

その本来の目的である」のに対しビオトープのコンセプトは「主人公が生き物である」「都市にも野生の聖域を確保する」という点で，これらの設置・運営趣旨は全く異なる［15］。また「ビオトープの造成は，都市部にすむ水生昆虫の新たな生息地を産み出すのであり，移動力をもった昆虫にとってより安定的な生息地ネットワークを提供するもの」である［16］。

　このようにビオトープを設けるメリットが大きいのは都市部，特にその中心部であるが，一方ではそういう場所は地価が高く，これを大規模につくることは現実的には難しい。この点については，前述したように緑地も同じである。だからこそ，緑地とビオトープを組み合わせ，前者の内部に後者を設けることが検討されなければならないし，先進事例でもそうなっている所が多い。それが前述したように緑地の存在効果を高めることにもなるのである。また高層ビルが立ち並ぶ市街地では，小規模であっても当該エリアに立地する複数の企業がこれを開設すれば，大きな効果があると考えられる。

3.3.3　利用効果に関する意義

　利用効果に注目した際の緑地創設一般の意義は，緑地上で行うスポーツや課外活動，レクリエーションを可能とする空間が物理的に広がるということである。これはストレスの発散や精神的緊張の緩和，気力の回復といった心理的効用が得られる機会が増大することも意味する。

　都市部の緑地については，近辺に自然の緑が少ない一方，周囲にビルや住居，その他の建築物が多数あるという近隣の状況ないし立地特性から，特別な価値が生まれる。すなわちそういう状況・特性を考えると，これはオアシスにもたとえられる憩いの場，地域住民のコミュニティ活動拠点，環境学習・情操教育の場，災害時の避難場所，イベント開催の場としての意義を持つ。

　憩いの場としての性格については，「高木がつくり出す濃い緑の葉陰や花壇に植え込まれた季節の草花が，オフィス街で働くサラリーマンにほっと一息つけるオアシスを提供し，昼時には弁当をひろげる姿も散見される」［17］というように先行研究では指摘されている。これと関連する意義として，「『癒し効果』や『リフレッシュ効果』，『休憩場所として』といった人の心身の健康やストレス緩和」［18］もあるとされている。また公園，特に大規模公園に人々が

求める価値は「日常からの脱却であり，気分転換であり，暇つぶしである」とされ，そこでは「繁華街では得られない開放感」も享受されるという [19]。

都市部緑地は先にも触れたように，地域住民のコミュニティ活動拠点という性格も持つ。これは言い換えれば「地域の溜まり場」としての性格であり [20]，「そこに人々が集まり，コミュニティの形成に寄与する」という機能的側面である [21]。人のつながり，人間関係が希薄になりがちな市街地においてこれを再構築する働きを一定程度備えているし，より広範囲の市民を対象とした音楽や文化関係のイベント，その他の行事を催す会場にもなりうるのである。

加えて，「自然は見て触れて肌で五感で感じなければ理解できない」し，また「次代を担う幼児や子供たちを感受性豊かな人間に育てるために，多くの環境に接する機会を提供する」ことが重要であるから，都市部における緑地は子供の情操教育，感受性・情感の育成にも役立つ [22]。先に言及したビオトープの設置はこのような環境学習・情操教育の場すなわち「生態系としての自然とふれあい，理解する場」[16]，あるいは「環境に対する関心と理解を深めていく場」[23] としても有効である。日本では水のある環境が好まれ，「すぐ近くに小川があり，郊外に行けば美しい風景の湖があるとよいと，多くの人が考えている」し [24]，また水辺で体験学習をしたり，水生動植物を観察したりするためにはそのための空間，ビオトープが欠かせない。

災害時における避難場所，救援活動拠点としての機能も緑地の利用効果と見なせる。この機能と効果により，都市部緑地は地域の復興に寄与し，コミュニティとしての復元力と強靭さを高める。特に大地震発生後に周辺の多くの建物が倒壊または半壊している状況では，広い面積を持つ緑地は地域住民にとり命を守るための安心安全な空間として機能し，加えてヘリコプターの発着，救援物資の搬入・管理・配布，炊き出し等もそこで行われうる。都市部における緑地創設には，こういった都市における健康の維持と増進，憩いやリフレッシュの場の増加，コミュニティ活動やイベントの場の増大，情操教育の機会拡大，災害時の避難場所提供による地域共同体の復興力向上という意義がある。

3.3.4　環境経営の訴求とブランディング上の意義

ところで次項以降で取り上げる二つの工場跡緑地のように，先進事例の多く

は入場料を取らず無料で緑地を開放し，自由に散策可能にしている。社会貢献と環境経営に対する高い意識や市民に対する暖かい配慮がなければ，都市部の工場跡地を緑地に転換してこのように開放するということはできない。すなわち鉄道の駅にも近い一等地にある敷地を収益が直接的にあがりうる事業拠点とせず，緑地として整備し人々に供するというのは，高邁な精神の裏づけがあってこそできることである。

　このことを市民は薄々と認識しているはずであるし，実際，現地で一緒に散策している就職活動中の大学生が「いい企業ですね」とつぶやくケースも多い。つまり都市部の工場跡緑地はその存在自体が，自社の社会貢献と環境経営の訴求につながる。社会に貢献する意識が高く，環境保護に積極的に取り組んでいるという印象を人々に与えるのである。

　さらにブランディング上の効果を高めるためには，緑地の名称に自社名を入れる方が望ましい。スポーツ大会やコンサートの名称に会社名が入っているものを「冠イベント」と呼ぶのにならえば，ブランディングの観点で緑地も「冠緑地」とする必要があると言える。そうすることにより，口コミに社名が入る可能性が高まり，自社名の印象付けにつながりやすい。テレビのニュース，雑誌や新聞の記事で取り上げられる場合も同様で，いわゆるパブリシティ効果が大きくなる。たとえば口コミについて言えば，次項以降で取り上げる「ノリタケの森」「こまつの杜」に関して感想，訪問推奨等がインターネット上のサイトに投稿される際には，「ノリタケの森，なかなか良かった」「気分転換にお勧め，こまつの杜」というようにコメント中に自ずと「ノリタケ」「こまつ」という会社名（略称）が入ることになる。このため発信者と閲覧者双方において当該社名の記銘に作用するのである。両者とも則武，小松という地名でもあるが，社名の浸透，意識付けという点で，冠タイプのネーミングは効果的であると言える。

3.3.5　三大都市圏における緑地創設事例－ノリタケカンパニー－

　株式会社ノリタケカンパニーリミテド（ノリタケカンパニー）は名古屋市西区則武新町三丁目1番36号に本社を置く世界的な高級陶磁器（食器）メーカーで，ノリタケグループまたは大きく見ると森村グループの製造業企業と位置づ

けられる。陶磁器以外の主な事業分野は研削砥石や研削布紙などの工業機材，セラミック原料，エンジニアリングである。

　これまで何度か述べたように広義の環境経営には，日々の事業活動において機能する環境対策の仕組みを確立する取り組み，すなわち環境にやさしい業務プロセス・業務システムの設計および運用と，社内外における事業空間整備としての環境保全，自然保護活動がある。卑見では，前者に関して同社はリサイクルシステムの構築に顕著な実績を上げており，後者については定期的な植樹など緑化活動に力を入れている。ここで取り上げるノリタケの森はこの緑化活動が環境経営の特徴である同社ならではの企業緑地である。すなわちノリタケの森は，「ノリタケグループ緑化推進のシンボル」と位置づけられる［25］。このノリタケの森開設には以下のような経緯がある。

　業務効率化と生産性向上の観点から，同社は名古屋市西区則武新町の本社工場で行っていた業務を愛知県みよし市の三好事業所に移管することとなった。これにともない同社の社内では，「平成12年，『ノリタケグループ発祥の地がここにあることを後世に伝えるために，ノリタケグループの何かを残そう』との発想から，創立100周年記念事業の一環としてＤ（development）プロジェクトが立ち上がった」［26］。そしてこのＤプロジェクトは旧生地工場の解体を2001年より始め，取り壊した跡地を中心に本社敷地の約3分の1にあたる4万8,000平方メートル（1万4,500坪）を整備して「ノリタケの森」とするという構想を打ち出した。これはノリタケ100年史編纂委員会編（2005）では次のように言及されている。「このプロジェクトでは，記念事業の最大のテーマとして旧生地工場跡地の有効活用について種々検討を重ねてきたが，その結果，超高層ビルや大規模商業施設の建設ではなく，『ノリタケの森』構想が役員の総意によって承認された。この構想は，当社の先人たちの『美しく白い精緻な陶磁器を日本で製造したい』という熱い想いが1世紀にわたる歴史の中で受け継がれ，この地を出発点としてノリタケグループの事業が育まれてきたことに対する感謝の念を形にしたいとの想いから生まれたものである。また，当社が創立100周年を迎える翌17年には愛知万国博覧会開催と中部国際空港開港が控えており，中部の国際化，産業観光の促進の面からも，この工場跡地の緑化を通じて，当社が標榜する環境への寄与，地域社会への貢献を具体化しようとする

ものであった」[27]。このような経緯で旧生地工場があった敷地に会社創立100周年記念事業として2001年10月にオープンしたのがノリタケの森である。そして2005年4月には，整備と運営面で中心的役割を担う株式会社ノリタケの森が設立された。

　このノリタケの森の創設時における位置づけは，先にも述べたように「ノリタケグループ緑化推進のシンボル」というものであった。また創設時において，「安らぎの空間，都会のオアシスとして，市民の皆様に自然とのふれあいを楽しんでいただけるゾーンに仕上げる」という方針が表明されている［25］。この精神は受け継がれ，「都会の中の憩いの場」という役割は現在も訴求されている［28］。

　後に紹介する煙突広場中央に立ち四方をぐるりと見回すと，ノリタケの森は10階建てから20階建てのマンションとビル群に囲まれていることがわかる。また5分も歩けば，名古屋駅前の高層ビル群が見えてくる。そしてノリタケの森周辺には他に緑地公園がない。このようなことから「都会のオアシス」「都会の中の憩いの場」という表現がぴったりと合う。散策が可能なスペースとしては北側にビオトープ，煙突ひろば，南側には噴水ひろば，せせらぎがある。これらでは草木や芝生，花壇の間をそぞろ歩きし，名古屋という大都市の真ん中で豊かな自然を楽しむことができる。

　敷地の最も北側には，ビオトープが作られ，植物・昆虫・魚・野鳥などが共生している。周囲にはトチノキ，アジサイ，シロヤマブキ，シャクナゲ等，多彩な植物が植えられている。水辺スペースはコンクリートやブロックによる施工のない自然に近い状態になっており，本節第2項（3.3.2）の最後で言及した都市中心部における企業緑地内ビオトープの好例であると言える。

　このビオトープとモニュメントの6本煙突の間には，芝生の煙突ひろばが広がっている。ここは日当たりが良く，晴れた日には走り回る子供たち，レジャーシートを広げて寝そべったりお弁当を食べたりしている親子連れが見られる。ひろばの外周には，これを取り囲むように散策路があり，散策路には3人から4人が座れるベンチが置いてある。

　この煙突ひろばには名前の由来である6本の煙突がモニュメントとして立っている。これは1933年の工場大改造時に構築された陶磁器焼成用トンネル窯の

遺構で，経済産業省からは近代化産業遺産，名古屋市からは地域構造物資産の認定を受けている。6本の煙突のうち3本の横にはグレーチング（アルミ・メッシュ）の橋があり，そこを歩きながら下方を見ると，工場の基礎や窯から排出された煙を煙突に送るための煙道を見ることができる。1979年に工場が移転した際に，煙突上部が撤去され現在の形となった。

　南側の緑地ゾーンには噴水広場とせせらぎがある。せせらぎに沿う形でメタセコイヤの木が植えられており，その下に3人から4人がけのベンチが10脚ほど配置されている。ベンチに座ると目の前で清らかな水がメタセコイヤの木漏れ日の中をサラサラと流れ，その向こうに中央で噴水の水しぶきがあがる噴水広場，さらに正面奥にはノリタケカンパニーの本社が見える。

　天気の良い日に訪れると，清涼感のあるせせらぎの横でゆっくりと散歩する老夫婦，前述したように煙突広場でレジャーシートを広げて日光浴をしている親子や駆け回る子供たち，噴水広場で休憩したりスマートフォンを眺めたりしているスーツ姿のビジネスパーソンや就職活動中らしき若者を見かける。またビオトープの池を興味深げにのぞき込んでいる小学生，大型カートに乗った幼児達とそれを押す保育士とおぼしき人を目にすることもある。それぞれの空間を思い思いに愉しむ市民が見られ，前述した「都会のオアシス」「都会の中の憩いの場」というコンセプトが十分に具現しているように思われる。

3．3．6　地方都市における緑地創設事例－コマツ－

　コマツは東京都港区赤坂2丁目3番6号に本社を置く世界的な機械メーカーで，登記社名は株式会社小松製作所である。連結決算対象を含むコマツグループで生産している主な製品は，建設・鉱山用機械，ユーティリティ（小型機械），林業用機械，産業用機械である。

　2011年5月，コマツは同社発祥の地である石川県小松市のJR小松駅前に「こまつの杜」を開設した。これは2010年に閉鎖された小松工場の跡地を整備して開設したものである。この経緯と趣旨を同社は次のように説明している。「コマツ（社長：野路國夫）は，本年5月13日に会社創立90周年を迎えます。これをひとつの節目として，10年後の100周年とその先の未来を見据え，重要な経営資源である『人』と『技術』を更に伸ばしていくことを主眼とした記念事業

を進めてきました。その一環として，石川県小松市の小松工場跡地をコマツグループのグローバルな人材育成の拠点とするとともに地域社会と一緒になり子供たちを育む場所として再生するプロジェクトを昨年より進めてまいりました。このほど各施設の建設が完了し，『こまつの杜』として5月12日（木）に正式にオープンしました」（[29]，社長名等は原文のまま）。

　こまつの杜は大きく見て二つの施設・地区からなっている。一つはコマツグループ社員の能力向上やキャリア開発を支援するコマツウェイ総合研修センターである。もう一つは一般開放エリアで，これについては，「『わくわくコマツ館』や『げんき里山』を核として，地元行政や教育関係者，新設されたNPO法人『みどりのこまつスクスク会』，当社粟津工場OB会の方々に協力いただきながらソフト面での充実を図り，多くの子どもたちが集い，理科や自然，ものづくりに興味を抱く機会を積極的に提供することで，当社発祥の地である小松市に貢献していきます」と語られている[29]。またこれは「広く一般市民に開放し『里山の自然環境の保全』や『地域の子供の健全な育成に貢献』することを目的」とするとされている[30]。

　一般開放エリアには，げんき里山，世界最大級のダンプトラック「930E」，わくわくコマツ館，ミニショベル運転体感広場がある。このうち，げんき里山は里山ゾーン，小川ゾーン，たんぽと畑，しばふの広場等からなり，合計面積は約2万平方メートルである。[4)] 樹木・草本類について言えば，げんき里山を中心にこまつの杜全体で約300種類，約3万本の植生がある。

　本書が注目しているのは緑地や小川等からなるこのげんき里山である。その特徴は次のように紹介されている。「加賀の自然を再現した里山は，四季折々の変化に富み，一年を通して季節感溢れる表情を見せてくれます。里山の中央には小川が流れ，様々な水生生物や昆虫・鳥などが集まり，地元に育成する多様な動植物を観察・体験することができます。また，小松駅前にあって気軽に自然を感じられる里山は，小松市民憩いの場にもなっています」[31]。つまりここで訴求されている役割と意義は「地元に育成する多様な動植物を観察・体験すること」と「市民憩いの場」である。

　げんき里山のうち里山ゾーンには小松市近郊の里山で見られる高木類と，きれいな花を咲かせる低木類が自然環境に近い形で植えられている。前者すなわ

ち高木類としてはエゴノキ，タブノキ，兼六園菊桜，スタジイ，その他が植えられており，後者すなわち低木類としてはシモツケ，ヒラドツツジ，ウンシュウミカン，アジサイ，その他が植えられている。今は小松の市街地で姿を消したが昔は繁茂していたと考えられる野草のカタクリを現在も自生している郊外からこのげんき里山に移植したり，後に述べるように以前は生息していたホタルを復活させたりしようという努力もなされている。

里山ゾーンではこういった多様な樹木・草本類の花と緑，紅葉が楽しめるのに加え，キノコ栽培が行われている。秋には，前年に植え込んで育てたキノコを収穫してキノコ汁を味わい，翌年に向けて新たにシメジとシイタケのキノコ菌を原木にたたいて植え込むイベントが行われる。こうして子供を含む参加市民には加賀地方の自然の恵みを堪能する機会が提供されている。

また同ゾーン内にはコマツOBが手作りで建てたカブトムシの館がある。その中では，カブトムシとクワガタが幼虫から成虫になるまで過ごし，毎年夏にはたくさんのカブトムシとクワガタを見ることができる。この館の前では，カブトムシの幼虫，成虫等の写真パネル展示もなされている。

小川ゾーンは水辺再現空間で，ビオトープにあたる。ここには水生植物が生え，昆虫が生息し，鳥類も集まる。NPO法人「みどりのこまつスクスク会」の里山イベント部会のメンバーは，こまつの杜の供用が開始された2011年より「JR小松駅の東口という交通の要所に小松の豊かな自然を感じさせる空間を作ろう」という意識で，ホタルの幼虫を放流してきた［32］。一般にホタルが定着するためには，幼虫を放流するだけではなく水辺をホタルが棲む本来の自然環境に限りなく近づけなければならない。より具体的には，幼虫が生息できる清流のほかに，餌となるカワニナがたくさんいて水草が生えているという環境にする必要がある。そういう環境整備の努力が実って，2015年には日に平均10匹前後の成虫が確認されるようになった。そして先に紹介した「JR小松駅の東口という交通の要所に」という思いは近年，北陸新幹線の延伸に合わせて「もっと豊かな環境にしたい」「新幹線駅のすぐそばでホタルがすめる自然があるというのは，全国的にもユニークな施設」という精神となって受け継がれている［33］。

一方，たんぼと畑では，稲，サツマイモやひまわりが育てられている。種ま

きと収穫は参加者（市民）の手により行われる。たんぼには大人の身長より少し背が高い案山子(かかし)が数体立っており，田園の雰囲気を醸し出している。

　しばふの広場は幼児でも安心して走り回れるなだらかな広場である。普段ここでは子供たちが元気に駆け回ったり，ベビーカーに乗せられた乳児とその母親が日向ぼっこをしたりといった光景が見られる。

　げんき里山全体には，里山ゾーン，小川ゾーン，たんぼと畑，しばふの広場の外周を縫うように，赤茶色のアスファルトで舗装され蛇行と緩やかなアップダウン（起伏）を持つ遊歩道がある。春にはこの両側が兼六園菊桜，ソメイヨシノ，八重桜など色々な種類の桜で薄桃色に彩られる。また秋にはオレンジ色のコスモスが咲き乱れ，歩いていると無数のマツムシやコオロギが鳴いているのが聞こえてくる。遊歩道から見える里山の地面は茶色のさらさらとした砂まじりの土で，場所によってはその上にウッドチップが撒かれている。そして所々の木には，「カブトムシの館は近くの湖のヨシで作られています。その湖は何でしょうか。①琵琶湖（びわこ），②木場潟（きばがた），③諏訪湖（すわこ）」「しいたけのなる木はどれでしょう。①こなら，②たけ，③まつ」等のクイズラリー（掲示）が吊るされている。

　南東の一角には，「コマツを支えた建機たち」というテーマで，コマツの発展に大きな貢献をした建設機械が数台展示されている。これらはコマツという一企業のみならず日本の機械産業全体にとって歴史的意義のある製品と言っても良く，いずれも「いしかわものづくり産業遺産」に認定されている。その近くにある「ミニショベル体験ひろば」では，ミニショベルを操作してボールや石をすくうという体験プログラムも提供されている。こういった展示やプログラムは建設機械等のメーカーならではのものと言えるだろう。同様に建機メーカーならではの社会貢献として，同社は過去に内戦・紛争のあった外国で対人地雷を除去した後，道路と橋梁，農業用ため池を整備し小学校を建設するという活動を支援しており，こまつの杜ではこれに関してもパンフレット等で紹介・訴求をしている。

　体験イベントとしては，自然観察会や里山自然教室も行われている。たとえば「げんき里山の植物に手作り名札を付けよう！」と題して，「げんき里山を散策しながら食べられる山菜を探そう！　木の名前を覚えたら，手作り名札を

げんき里山の植物に飾ってみよう」といった大人も子供も興味を持てるイベントが企画され実施されている。

このように，創設した緑地を市民に開放するだけでなく，ここでは建設機械の体験プログラムや自然観察会，里山自然教室が開催され，また稲，イモやひまわりの種まきと栽培，収穫が行われている。その趣旨は「自然を身近なものに感じてもらえるように」[34] ということである。そしてこれらの活動には先にも言及したように，コマツOBの存在が欠かせないものになっている。「彼らは地元への愛着が強く，270人がNPO法人『みどりのこまつスクスク会』のボランティアとして登録し，わくわくコマツ館のスタッフと共に運営にあたっている」[34]。

3.4 屋内体験型施設における環境経営の訴求

3.4.1 体験・展示コンテンツとしての環境経営

PRセンターやオープンファクトリー等，企業設置の屋内体験型施設はいくつか重要な役割を担いうる。その一つは次世代育成や働くことへの関心喚起という趣旨でその業界の仕事内容や近況に関する学びを提供するというものである。また環境にやさしい市民生活を確保し持続可能な社会の構築を進めるために環境問題の深刻さと環境負荷軽減の大切さを伝えることもできる。さらに自社の製品や生産プロセス，事業活動や経営理念を公開・紹介することも重要で，これに関しても大きな役割を果たしうる。本章の第1節（3.1）でも言及したように，日本企業は従来この意識が弱かったし，ある意味であまかった。正しいこと，良いものづくりを行っていれば消費者は必ずついてくるはずという思い，ないし思い込みがあった。

しかし正しいこと，良いものづくりを行っているならばそれをアピールすることも重要である。自分達の製品やものづくり，事業活動や経営理念を知ってもらうという姿勢が大切なのである。そこに躊躇や遠慮があってはならない。環境経営に積極的に取り組み，地球にやさしいものづくりを行っている場合は，特にそれが言える。また公開し，アピールしなければ，正しいこと，良いものづくりを行っていてもそれが消費者にも地域住民にも伝わらない。仮に積極的

にアピールしないのは無意識によるもの，あるいは日本的奥ゆかしさからであっても，そうは捉えてもらえず，閉鎖的，秘密主義と受け取られ，それがブランディングを進める上で障害となることもある [35]。

　こういった対外的訴求，学びの提供では，企業の事業活動や市民の日常生活における環境負荷軽減と環境調和型製品の重要性を説くとともに，環境経営に関する自社の取り組みが子供にもわかりやすいように丁寧かつ的確に紹介されなければならない。そのように環境経営への取り組みをわかりやすく紹介することで，また環境問題とその対策について楽しく学べるようなアトラクションを導入することで，製品購入年齢にまだなっていない学齢期の児童をも他社に先んじてブランディングの対象とすることができるようになる。この立場を取ることでユーザー年齢となる前の段階において他社よりも先行する形でブランドに関する価値を子供達に提供し，これに対してロイヤルティを形成することも可能になる。

　こういう体験学習，学び提供の対象として子供はむしろ重要であり，これを通じた子供向けのブランディングに関して，前節で既述の企業緑地とともに，体験プログラム主体のPRセンター，企業ミュージアム，オープンファクトリーは優位性を持っている。本章の第2節（3.2.2）でも述べたように，PR誌やカタログ，インターネットのホームページ，CSRレポート等はビジネスパーソンや消費者といった大人に対するブランディングにはある程度効果を持っていても，こういうものを見ても理解できないか，そもそもこういったものに触れる機会がほとんどない幼児・小学生のブランディングには効力がない。また自社製品の種類が自動車や建設用機械，OA用情報機器といったように，子供には現物の運転・操作ができないもの，あるいは普段使う機会がないものである場合，将来ユーザーとなる可能性を秘めていても，使用経験を通じてブランド・ロイヤルティを高めるということもできない。PRセンターやオープンファクトリー等の体験型施設は幼少期から自社ブランドを心に植え付けられる，ないし企業名を印象付けられるという大きな利点を持っている [36]。

　環境経営そのものについては，第1章でも述べたように企業の規模によって可能な活動内容や範囲が大きく変わってくる。資金力や人員に限界がある企業は，何でもかんでもやるというわけにはいかない。

これは環境経営そのものの活動が短期的にはコスト要因となり，たとえば企業イメージの向上やブランド選好といった販売および事業経営全般へのプラス効果が顕著に現れるためには，長期間を要するためである。このようなことから環境経営に関し実践できる活動内容やその広がりについては，会社の規模による違いというのが大きく，可能な範囲やレベルは大企業ほど広くまた高度となる。

　しかし体験型施設について言えば，その相違はさほどない。すなわち体験型施設については，こういう企業規模による制約性が相対的に弱くなり，設置可能な施設のスケール等に関して大企業と中小企業間の隔たりが小さい。実際，中小企業の中にも大企業の施設に規模的に劣らない施設を設置しているところが少なからず見られる。

　これは環境経営は先にも触れたように短期的にはコスト要因で，大抵当初は金銭的収支，損益がマイナスであるのに対し，体験型施設は販売機能を持たせることでスタート時からそれがプラスになりうるからである。つまり販売売上面でのメリットがオープン（発足）からすぐに現れる。したがって投資の財務的負担や心理的ハードルも低くなる。

　実際，環境経営は総合型というよりは特化型であるが，体験型施設の規模は大企業なみで，そこで範囲は限定的ながら特徴のある環境経営をうまく紹介することで施設の充実度と設置企業の好感度を高め，活発な口コミ形成に成功している中小企業もある。環境経営等CSR遂行の紹介スペースを持つ体験型のPR施設を全国各地に戦略的に配置し効果的に運用している中小企業も見られる。その数や合計面積で言えば，大企業よりもむしろ多いという中小企業もある。

3．4．2　中小企業における環境経営訴求と口コミ形成

　環境経営を実践するには経費がかかる。そしてその負担能力には会社の規模により違いがある。しかしいずれにせよ最終的には，環境経営は多くの場合，企業全体で見ると生産の効率化等を通じてコストを削減する。

　加えて，社外に向けて有効に訴求ができれば，自分と家族の健康を守りたい等の消費者心理や社会的な環境志向の高まりを背景に，自社に対する信頼感の

形成と好感度の向上，企業イメージおよびコーポレート・ブランドイメージの改善，自社ブランドに対する選好の形成・強化といった効果をもたらす。長期的視座に立てば，環境経営はオフマーケット・ブランディングの有力なアプローチとなりえ，今日，ブランディングに関して大きな意義を持っているのである。特に循環型生産システムの構築は持続可能な社会の形成に向けて貢献度が高く，当該構築を訴求することによるこのようなイメージアップとブランディングの効果も大きい。

ただし繰り返し述べているように，こういう効果ないし意義が現実化するためには，外部に向けて環境経営の的確な紹介とアピールがなされなければならない。体験型のPR施設はその有力な舞台となる。

別の言い方をすれば，環境経営の活動そのものは短期的にはコスト要因となり，会社としての好感度向上，ブランド選好の形成といった事業経営へのプラス効果に広がりが生まれるためには，長期間を要する。コストの発生は今すぐで，ブランディング効果が目に見える形で販売売上面にはっきりと現れるのは後々であるから，どうしても財務的にゆとりのある企業でないと大々的に取り組むのが困難であると言える。投資はすぐに行わなければならないが，販売促進上のその効果が大きな形で顕在化するのはずっと先であるから，資金に余裕がある企業でないと大規模に展開することは難しい。特に全社的環境戦略の立案と組織的共有，活動推進体制の構築を行った上で，リサイクル・リユース・リデュース活動，環境配慮型製品の製造や販売，緑地化と自然保護貢献のすべてに取り組むという総合的な環境経営に関しては強くそれが言える。

しかし前項（3.4.1）でも述べたように，このような環境経営への取り組みを対外的に訴求する機能を持つ体験型施設を大規模な形で設置することは中小企業にも可能である。なぜならば，こういう施設については販売スペースを設けたり，直売コーナーを付設することもできるので，設置・運用による商品売上を開設直後よりすぐに獲得しうるからである。しかも，たとえ特化型の環境経営であっても，うまく紹介しアピールできれば，大企業で総合型環境経営を行っている場合と同じようにブランドイメージを高めることもできる。実際，後に取り上げる株式会社えびせんべいの里のように会社の売上や社員数，環境経営上の取り組みが規模的に上場企業ほど大きくなくとも，これと同様に体験

型施設を起点にした口コミが活発に形成されている企業もある。

　後に詳述するこのえびせんべいの里，および関西電力では，体験型施設来場者によりコーポレート・ブランドへの言及のある口コミが活発に形成されている。このような口コミの土台にも環境経営やCSR，社会・地域貢献に努力しているという「良き企業市民」としての存在性と，体験型施設におけるその訴求があると考えられる。すなわちその製品が「どういうものであるか」もさることながら，「どのようにしてそれをつくっているのか」（環境にやさしい方法かそうでないか），さらに「どういう企業（誰）がそれをつくったり売ったりしているのか」ということも消費者にとっては重要なのである。消費者から見て「良き企業市民」であると確信できない企業は，製品の優れた点，特長を訴求しても懐疑的に見られてしまう。企業は口コミ形成やブランディング活動に先立って，まず「良き企業市民」としての存在性強化と認知度向上に取り組まなければならないと言える。

3.4.3　創業記念館・歴史資料館との相違

　ところでPRセンターや企業ミュージアム等の屋内体験型施設と似たものに創業記念館，歴史資料館がある。これらでは創業期の製品であるとか，自社の売上規模を劇的に増大させた製品であるといったように当該企業にとって大きな意義があるか，または市民の生活を一変させた等，社会的に見てエポックメイキングな製品を主体に展示がなされる。展示物はこのように歴史的に貴重で後世に受け継ぐ必要のあるものが多く，良好な状態で維持・保存するということも目的となる。そのため，来場者の体験は基本的に「眺める」ことに限定される。一般的に「手を触れないでください」等の注意書きが掲示されて展示物には触ることができない。あるいは展示物がガラスの向こう側にあったり，フェンスやロープ等が設置され一定以上離れて見ることが求められていたりすることが多い。体験型ではなく展示型の企業博物館にもこの形態が多い。

　これに対して，PRセンターや企業ミュージアムでは稼動可能な製品の実物，シミュレーター，近未来のコンセプトモデルやプロトタイプ，その他の機器類がオープンアクセス，フリータッチの状態で置かれている。それに触れることはもちろんのこと，気軽に運転席に座ってハンドルやレバーを操作したり，当

該製品・機器類を動かしたりすることをスタッフから勧められることも多い。

　この辺はある意味で企業緑地およびビオトープと庭園・植物園の関係に似ている。すなわち企業緑地，特にビオトープエリアは，大都市に住む子供に自然にじかに触れる機会を与えるという目的で設置され，水辺空間に足を踏み入れて直接これに接することが黙認されていることが多い。それに対して庭園・植物園では，自然の観察はロープで仕切られた遊歩道からに限られる。

　このように体験型のPR施設と対比される創業記念館と歴史資料館の設置と運用には，それならではの意義が見出されなければならない。すなわちこれらには，「ブランディングの役割と効果が期待される体験型施設と異なり，自社の原点や強みを見つめ直したり，アイデンティティを強化したりすることに関して大きな意義がある」[37]。また「会社の歴史を整理してこれを客観的に振り返り，原点に立ち返って強みを再確認することは企業を存続させ成長させる上で重要であるし，そういう自社の歴史と優位性に関する学習は社員の統合強化や誇りの形成にも寄与する」[37]。後述するように来場するのは原則として社員つまり内部の人間で，会社を辞めようと思っている人は別にして，自社の強みや長所を再認識することに抵抗感を感じないのが一般的で，心理的に受入準備もできていると言える。[5]

　しかし社外の人については，そういう施設を訪れる際にも，「楽しめればそれで良い」と思っていることが多いから，創業者の偉大さや会社の素晴らしさを強調する展示内容が目立つと，これにうんざりしたり不満を持ったりし，会社のイメージアップ等に関し逆効果になることもありうる。そういう展示が主である場合，将来的に協力関係が生まれる可能性のある有力企業の経営者や幹部を含め，社外の来場者があった場合にその共感を呼ぶことも難しい。特に，「企業を成長させるためには未来志向が大切だと思っている他企業の関係者は心理的に『ひいてしまう』から，そういうパートナーシップの成立にマイナスに作用し，有望な提携関係や取引の可能性を排除してしまうことになりかねない」[37]。

　たとえば近年急成長し世界的な情報通信機器メーカーへと飛躍した中国企業ファーウェイの任正非CEO（当時）は，日本の大手電機メーカーが設置している創業記念館に訪問した際，創業者の偉大さを讃える展示内容が多すぎてう

んざりした様子であったという。白石（2014）はこれを次のように報告している。「ある日本の電機大手の創業記念館を訪問した任は，創業者の経営理念をたたえる展示内容にうんざりし，『経営とは未来を語るものであって，あまり過去に頼ってはいけない』とつぶやいたという。それから10年余り。日本の電機メーカーとファーウェイの業績には，埋めがたいほどの開きが生まれた。過去にとらわれない任の経営姿勢が変化の激しい通信市場で勝ち得たことに，実は何の不思議もなかったのかもしれない」[38]。

このように，短期間で急成長した新興企業の経営者から見て，長きにわたる伝統があるということは必ずしも尊敬の対象とはならない。歴史の浅い企業の関係者にとっては，歴史が長いことを強調する展示が反感・反発の原因にもなりうる。そして中国の場合，殷や周に始まる国家としての歴史は長いとしても，改革開放路線と企業民営の歴史は半世紀にも満たない。つまり資本主義的な経済が導入されてからさほど経っていない中国では，大企業であっても，その多くは欧米企業や日本企業との比較で言えば新興企業である。一方で，中国企業には日本企業から見て提携先として有望で魅力的な会社が多いから，中国企業の関係者に長い歴史や伝統を訴求することは慎重でなければならない。

このようなことから創業記念館と歴史資料館に関しては来場者を社員や定年退職者等に限定するのがむしろ適当で，実際，多くの企業ではそういう形で運用がなされている。「閉鎖的だと見られるリスクを回避するために，資料収集を目的とした研究者や学生，事前に申請のあった人は例外的に入場を認めるといった措置は講ずる必要があるかもしれないが，この種の施設は社外の人には見せない方が良いという判断は成り立ちうるし，あながちその判断が誤りとも言えない」[39]。原則的に入場を自社関係者に限定するという運用にはむしろ合理性があると言える。

ところがブランディングの役割を持ち，来場するのは基本的に社外の人という体験型PR施設の場合，あまりに創業者の経営理念や生い立ち，自社の歴史に展示の力点を置きすぎると設置や運用の趣旨と矛盾することになりかねない。展示内容が著しくバランスを欠き，創業者に関するものまたは沿革に偏っていると，「楽しめればそれで良い」「ちょっと興味があるから来ただけ」という来場者をうんざりさせその心はつかめない危険性がある。

すなわち体験型PR施設の場合,「暇だから時間つぶしに来てみた」という人も多いから,創業者・社史に関する過剰な展示や説明は来場者を退屈させ,ブランディングに関して逆効果になりうる。「功をなし名を遂げた経営者は往々にして自分の出自と生い立ちを飾り立て,若い頃の経験を誇張気味に語り,創業時の苦労を美化しどのような危機に直面しどう乗り越えたかを体裁良く残したがる。しかしこういったことは一つ間違えれば,外部の人に『美談と自慢話ばかりで鼻に付く』と受け留められかねない」[39]。したがって企業としてのアイデンティティ強化に強みと効力がある創業記念館や歴史資料館と異なり,ブランディングに関し大きな役割が期待されるPRセンター,企業ミュージアム,オープンファクトリーでは創業者・社史に関連するコンテンツはある程度抑制しなければならない。

このように,「企業ミュージアム等の体験型施設と創業記念館・歴史資料館では担いうる役割,期待される効果は全く異なるのであり,設置と運用ではその相違が認識されなければならない。したがって後者を開設済みであるから前者は不要ということにもならない。『うちは本社の隣接地に創業記念館があるから,体験型施設はいらない』という論理は必ずしも成り立たないのである」[39]。

3.4.4　集合型施設ブースとの相違

近年は複数の企業がブースを設けて自社の開発した最新の技術や製品,特に環境対策技術と環境調和型製品を展示したり,環境経営に関する自社の取り組みを紹介したりする集合型の施設も増えている。たとえばその種の代表的な施設として,「京橋環境ステーション」(東京都中央区京橋)と「おおさかATCグリーンエコプラザ」(大阪市住之江区南港北)があげられる。

このような集合型施設へのブース設置にも経験価値提供とブランディングの効果はあるが,その効果は当該施設と分け合うことになる。たとえば仮に「環境学習館」といった施設があった場合に,これにA社が出展し,そこにおける体験が楽しかったとしても,来場者が「環境学習館は楽しい」あるいは「ためになった」と「A社の体験コーナーは楽しい(ためになった)」のどちらの感想を抱くかはわからない。つまり「環境学習館」と「A社」のどちらに満足し

てそのブランドが記銘されるのかはケース・バイ・ケースで，そういう意味でそこにおけるブランディング効果には不確実性がある。

逆に施設全体としての運営のまずさとこれに対する来場者の不満が，ブースとして入っているA社のイメージを損ないかねないというリスクもある。たとえばA社ブースまでたどり着くのに苦労したという経験は，施設全体の入り組んだ構造のせいであっても，A社に対するイメージダウンや反感につながってしまう。すなわち，「不快な思いをした原因が，施設の不便な立地，全体の複雑な構造やよくきかない空調，わかりにくい館内掲示板やフロアマップ，総合受付にいるスタッフの無愛想な応対にあったとしても，その施設との関連でA社の名前が頭に残れば，A社に対する印象まで悪くなってしまうのである」[40]。

集合型施設においては，このようにブース賃借者のA社にはどうしようもない，いかんともし難いということも多く，そしてそれがA社のイメージに悪影響を与えることがある。したがって逆に，来場者が不満を抱いた場合にA社には施設側の責任であり店子である自分達は悪くないという「逃げ道」，大家に責任を転嫁する言い訳の可能性が残されていることになる。このため注意しないと，ブランディングに関する意識や取り組みがあまくなりかねない。実際，スペースを間借りしている立場のA社には，たとえば先に触れた総合受付にいるスタッフの接客態度に目配りする余裕はないし，通常これを指導する権限と責任もない。

このようなことから，集合型施設への出展においては他の期待効果，すなわち単独でPRセンター等を建設して運営する場合に比べて投資が少額で済む，他の出展企業と共同でのセミナーや講習会・講演会開催が容易となる，有力な他企業のブースと同じ施設内に入ることで誘客力が増す，他社ブースと競争したり切磋琢磨したりする過程で意欲や運営能力が向上するといったことが意識されなければならない。

一方，単独で設置・運営する体験型施設の場合，公園緑地型にしても屋内型にしてもブランディング効果は自社に関してだけ発現する。ただし運営が拙劣な場合のそのマイナス効果と責任も自社だけで負うことになる。したがって単独施設の場合は運営に良い意味での緊張感が生ずるし，またこれが強く求めら

れる。加えて，施設内におけるホスピタリティ（おもてなし）も格段に重要となる。大きなブランディング効果が期待できる一方，失敗した際のマイナスも大きいという意味で，運営は「真剣勝負」となるのである。集合型施設におけるブースの場合に緊張感や真剣さは不要というわけではもちろんないが，単独施設の場合はブランディング効果がどのようになるかに関して自己責任の性格が圧倒的に強いと言える。

3.4.5　総合型環境経営とその訴求事例－関西電力－

ここで言う総合型環境経営は，第1章でも触れたように環境経営に関する全社的戦略の立案と組織的共有，当該戦略の推進・遂行体制の構築，リサイクル・リユース・リデュースの3Rによる事業活動を通じた環境負荷軽減，環境配慮型製品の開発・製造や販売，事業所と周辺，その他における緑地の新設・拡大といった環境整備および自然保護等を全般的に網羅する経営の在り方をさす。ただし自社という企業に対する信頼感を形成し，また自社ブランドへの言及がある口コミを刺激するためには，そのような総合型環境経営に対する取り組みと実績を社外に向けて積極的にアピールするということも意識されなければならない。

たとえば関西電力株式会社（以下，関西電力）では，「CO_2排出の抑制に向け，安全を最優先とした原子力発電の活用や火力発電所の熱効率維持・向上，再生可能エネルギーの開発などに取り組むとともに，長期的な観点も踏まえ，社会全体の電化率の向上も推進することにより，低炭素社会の実現に貢献していきます」[41]という理念・方針が掲げられて，総合型環境経営が推進されている。ここで謳われていることは，CSR（Corporate Social Responsibility）の遂行よりもむしろ社会と企業の共有価値いわゆるCSV（Creating Shared Value）の実現に近い。電化率の向上は持続可能な社会の構築と同社における売上・利益の増大の両方を同時にもたらすからである。

また環境経営の推進体制についても，「グループ一体で環境管理を推進」という体制が構築され機能している[42]。より具体的には，「当社グループは環境負荷および環境リスクの低減に努めるため，当社ならびにグループ会社が一体となり，ISO14001の考え方を取り入れた環境管理システムを構築しています。

当社においては『CSR推進会議「環境部会」』，グループにおいては『関西電力グループ環境管理委員会』を毎年開催し，具体的行動計画『エコ・アクション』の策定やチェック・アンド・レビューの実施による継続的な改善を通じた環境負荷の低減および環境法規制の遵守に努めています」と語られている［42］。同社には環境担当の役員が置かれ，当該役員がここで言及されているCSR推進会議環境部会の主査，環境室長が副主査を務めている。さらに同部会の下には，循環型事業活動推進ワーキンググループと環境問題対応ワーキンググループが置かれている。

　翻って見るに，同社は大阪市北区中之島3丁目6番16号に本社を置き，資本金が4,893億円の電力業界を代表する企業である。営業収益は3兆113億円，経常利益は1,961億2,500万円，従業員数は3万2,666名である（2017年3月，連結）。そして前述の理念にあるように，同社はエネルギーをバランス良く利用するエネルギーミックスへ向け，原子力発電の安全運転を中心に火力発電の熱効率向上のほか，太陽光・風力など再生可能エネルギーの導入にも積極的に取り組み，エネルギーセキュリティおよび経済性，環境性を考慮した発電を行っている。

　このうち火力発電は，運転台数の増減や出力調整をすることで電力需要の変動に合わせて柔軟に対応できる発電方式と位置づけられる。ただし燃料によっては貯蔵・備蓄が困難であったり，供給元が限定的であったりするなどの課題がある。また地球温暖化を加速する二酸化炭素（CO_2），大気汚染の原因となる硫黄酸化物（SO_X）や窒素酸化物（NO_X）を排出するという短所もある。これに対して，関西電力の火力発電所では硫黄酸化物や窒素酸化物を取り除く装置を設置し，また硫黄分や窒素分の少ない燃料を使用している。さらに同社は1990年に火力発電所の排ガスから二酸化炭素を分離・回収する技術の開発に着手している。そして三菱重工業株式会社との共同研究により，南港発電所に実験プラントを建設し，二酸化炭素を90％以上回収できるCO_2吸収液「KS-1」の開発に成功している。

　有田太陽光発電所では年間1.5万トンのCO_2，淡路風力発電所は年間1万トンのCO_2，舞鶴発電所は石炭にバイオマス燃料の木質ペレットを混ぜて発電することで年間9万トンのCO_2を削減している。また水力発電所では，これまで使われていなかった水資源を有効活用するなどして発電出力を増加させている。

たとえば「下流の景観保全など河川環境を維持するために放流する水を発電に利用」するという取り組みが行われている［43］。堺港発電所や姫路第二発電所では，コンバインドサイクル発電という高効率な発電方式を採用し，これにより化石燃料を節約してCO_2も大幅に削減している。

同社は火力発電所からの石炭灰や不要になった電柱を道路整備の資材などに活用し，産業廃棄物のリサイクル率を99.9％まで高めている。しかも石炭灰のリサイクルでは，「フライアッシュから微細な球形粒子に調整したものをコンクリートに混ぜることでその強度を高めることができるため，主に橋などの土木・建築工事のコンクリート混和材として利用」がなされている［44］。関連会社の株式会社関電パワーテックがこの販売事業を行っている。石炭灰のリサイクルで収益をあげる一方，それは橋梁等の強度向上に寄与しているので，先に言及したCSVがここでも実現している。

緑地の整備については，多くの発電所で自然豊かな森づくりに取り組み，今では多くの野鳥や昆虫，小動物が棲みつくようになっている。たとえば御坊発電所では，敷地面積の4分の1を森が占め，その樹木は高さ10メートル以上に成長している。

事務部門ではオフィス等における節電による電気使用量の削減，オフィス等における節水による生活用水使用量の削減，エコドライブとアイドリングストップの励行および低燃費車導入による車両燃費の向上，両面コピーの推奨によるコピー用紙使用量の削減に取り組んでいる。毎年6月を「関西電力グループ環境月間」として，環境保全への意識付けを全グループ社員に対して強化するという取り組みも行っている。

同社のPR施設は基本的には発電所に近接・隣接する形で設置されている。そのうち原子力発電所を再稼動させた同社のイメージ向上戦略において特に重要な役割を担っていると考えられるのは，原発に近接して立地している美浜原子力PRセンターと若狭たかはまエルどらんどである。

前者すなわち美浜原子力PRセンターは福井県の敦賀半島西岸，三方郡美浜町丹生66に立地する。同センターが開館したのは1967年11月である。敷地面積は約6,100平方メートル，建物は地上2階建ての鉄筋コンクリート造り，延べ床面積は約1,700平方メートルである。人員的には，館長，副館長，女性スタッ

フ7名の合計9名で運営を担っている（2017年7月現在）。館長と副館長は関西電力のOBである。

　1階のエントランスを入ると，直進した所に情報コーナーがある。ここは資料室的な機能を持つ部屋である。壁際にポスターカラーやサインペン，折り紙の置かれた工作体験スペースがあり，この工作体験スペースと反対の壁際には，冊子やファイルが保管されたキャビネットが置かれている。中に入っているのは，「美浜発電所原子炉施設保安規定」「美浜発電所2号機定期安全レビュー報告書」「美浜発電所2号機高経年化技術評価報告書」等，美浜原子力発電所の運転や安全評価に関する資料である。「原子炉施設に係るトラブル報告書」「美浜発電所3号機二次系配管破損事故について最終報告書」など事故やトラブルに関する報告書も多い。部屋の真ん中にはひょうたん型のテーブルが置かれ，いすが7脚置かれている。そこで前述の資料をキャビネットから出し，自由に閲覧できるようになっている。傍らにある「ご自由にお持ちください」と掲示されたラックには，『関西電力グループの環境への取組み』，音・電気・光等のエネルギーを題材にした理科の自由研究向け冊子，関西電力の季刊広報誌『躍』最新号，同社の地域交流誌『越前若狭のふれあい』最新号等が用意されている。

　1階のエントランスを入って右手に行くと，展示スペースとなる。展示スペースは1階も2階も円形に順路が設定されている。2階は比較的自由に歩きまわられるが，1階は左方向すなわち時計回りに歩く。

　1階の展示スペースを入って，まず目に入るのは美浜原子力発電所のジオラマ模型と同発電所の廃止措置に関するパネル展示である。パネルには「原子力発電所のパイオニアとして。美浜発電所は昭和45年11月に1号機が運転を開始しました。これは日本の加圧水型商業原子炉としては最初のもので，以来，2号機，3号機と運転を始め，原子力発電のパイオニアとして電気をお送りしてきました。現在，1,2号機は運転を終了し，廃止措置中です。今後，国内初の加圧水型原子炉における廃止措置のパイオニアとして，廃止措置を安全に進めていきます」とある。

　次に若狭地方の地図があり，舞鶴若狭自動車道の位置，瓜割名水公園，渓流の里，不動の滝等の名所が示されている。そして美浜原子力発電所，大飯原子

力発電所，高浜原子力発電所，エルどらんど，エル・パーク・おおい（おおいり館），エルガイア等の関西電力関連施設がその中に表示されている。

その横には50インチ位のディスプレイが掲げられており，正面に立つとセンサーが感知し，美浜発電所構内の案内映像とBGMが流れはじめる。映像の時間は50秒である。

前に進むと，「美浜発電所のあゆみ」と題した年表（年譜）が掲げられている。これは「1962年6月，美浜町議会が発電所誘致を決議。11月，丹生地区への建設を決定」から始まり，「2017年4月20日，1，2号機廃止措置開始」で終わる。

その横にあるのは，「美浜1，2号機の廃止措置」というパネル展示である。これは第1段階の解体準備期間（廃止措置計画許可後～2021年度）における除染，放射能調査から始まり，第2段階の原子炉周辺設備解体撤去期間（2022年度～2035年度），第3段階の原子炉領域解体撤去期間（2036年度～2041年度）を経て，第4段階の建屋解体撤去（2042年度～2045年度）で終わる。付設のディスプレイでは，廃炉プロセスに関する説明映像も流れている。

順路の途中，右手中央部には原子炉内部を再現したミニシアターがある。ここでは原子力発電のしくみと緊急時の安全対策が映像と音声で解説される。

さらに進むと，「東京電力福島第一原子力発電所事故の概要」と題したパネル展示と50インチ位のディスプレイによる動画放映が行われている。ボタンを押すと約4分の映像が流れ，なぜあれだけ大きな事故が起きたかが解説される。そこでは，地震発生後に原子炉を「止める」ことはできたが，津波により燃料を「冷やす」，放射線を「閉じ込める」ことができなかったことに当該事故原因があるという見解が示される。そして最後に電源確保，冷却機能の確保，浸水対策という事故防止に向けた三つの教訓が示される。

1階で最後の展示は，美浜原子力発電所で2004年8月に起きた死亡事故の概要と「安全の誓い」，再発防止策に関する説明である。「事故の反省と教訓を深く心にとどめ，『二度とこのような事故を起こしてはならない』との決意を風化させないよう，安全を永遠に誓う日として，事故発生の8月9日を『安全の誓い』の日と定め，従業員全員で何事も安全優先で取り組むことを誓いあっています」とある。配管の腐食・減耗が加速するメカニズムもパネルで解説され

ている。ディスプレイも付設されており，1分3秒の「安全の誓い」，2分30秒の「事故の概要と事故発生のメカニズム」，4分の「事故の原因と対策」というコンテンツが用意されている。

　このように1階の展示には，原子力発電所にとってイメージ的に不利とも思われるような事故に関する情報や映像が思いのほか多い。捉え方は見る者によって異なるかもしれないが，展示の重点は原子力発電所の必要性ではなく，むしろ原子力発電のしくみ，過去の事故概要と原因，安全対策，1号機と2号機の廃炉の進め方である。「いかに安全であるか」を強調するよりも，むしろ「油断していると重大な事故が発生しうる。厳重な管理と万全な安全対策が必要」ということに説明の重点が置かれている感じを受ける。すなわち原子力発電の原理と原子力発電所内部の構造，過去の事故と検証内容，安全を確保するための施策を淡々と紹介しているという印象である。ただしこういう印象には個人差もあろう。

　2階は電気，エネルギー一般に関する学びのスペースになっている。たとえば「電気ラボ」と題したパネルには，「電気は目に見えないけれど，いろいろな働きをして，私たちの生活を便利にしています。水や風，太陽光，そして燃料を燃やしたときに出る熱など様々なエネルギーが電気のエネルギーになって，さらにいろいろな働きをしています。電気は別のエネルギーに変化させることができる便利で使いやすいエネルギーです」という説明が書かれている。「いろいろな発電キットを使って電気をつくってみよう！」という掲示の下にある台には，ミニチュアの風車やソーラーカー，団扇（うちわ）が置いてある。団扇で風車に風を送ると黒い羽根が回りだし，周りの赤いLEDライトが点灯する。また取っ手のついた円筒状の装置を持ち，黒いボタンを押すと光が発せられる。その光を天井部分のパネルに当てると，ソーラーカーが走り出す。

　この電気ラボの背後には，「電気の路（みち）」というイラストによる大きな展示パネルがある。当該イラスト上では，エネルギー資源の供給はタンカーの絵で示され，それが火力発電所，原子力発電所に送り届けられている。これら二つに水力発電所，風力発電所，太陽光発電所を加えた発電所群から送電用変電所と配電用変電所に電気が送られている。これらの変電所は中央給電指令所によりコントロールされている。そしてそれがビルや家の絵で示された街，病院，工

場に配電されて利用されるという流れが描かれている。

　美浜原子力PRセンターという施設名称からは想像しにくいが，再生可能エネルギーに関する展示および関西電力における再生可能エネルギーの利用と環境対策への取り組みを訴求する展示が意外に多い。たとえば「再生可能エネルギーの普及に向けて，関西電力の取り組み」と題したパネル展示には，「関西電力グループでは，エネルギーをバランスよく利用するエネルギーミックスへ向け，原子力発電の安全運転を中心に火力発電の熱効率向上のほか，太陽光・風力など再生可能エネルギーの導入にも積極的に取り組み，エネルギーセキュリティへ経済性，環境性を考慮した発電を行っています」とある。[6]

　そもそも再生可能エネルギーとは何かを知らない人に対する啓蒙的な展示も行っている。たとえば，「再生可能エネルギー」と題して，「再生可能エネルギーは自然界に存在し，将来にわたって持続的に利用できるエネルギーです。二酸化炭素などの温室効果ガスの排出抑制やエネルギー自給率の向上につながります」と解説されている。そして「太陽光：太陽の光を受け電気を発生する太陽電池を利用して電気をつくります」「風力：自然に吹く風の力で風車を回し電気をつくります」「水力：ダムなどを使って，流れ落ちる水の力を利用して水車を回し，電気をつくります」「地熱：マグマの熱で熱くなった地下水から蒸気を取り出しタービンを回し，電気をつくります」といったように，再生可能エネルギー各々の説明が行われている。

　２階展示コーナー内側には火力発電，風力発電，太陽光発電に関する14インチ程のフィンガータッチ式画面を備えたQ&A端末が設置されている。タッチ式画面は手前に傾いたテーブル（台座）の中に組み込まれており，背景にはこれら火力発電，風力発電，太陽光発電を行っている関西電力の発電所，たとえば火力発電の端末ならば堺港発電所の写真が貼られている。どれにも「画面にタッチしてください」という表示があり，当該画面をタッチすると，各発電方式のしくみ，Q&Aからなるメインメニューが表示される。たとえば火力発電の端末の場合，メニューは「火力発電のしくみ」「火力発電Q&A」である。前者「火力発電のしくみ」をタッチすると，「石油や石炭，LNG（液化天然ガス）などの化石燃料を燃やし，その熱でつくった蒸気の力でタービンを回し，その回転運動を発電機に伝えて発電するしくみです」という説明が表示される。

後者「火力発電Q&A」をタッチすると，火力発電に関するQ&Aがスタートする。たとえば「Q１：火力発電の特徴は？」に対し「火力発電は発電時に二酸化炭素（CO_2）を排出しますが運転台数の増減や出力調整をすることで，電力需要の変動に合わせて柔軟に対応できる発電方式です。ただし燃料によっては貯蔵・備蓄が困難であったり，供給元が限定的であったりするなどの課題があります」といった具合である。ここでは，こういう火力発電に関する一般的な解説のほかに，「Q４：発電所の二酸化炭素を回収する方法は？」と通常はあまり抱かれない疑問（質問）を敢えて提示し，これに「当社は平成２年に火力発電所の排ガスから二酸化炭素（CO_2）を分離・回収する技術の開発に着手しました。三菱重工業（株）との共同研究により，南港発電所に実験プラントを建設。二酸化炭素（CO_2）を90％以上回収できるCO_2吸収液『KS-1』を開発しました」という回答を示すことで，環境対策への取り組みがさりげなく訴求されている。

　このように２階の展示も，美浜原子力PRセンターという名前からはイメージしにくい内容になっている。つまり原子力発電を賛美したり「原子力発電がいかに合理的で必要性が高いか」を訴求する傾向・基調はあまり感じられない。１階と同様に，２階でも原子力発電所のイメージ上マイナスとも思えるような事故映像が放映されているし，原子力の短所や放射線の危険性も紹介されている。ここではむしろ原子力以外のエネルギーについて解説し，また「エネルギーミックス」を展示におけるキーワードとして，色々なエネルギーが持つそれぞれの特徴，長所と短所を考慮した適切な組合せが大切であることを説き，これに向けて関西電力がどのように努力しているかを丁寧に伝えているという感じを受ける。

　ただし原子力発電は自衛隊の位置付けや在り方，沖縄の米軍基地問題等と並んで，個人により立場や見方が大きく違うテーマであるから，見る者によって感想は変わってくるだろう。そのように人により受け留め方，捉え方には相違もあると考えられるので，あくまで筆者の個人的な印象ということになるが，先にも述べたように，重点はむしろ発電のしくみや再生可能エネルギーの説明，関西電力における再生可能エネルギーに関する取り組みとエネルギーミックス進展状況の紹介・訴求に置かれ，相当程度わかりやすくこれが行われていると

いう感じを受ける。

　一方，若狭たかはまエルどらんどは若狭地方の湾岸部，福井県大飯郡高浜町青戸4の1に立地する。周辺一帯は美しい浜辺と森林が広がり，特に夏にはそういう風光明媚な自然を楽しむために関西方面から多数の観光客が訪れるという土地柄である。

　敷地面積は2万4,108平方メートルで，建物は地上2階建ての鉄筋コンクリート造り，延べ床面積は4,938平方メートルである。外観に関し特徴的なのはガラスが多用されていることである。すなわちすぐ近くを走る国道27号線および同施設の駐車場から見た正面側はほぼガラス張り，また屋根もガラス張りの三角屋根である。

　館長と副館長には関西電力のOBが就いている。オープンしたのは1999年5月で，2005年2月には来館者累積100万人，2011年12月には来館者累積200万人を達成している。ここ数年の年間来場者数は約10万人で推移している。

　コンセプトは第一に地球科学・自然科学・エネルギー・文化をテーマにしたサイエンスパーク，第二にあらゆる年齢層を対象に，見て，触れて，楽しく理解できる体験型展示手法をふんだんに取り入れている，第三に電気事業やエネルギーへの理解と若狭地域の活性化，地域との共生を目的としている，ということである。観光客等に配布されているパンフレット形式の『施設ガイド』で訴求されているのは第二のコンセプトで，同ガイドの表紙にはこれが「見て，ふれて，感じるサイエンスパーク」と記載されている。端的にはこれがこのエルどらんどの性格を言い表している。つまりここでは地球環境と科学をテーマとした体験学習が提供されている。ただし特筆されるのは，これに加えて地元高浜町および若狭地方の魅力を伝えるコンテンツが豊富だということで，これは前述した第三のコンセプト「若狭地域の活性化，地域との共生」と密接に関係している。

　場内は主として熱帯雨林を擬似体験できるエリア「トロピカルワンダー」，電気や音に関する体験学習ができる「サイエンスワンダー」，電気や原子力に関する紹介スペースである「アトムプラザ」，これらの外側に場内を一周するように設置されている通路からなる。[7] ただしアトムプラザには，電源立地の町として発展してきた高浜町の名所や旧跡を紹介する展示も多い。

エントランスを入り，正面の緩やかなスロープを右方向に上っていくと，トロピカルワンダーの入り口に至る。ここは入場料が必要な有料エリアである。入ってすぐの所には洞窟をイメージしたと思われる暗い空間があり，これが入場者にわくわく感を抱かせる。これをくぐり抜けると，熱帯雨林空間が広がっている。全体に熱帯地方の高木類・低木類が植えられており，手前と正面奥に大きな人工池（プール），左手奥に岩山がある。これらの間を縫うように，ウッドデッキ風の通路が設けられている。

　手前のプールでは，シャベルノーズキャット，ピラムターバ，ボドワード，パールン，シルバーシャークといった中型の淡水魚が泳いでいる。この中型魚の池に付属する形で，アロワナが泳ぐ池がある。ここでは週に数回えさやりの体験プログラムが実施されている。来場者は針のついていない糸が垂れ下がったつり竿に似た竿を貸してもらえ，その先端にえさのアジをつけることになる。水面上方，20～30センチの位置にアジを垂らすと，アロワナが下方にやって来て，これをにらんだ後，ジャンプして食いつき，奪い去って再び水中に戻る。

　順路を前方に進むと，別の人工池があり，ここでは大型の淡水魚であるピラルクー，ブラックコロソマが回遊している。順路は前述した中型魚の人工池とこの大型魚プールの間を歩く形で，つまり渡り通路のように設けられている。突き当たりを左手に曲がると，階段が下方に伸びている。これを降りると，プールの壁面が透明になっており，真横から大型魚を観察できるように施されている。大型魚の動きは激しく，また迫力があり，水しぶきが時々来場者の頭にかかる。

　ここでは順路のあちらこちらに熱帯雨林と地球環境に関するパネルが設置され，これらに関するわかりやすい解説が行われている。たとえば「熱帯雨林の水循環」と題したパネルには，「熱帯雨林では，降った雨が樹林などに蓄えられ，やがて蒸発して雨が降る，といった『水の循環』が絶えず起きています。このため，熱帯雨林には湿気を好む植物が密生し，樹木にはびっしりとコケがついています」とある。また「マングローブ」のパネルは，「熱帯地方の海岸線には『マングローブ』という植物が群生した地域があります。汽水域と呼ばれる海水と川の水（淡水）が混じりあった水中には，独特の魚たちが多く生活しています。やわらかい泥でできた湿地帯のため，マングローブの植物は，体

をささえるタコ足の支柱根をもっています」といった具合である。

　前述した大型魚を真横から観察できる半地下スペースに行かずに，奥の壁面に空いた出入り口を入ると「エピローグ展示室」という名称の特別展示室がある。ここでは地球環境問題に関する解説が行われ，環境保護の重要性が説かれている。たとえば「生命の宝庫・熱帯雨林」という大きなパネルには，「大樹がしげり，極彩色の動物たちが飛びかう生命の宝庫，熱帯雨林。この熱帯雨林を含む熱帯地域の森林・熱帯雨林は，地球を生物の生息に適した環境に保つ働きをしている，まさに地球のエアコンディショナーです。また，私たちにさまざまな役立つ資源を提供してくれるなど，熱帯雨林は人類に多大な恵みを与えてくれます」と記されている。「地球温暖化とは」という展示には，「人類のさまざまな活動で空気中にあるCO_2などの温室効果ガスが増え気温が上がる」とあり，さらに温室効果ガスの組成が円グラフで示されている。

　トロピカルワンダーの2階には，熱帯雨林研究所（ジャングル・ラボ）と樹上の小屋がある。前者は熱帯魚のイラスト，熱帯雨林関係の書籍，木の実の標本が置かれた研究室風のスペースである。室内には熱帯雨林の動植物に関する映像を放映するディスプレイも設置されている。

　後者の樹上の小屋には，「熱帯雨林の研究者は，危険から身を守り，水や食べ物を絶やさず，暑さや高い湿度をしのぐために，さまざまな工夫をしています」という説明があり，熱帯雨林で長期間研究する際の住まいが再現されている。内部には研究用の器具，机やイス，夜眠ったり昼間にうたた寝したりする際に使うハンモック，外部にはフライパンや皿，コンロ，きれいな水をつくるための浄水器具，水をためておくためのかめが置かれている。

　サイエンスワンダーは，光，風，音，電気，位置をテーマにした体験学習スペースである。照明を落とした暗い空間に各種の器具や遊具が配置されており，これを動かすことでこれら五領域に関する基本的な原理や科学的知識を学ぶことができる。

　たとえばライトマジックというコーナーは，上から吊り下げられたキャップ状の器具を下のライトにかぶせると，光の絵が浮かび上がるという趣向になっている。ここでは光ファイバーを利用すれば，通常は直進する光であっても，設定した方向へ曲線的に送ることができることを学べる。またエレクトリッ

ク・リアクションでは，ジェネレーターを手でぐるぐる回すと，発電された電気と磁石の力で，取っ手が上方のコイルに密着し，木にぶら下がるという体験ができる。手動で作った電気であっても，自分の体重を支えられるパワーを持つということがここでは学べる。隣のスペースでは，ジェネレーターを回すとハチがダンスをしたり，フィルムを照らしてスクリーンに映像を映したりすることができる。回す速さを変えると，ハチの動き方，映像も変わる。

　アトムプラザはエネルギー一般と原子力発電に関する学びを提供している。たとえば火の利用，人の力・動物の力の利用，自然力の利用，蒸気力の利用，原子力の利用というエネルギー利用の歴史が解説されている。「電気の道を完成させよう」というアトラクションでは，モニターの数字が三つ同じになるようにストップボタンを押す。うまく数字を合わせられると，発電所から開閉所，二次変電所，利用者へと送電ルートが伸びていく。すなわちこれは，どこからどこへ電気が送られているのかを来場者に学んでもらうためのゲーム機である。このほかに，高浜町の魅力をジオラマ模型等で紹介する「伸びゆく美しい町『高浜』」といった展示がある。そこでは豊かな自然を育み守りながら発電の町として発展してきたというのが同町の魅力であるとされている。すなわち筆者の印象では，関西電力の発電所があるのに加えて，奈良時代から残る古寺・旧跡があり，青葉山や美しい浜辺など風光明媚な自然に恵まれた町というのがその紹介における基調である。

　以上のように，この若狭たかはまエルどらんどは基本的には熱帯雨林をテーマとした学習兼アミューズメントの施設「トロピカルランド」といった趣であるが，科学的原理を学ぶ「場」，高浜町など若狭地方に関する情報提供空間としての性格も併せ持つ。すなわち熱帯雨林や環境保護の重要性を伝える展示，エネルギーや物理の基礎的知識をテーマとしたコンテンツ，また若狭地方の魅力を紹介し訴求する展示が多く，これらに関して体験・体感しながら楽しく学べる点に特徴がある。関西電力の施設でありながら関西電力の事業活動そのものの紹介にとどまらず，事業活動を行ううえで果たすべき社会的責任の遂行，事業活動を行っている地域への貢献にも力が入れられている。さらに，こういう魅力や意義が来場者に十分認識されていることの表れとして，肯定的評価でかつ関西電力という社名またはその通称・略称である「関電」という単語の

入っている口コミもトリップアドバイザー等の口コミサイト上に見られる。

　この項の冒頭でも言及した環境経営に関する全社的戦略と活動推進体制によるリデュース・リユース・リサイクルなど事業プロセス・製品ライフサイクルを通じた環境負荷軽減，緑地整備，その他を網羅的に行う総合型環境経営と，その対外的な訴求およびこれをベースにしたブランディングの両方が有効に行われている企業というのは意外に少ない。巨大企業であっても巨大企業なりのある種の慢心，あるいはそれ特有の問題意識の低さがときにあり，活動内容はすばらしいがうまくそれを訴求できていなかったり，これと逆に大した活動はしていないのに訴求コンテンツだけ立派だったりすることが多い。関西電力では環境経営に関する実際の活動とその対外的なアピールがうまくかみ合い，企業イメージの向上やPRに関して有効に機能していると言える。

3.4.6　特化型環境経営とその訴求事例－えびせんべいの里－

　環境経営には事業プロセスにおける環境負荷軽減や環境配慮型製品の開発，緑地整備等に網羅的に取り組むのが理想的だが，中小企業に関しては，資金や有形資源，人員的にこれが難しいという場合も多い。しかし大規模ではないにしても，特徴のある環境経営に取り組み，体験型施設でそれを紹介・訴求して，企業とブランドのイメージを高め，口コミの活性化につなげている企業もある。ここでは株式会社えびせんべいの里を事例として取り上げる。

　株式会社えびせんべいの里は，愛知県知多郡美浜町北方吉田流52の1に本社を置く，えびせんべい等の菓子を中心とする食品メーカーである。資本金は2,000万円，近年の売上は約50億円で，基本的には増収増益が続いている。

　同社の美浜本店と本社工場の一部は一体として公開され，社名と同様「えびせんべいの里」と呼ばれている。ここでは試食や見学，えびせんべいの自作等の体験ができるようになっている。体験型施設としてのえびせんべいの里はオープンファクトリーすなわち公開型工場（見学工場），資料展示コーナー，体験コーナー，休憩コーナー，販売コーナー等からなっている。

　えびせんべいの里の正面出入口を入って直ぐの所にあるのは販売コーナーである。その奥に7段程の階段があり，これを下がった半地下部分に休憩コーナーが設けられている。

休憩コーナーの正面奥には，ガラス越しに体験コーナーが設けられている。これは170度以上の温度に熱せられた鉄板上でえびせんべいを焼くというもので有料，先着順受付で実施されている。対象年齢は5歳以上で，小学生以下は保護者同伴が条件になっている。当該体験焼きは2004年10月に始められたもので，2015年1月に体験者累計が30万人に達した。この体験プログラムが楽しいというコメントが，商品が安くておいしい，試食品が豊富という指摘とともに，トリップアドバイザー等の口コミサイトには多い。

休憩コーナーとの仕切りガラス前に，幼児や小学生の焼いたせんべいが芸術作品のようにイーゼルに置かれて展示されているのがユーモラスである。その下には，そのせんべいを焼いた子供の名前，住所（県ないし市），コメントも掲示されている。

休憩コーナーへの階段を下りずに，販売コーナー先の通路を奥に進むと，左側に喫煙所，正面には自動ドアがある。自動ドアには「この先，見学工場です。ご自由にご覧下さい」という赤字で大書された張り紙がある。

自動ドアを入ると，手前の建屋には右手に資料展示コーナー，左手のガラスの向こう側に包装工程ラインがある。工程順に工場見学を行う場合には，手前の建物は素通りして，焼成工程ラインが入っている奥の建屋にまず向かうことになる。

奥の建屋の見学スペースは工場裏（屋外）から場内を覗き込むような感覚である。画像検査機から続くラインと乾燥機から始まるラインが立体交差しており，その上を多数のえびせんべいが流れている。前者のラインは手前に上りになっているため，見学者にとっては奥から自分に向かってせんべいが沢山流れてくるように見える。窓の下には，工程に関する手描きのイラストと説明が書かれたパネルが並んでいる。窓のすぐ向こうにはディスプレイがあり，窓下の赤い箱にある黄色のゴム製ボタンを押すと，工程に関する説明映像が映し出され，見学スペース内に音声による解説が流れる。この映像と音声解説は，七福神をモチーフにしたと思われるキャラクター，えびせんべい博士の「えび福丸」によって進められる。たとえば「皆さんの正面奥，たてに数多くならぶ機械がえびせんべいを焼く焼成機じゃ」「右側手前の白い箱で囲まれた機械は画像検査機じゃ。CCDカメラでおせんべいを撮影し，プログラムされている画

像と照らし合わせて表面のコゲ等の検査を行っているのじゃ」「左手，手前側にあるのは冷たい空気を送ってせんべいを冷ます冷却機じゃ」といった具合である。

　包装工程の建屋では，選別作業と袋づめが見られる。場内の床は見学スペースよりも1メートルほど低いため，見学者はかなり奥の方まで見渡せる。ここで生産されているえびせんべいは3枚が重ねて個別包装されるため，ラインは途中まで3列，包装機の後は1列になる。その上を多数のえびせんべいが流れている。3列になっている前半のライン前では従業員が目で見て，割れたせんべいを取り除き，代わりに良品を置くという作業を行っている。そして包装機を通って1列になったラインは途中で重量検査機をくぐり，ここで重量が重すぎたり軽すぎたりした製品はサイド（横）にはじかれて，下の箱に落ちる。

　せんべいは原料的にも形状的にも割れたり，かけたりしやすく，販売できない不完全製品がどうしても出てしまう。そのため，その処理・活用と廃棄量の削減が課題となる。同社ではラインからはじかれた製品は廃棄せず，試食に供せられるものは試食品，その他は家畜の飼料等に有効活用されている。この不完全製品の有効利用と廃棄物削減の取り組みは，見学スペース内に設置のQ&A端末でも紹介・訴求されている。

　資料展示コーナーではえびせんべいに関連するパネルや機械・道具の実物，模型類の展示が行われている。ここでは，えびせんべいの原料である魚介類，えびせんべい作りに使われる機械や道具の歴史と機能等について学ぶことができる。たとえば包装機については「計量器で計られたえびせんべいを袋に充填し，賞味期限・内容量が印字され，自動で袋が閉じられ排出してます。製品の安全をチェックしてさらに生産ラインに流れます」とある。

　この資料展示コーナーで目を引くのは，WFP国際連合世界食糧計画の活動内容を紹介する壁掛けパネルである。このパネルの手前には透明の募金箱と，「募金ありがとうございました。国連WFP協会・学校給食プログラムへ寄付しました」というＡ4版の紙が置かれている。月別の寄付実績金額，今年度の累計，それがコップ何杯分の給食に相当するかも示されている。

　そのほかに，資料展示コーナーには「美浜・南知多の清掃活動を行いました」というタイトル書きのあるボードが掲示されており，赤いジャンパーを着

た同社の社員がゴミ拾いをしている写真，ゴミ袋がトラックの荷台に満載になっている写真等が貼られている。「おかげさまで2トンものゴミを拾えたよ‼　天気も良く絶好のゴミ拾い日になったね☆」というようなメッセージ文も添えられている。

　前述した廃棄物の削減以外で環境経営に関して特徴的なのは，太陽光発電に力を入れ，その状況を開示しているということである。すなわち同社では，太陽光発電を行うことにより温室効果ガスの発生を伴いながら発電されている電力の使用を抑制し，またこれに対する取り組みをえびせんべいの里来場者に訴求している。具体的にはソーラーパネルを工場の屋根等に大規模に設置し，「えびせんべいの里太陽光発電システム」という名前で運用している。

　発電の状況はリアルタイムで「太陽光表示モニター」で「見える」化している。これは40インチ位の液晶ディスプレイで前述した資料展示コーナーに掲示されている。親子連れがディスプレイ上で刻々と変化する発電量等の数値を興味深げに見て，数字が変わるたびに「あっ変わった」と声を出している光景も見られる。

　この「太陽光表示モニター」におけるコンテンツの一つは，1日当たり，月当たりの発電電力量が交流と直流に分けて棒グラフにされているものである。交流電力量は赤い棒で，直流電力量は青い棒で示されている。

　画面が切り替わると，工場の屋上に設置されたソーラーパネルの写真となる。さらに次の画面になると，「今日の電力量は837.2kWhです」「今までの発電電力量は966550kWhです」といったデータ表示，日射量と電力量の1年間の変化を示す月別棒グラフが表示される。[8]　電気に詳しくない人や子供向けのデータとして「これまでのCO_2削減量をクスノキに換算すると856本です」というものもあり，太陽光発電と環境経営への取り組みがわかりやすく説明されている。

　環境関連の取り組みとして，同社は愛知大学が進めている「ポプラの森」活動への寄付も行っている。これは内モンゴル自治区クチブ砂漠の緑化を図るプロジェクトで，寄付額は「ポプラの木，350〜500本分」とされている。[9]

　寄付はWFP国連世界食糧計画に対しても行われており，飢餓と貧困に苦しむ地域で学校給食に役立てられている。これは前述したように資料展示コー

ナーで「コップ何杯分の給食に相当する」という形で紹介されている。

　CSRの遂行と地域貢献活動については，同社では現在，部長級と課長級の管理職が毎週一度，基本的には金曜日の早朝に美浜町と南知多町でごみ拾いを実施している。住民の多くは同社によるこの地域貢献活動を知っており，両町では広く認識されているし，また両町から感謝状を贈られたこともある。加えて，年に2回，全社員で地域のごみ拾い活動を実施している。この全社員による清掃活動は前述したように，えびせんべいの里の資料展示コーナーでも紹介されている。[10]

3.5　体験型施設の運用における要点

　本章の第2節（3.2.1）でも述べたように，本書で言う体験型施設は，歩き回る，見たり聞いたりする，動かしたり食べたりするといった実体験を与えつつ，その業界の仕事内容や現況，自社のものづくりや環境経営等に関する知識・情報を提供するバーチャルな空間（サイバースペース）と区別されるリアルな常設空間ないし「場」である（図3－2）。実体験にはアミューズメント（アトラクション）的性格の強いものも多いから，そこでは教育と娯楽の複合，エデュテインメントが行われていることになる。

　体験型施設はそういうプロセスを通じてブランドの浸透度を高めてこれに対する好感と選好，さらに強固なロイヤルティを形成し，「個人に彫り込まれた」消費を実現するという機能を担いうる。典型的には，こういう条件を備えた企業緑地，PRセンターや企業ミュージアム，オープンファクトリーがこれ

```
体験型
　　＝　実際に歩き回ったり，見たり聞いたり，動かしたり，食べたりする
　　＝　娯楽　＋　教育　＝　エデュテインメント

施設
　　＝　常設されたリアルな空間
```

■図3－2　体験型施設が持つ要素

にあたる。ものづくりや経営理念，環境経営と地域貢献への取り組みなど自社に関する知識・情報は会社説明会あるいは各種のフェア，展示会，工場開放デーでも提供可能であるが，そこに行けば常にあるというように常設され，エデュテインメントにより子供に対してもブランディング推進機能が備わっているところに体験型施設の特徴がある。

　顧客側から見れば，ネット上ではなく現地に実際に行った上で，先に述べたように歩き回ったり，見たり聞いたり，動かしたり，食べたりしながら，その業界や当該企業に関する「学び」を得ることになる。そういう体験は良い思い出として残れば，その個人に当該企業のブランド，製品に関する大きな経験価値を形成することになる。だからこそ，そこでは来場者に対するホスピタリティ（おもてなし）が必要となる。

　そして，なるべく多数の人に対してブランディングを展開するためには，このような体験型施設は気軽に入場できるものでなければならない。つまりブランディングは「より広く」「より深く」の両方の観点で進められなければならないが，体験型施設は来場者による帰宅後の口コミ等で名称と立地場所の認識，訪問推奨が広がらないと，訪れる人が増えない。つまりこれによるブランディングは後者すなわち「より深く」に関して大きなパワーを持つものの，そこでは前者すなわち「より広く」が課題となる。この点は広告宣伝とは対照的であると言える。したがってこの種の施設はブランディングの観点では入場・入館に関して予約不要，所定の休館（休業）日以外は原則として毎日開館（営業）という形式にした方が良い［45］。その理由は以下の通りである。

　まず事前の予約なしに入場・入館できるようにすることについては，こうすることにより訪問に関する心理的なハードルが低くなり，来場者数や来場頻度が増大する。また一人ではなく複数で訪れて回遊する確率が増し，同伴者と体験が共有されることになる。すなわち家族とともに訪れて製品を動かしてみた，仲の良い友達と一緒に散策して試食したという体験が形成され，これが当該企業のブランド，製品に対する経験価値をより大きなものとする。そういう記憶は一般的にどの個人にとっても楽しい思い出であり，したがって繰り返し思い起こされる回想風景となるからである。このように繰り返し想起される好ましい体験は当該個人に対し大きな経験価値を形成するのである。

一方，事前予約が必要ということになると，訪問に関してある種の「気構え」が求められることになる。また予約後は来週の金曜日に予約を入れたから訪問しなければならないという義務感，スケジュール上拘束されているという感覚が生まれる。このため予約が必要という形にすると，これが障害になり来場者数は伸びないし，家族や友人と気軽に訪問できる施設とはなりにくい。そうではなく「天気が良かったら，明日行ってみようか」とか，その日に突然「暇つぶしに散歩がてら行こうか」という軽い気持ちで訪問してもらって構わないというポリシー，そのような気軽な感覚の来場者も歓迎するという姿勢でなければならない。

　また家族連れでの来訪を促すために，原則として土曜・日曜・祝日もオープンしていなければならない。体験型施設の一つの強みは，PR誌やカタログ，インターネットのホームページを見ても理解できないか，そもそもこういったものを見る機会がほとんどないという幼年層，また自社製品を通常は操作・運転できないような幼児・小学生に対してブランディングを進められるということである。しかしこういう低年齢の子供は当然のことながら，大人同伴でないと遠方に外出するのが難しい。そのようなことから，子供と一緒に保護者（引率者）として親や祖父母が無理なく来場できるようにする必要がある。平日のみの営業・開館ということにすると，学校行事での来場はあるにしても，保護者が来にくくなり子供に対するブランディングという役割に制限が課されることになる。

　さらに平日のみに開いている施設というのは学校，会社，役所，病院で，どちらかというと「堅い」イメージがある。それに対し土日・祝日もオープンにすることにより遊園地，テーマパーク，動物園と同類の「楽しい」場所というイメージをかもし出すことが可能となる。

　このようなことからも，なおさら体験型施設は公園緑地型と屋内型を問わず，予約なしで入場可能で，土日・祝日も開館（営業）という形にするのが望ましい。体験型施設には自社の活動や経営理念，事業内容をオープンにするという意義もあるので，運営や受け入れ態勢も閉鎖的であってはならず，これもオープンでなければならないのである。

　このような予約なしで全く問題なし，土日・祝日もオープンという態勢が来

訪に対する心理的なハードルを下げ，また先にも言及したように家族や友人をともなっての来場比率を高める。これにより結果的に来場者数が増大し，また経験価値も大きくなって口コミが促進され，ブランディングの効果が大きくなる。入場に予約が必要でしかも受け入れは平日だけという形にすると来場者が減り，それが施設内の活気を失わせ，雰囲気を閑散としたものにする。そしてそれが施設の魅力を低めてさらに来場者を減らすという悪循環に陥る。

　事前予約なしで入場可能，土日・祝日でも開館（営業）しているということのほかに，ブランディングの「場」としての体験型施設は以下の条件を備えていることが望ましい。換言すれば，ブランディング効果を高める上で重要となる体験型施設の運用ポイントを整理すると次のようになろう。

　第一に，多数の人が来訪しやすいように，立地的には交通の便が良く，アクセスが楽な所にある方が良い。すなわち立地場所は鉄道の駅から徒歩圏内か，自動車での来訪を見込む場合は国道ないし幹線道路沿い，高速道路のインターチェンジ近くが望ましい。もちろんそうした郊外型立地の場合は，広めの駐車場設置が必須となる。自社敷地内に施設を開設する場合も，専用の駐車スペースを設ける必要がある。案内板や看板もわかりやすく，また目立つようにし，来場までのストレスを小さくしなければならない。

　第二に，集客面で「独り勝ち」を図るのではなく，近隣の他施設と連携・協力して立地する地区全体としての魅力向上に貢献するという意識が重要である。集客に向けて一施設ができることには限界があるし，そもそもその地区への来訪者数が少ないと自施設への来場者数も伸びない。また自分の施設さえ良ければそれで良いという身勝手な姿勢は来場者や地域住民にも何となく伝わるもので，そういう自己中心主義は自社に対する好感度を低めることになるからである。したがって，まずはその市町村やエリアに来てもらい，来てもらった人の中で自分の施設にも入場してくれる人の比率を高めるというアプローチを採るのが適当なのである。

　第三に，ある程度の投資を覚悟する必要がある。つまり施設の設置と運用に一定の資金を投じなければならない。第一の条件として述べたように，立地場所は駅の近く等，交通の便の良い場所が望ましいから，自ずと地価ないし賃料は高くなる。自社敷地内につくる場合であっても，建物のつくり（構造）や内

装はそれなりの費用をかけて，きちんとしたものにし，遠方からの来訪者や時間をやり繰りして訪れる人を迎え入れるのにふさわしいものにする必要がある。アミューズメントと展示の内容も豊富でなければならない。これらが貧弱で来場者ががっかりするようなものであると，「長時間かけて行ってみたが失望した」といった批判的なコメントが口コミサイトに投稿され，集客とブランディングにマイナスに働く。建物内外の手入れ，展示物のメンテナンスもきめ細かく行い，故障中の機器・装置も皆無でなければならない。

第四に，運営においては常勤のスタッフ以外に，親会社を定年退職して社会貢献のために説明係等を務める意識の高いボランティアの活用を検討した方が良い。愛社精神が強く，展示製品の開発に自ら携わったというようなOB・OGを配置することにより，対面による説明の質とレベルが向上するからである。

第五に，展示コンテンツの訴求力を高め見る者に受け入れられやすくするためには，コンテンツおよび施設全体としての広告宣伝色を弱くする必要がある。たとえば展示製品，その他の自社製品のカタログやプライスリストを配布するといったことは避けなければならない。むしろ地域貢献や社会的責任（CSR）遂行の色合いを強くする必要がある。つまり広告宣伝よりも体験学習の提供と次世代育成，そして来場者に楽しさ，癒しと安らぎ，満足感を与えることに運営の力点が置かれなければならない。創業者や社史に関するコンテンツも過剰であってはならない。本章の第4節（3.4.3）でも述べたように，創業者の偉業を讃えたり，会社としての長き伝統を強調したりするような展示は自慢話と受け取られブランディングにマイナスに作用する危険性があるので，慎重さを要する。

第六に，活発な口コミやパブリシティにより，施設の存在と立地，特長に関する情報が自然な形で広まることが望ましい。ある程度の広告宣伝も必要であるが，それにより人為的に知名度と関心度を高めることには限界があるので，口コミとパブリシティによって観光スポット化することを意識する方が良い。

第七に，順路の設定を必要最小限にして，施設内の回遊における自由度を高くするオペレーションが適当である。これは順路を設定すると，美術館と博物館のように公式的で，ともすれば堅苦しい雰囲気になるからである。仮に順路を設けても，興味深かったアトラクションや展示スペースへ戻るために来場者

が逆方向へ歩いても黙認し，これを大目に見るという配慮が必要である。またどのフロアないしどのゾーンに時間をかけ，どのフロア（ゾーン）を素通りするのかは来場者任せで，自由気ままに施設内を歩けるのが望ましい。そういう寛大さが遊園地やテーマパークのような楽しい雰囲気，暖かさや親しみやすさを施設内に醸成するからである。逆に，施設側が想定しているルート，回遊パターンと違うからといって，来場者の行動に干渉したり，邪魔したりするということがあってはならない。シミュレーターの稼働率等に関する施設側の都合や思惑で来場者を誘導するというのも禁物である。

　第八に，施設内に清潔感が漂っていなければならない。これはトイレも含めてである。たとえエンターテインメント性やアミューズメント機能，癒しやおもてなしの面で優れていても，展示物がほこりにまみれていたり，床にタバコの吸殻や紙くずが落ちていると，優れた要素が台無しになる。清潔を保つというのは簡単なようであるが，トイレを含めて施設内のあらゆる場所でそうするためにはスタッフが常に細心の注意を払わなければならない。そういう精神的エネルギーも含めて実は多大なコストをともなう。しかしこれは来場者に快適感を与え，その思い出を良いもの，楽しいものにする上で不可欠である。

　第九に，オープンさ，オープンネスを意識するならば，施設内部でのスマートフォンやカメラでの撮影を自由とする態勢が適切である。また楽しかったという思い出，うれしかったという記憶を鮮明な状態で後々まで残し，施設に対する好印象とコーポレート・ブランドに対する良いイメージを長期的に持続させるためには，むしろ撮影を推奨する方が望ましい。さらに撮影した写真，録画した画像のインターネット上サイトへの投稿により，施設とブランドに対する口コミが促進されるという効果もある。したがってスマートフォンやカメラを構えている来場者を見かけたら，スタッフが「シャッターを押しましょうか」と声をかけるということも場合によっては必要となる。そのようにスタッフがシャッター押しを買って出ることで，アットホームで親しみやすい雰囲気も高まる。施設側にも色々事情があるのだろうが，技術力の面でさほど優位性があるとは思えない企業の体験型施設がさも最先端技術や企業秘密がそこにあるかのように場内撮影禁止になっていると，「大した技術もないのに，もったいぶっている」という反感や反発を抱かれかねない。

■注

1) 階層の最上位に位置するのは，第2章第1節（2.1.2）でも述べたようにその企業内で共通して使われるコーポレート・ブランドである。日用品や食品等の場合，その下層に位置するのはカテゴリー・ブランドで，これはファミリー・ブランド，レンジ・ブランド，アンブレラ・ブランドとも呼ばれる。この下には通常，個別製品ブランドが設けられる。さらに製品のモデルやタイプを示すモディファイアーが付けられることもある。
2) 工場立地法施行令第2条では届出基準が敷地面積9,000平方メートル以上，建築面積3,000平方メートル以上と規定されている。
3) 地方自治体が工場跡地を取得して公園や公共施設に整備した比較的古い事例には，東京都立亀戸中央公園と東京都立尾久の原公園の例がある。前者は東京都が日立製作所亀戸工場の跡地を買い入れ，公園に整備して1980年に開園したものである。後者の都立尾久の原公園は東京都が旭電化尾久工場の跡地を取得して西半分に都立医療技術短期大学を1986年に開設し，東半分を公園として整備して1993年にこれをオープンしたものである。ほかの事例として，兵庫県西宮市の阪神国道駅前に立地していたアサヒビール西宮工場の場合，2012年の操業終了後，西宮市がアサヒビールより用地を購入し，多目的・防災公園，緑地，中央体育館，共用駐車場，中央病院，道路に整備した。このケースではアサヒビールが民間事業者との間で売却契約を一度結び，この購入権を西宮市が当該民間事業者から無償で譲り受けた上で，同市がアサヒビールより購入するというプロセスをとった。
4) 隣接している超大型ダンプトラック「930E」展示場を含む。
5) ただし創業記念館や歴史資料館の設置と運用により，過去の栄光にしがみつくような心理が形成されるのは避けなければならない。
6) 本文で先に触れたように，1階の情報コーナーにも『関西電力グループの環境への取組み』等の資料が置かれている。
7) 通路では若狭地方の名所・旧跡・文化に関する紹介が行われている。
8) 当然のことながら，「今日の電力量」はその日の天候で大きく変わる。
9) ポプラは砂漠近くの厳しい自然環境でも生育可能な木で，羊・ヤギの過放牧や樹木伐採等により砂漠化した土地の植生再生，緑地化に使われることが多い。
10) 本節までで事例として取り上げたノリタケの森，こまつの杜，美浜原子力PRセンター，若狭たかはまエルどらんど，えびせんべいの里の展示内容等は2017年における状況を述べたものである。

■参考文献

※ 本文の複数個所に同じ文献番号が付されている場合は，同じ文献の同じページを引用もしくは参考にしている。

[1] 白石弘幸（2016）脱コモディティへのブランディング―企業ミュージアム・情報倫理と「彫り込まれた」消費―，創成社，p.168.
[2] Aaker, David A. (1996) *Building Strong Brands*, Free Press, pp.118-119；陶山計介・

第 3 章　体験型施設と環境経営およびブランディング

　　小林哲・梅本春夫・石垣智徳訳（1997）ブランド優位の戦略―顧客を創造するBIの開発と実践―，ダイヤモンド社，p.150.
[3] 丸山尚（1981）企業広報のすべて―社外広報・PR・パブリシティ・社内報の効果的すすめ方―，中央経済社，p.119.
[4] Aaker, David A. (1996) *Building Strong Brands*, Free Press, p.133；陶山計介・小林哲・梅本春夫・石垣智徳訳（1997）ブランド優位の戦略―顧客を創造するBIの開発と実践―，ダイヤモンド社，p.169.
[5] Aaker, David A., *op. cit.*, p.136；陶山計介・小林哲・梅本春夫・石垣智徳，前掲邦訳，p.172.
[6] 白石弘幸（2016）脱コモディティへのブランディング―企業ミュージアム・情報倫理と「彫り込まれた」消費―，創成社，p.170.
[7] 白石弘幸，前掲書，p.171.
[8] 白石弘幸，前掲書，p.172.
[9] 白石弘幸，前掲書，p.105.
[10] 白石弘幸，前掲書，p.162.
[11] 白石弘幸（2018）都市部工場跡における緑地創設と地域レジリエンス，日本情報経営学会誌，第37巻3号（pp.62-73），p.65.
[12] 公園・緑地維持管理研究会編（2005）公園・緑地の維持管理と積算（改訂4版），経済調査会出版部，p.11.
[13] 上田恭幸（2004）みどりの都市計画―命を吹き込む街づくり―，ぎょうせい，p.274.
[14] 原口真・山田順之・高井健慈（2000）生物多様性企業戦略と工場ビオトープ，グリーン・エージ，第27巻9号（pp.23-31），p.23.
[15] 森本幸裕（2005）都市によみがえる野生，森本幸裕・夏原由博編著（2005）いのちの森―生物親和都市の理論と実践―，京都大学学術出版会（pp.3-35），p.3.
[16] 夏原由博（2005）都市に自然をつくる，森本幸裕・夏原由博編著（2005）いのちの森―生物親和都市の理論と実践―，京都大学学術出版会（pp.366-389），p.380.
[17] 上田恭幸（2004）みどりの都市計画―命を吹き込む街づくり―，ぎょうせい，p.2.
[18] 岩崎寛（2010）人の健康と緑のデザイン，日本緑化工学会誌，第36巻2号（pp.243-244），p.243.
[19] 上田恭幸（2004）みどりの都市計画―命を吹き込む街づくり―，ぎょうせい，p.267.
[20] 上田恭幸，前掲書，p.266.
[21] 上田恭幸，前掲書，p.269.
[22] 上田恭幸，前掲書，p.274.
[23] 夏原由博（2005）都市に自然をつくる，森本幸裕・夏原由博編著（2005）いのちの森―生物親和都市の理論と実践―，京都大学学術出版会（pp.366-389），p.379.
[24] 阿部晶・坂井宏光（2012）水環境を守る活動と環境教育，社会環境学（福岡工業大学），第1巻1号（pp.17-28），p.18.
[25] ノリタケカンパニーリミテド（2001）社会・環境報告書2001，p.15.

[26] ノリタケ100年史編纂委員会編（2004）ノリタケ100，p.169.
[27] ノリタケ100年史編纂委員会編（2005）ノリタケ100年史，p.124.
[28] ノリタケカンパニーリミテド（2016）社会・環境報告書2016，p.17.
[29] ニュースリリース，2011年5月12日.
[30] 飴山善治（2012）地域の子供の健全な育成に貢献―自然観察会や理科教室，コマツOBが運営に活躍―，地域づくり，9月号（pp.18-19），p.18.
[31] こまつの杜，ホームページ，2018年1月12日時点.
[32] 北國新聞，2015年6月10日，第25面.
[33] 北國新聞，2018年2月28日（夕），第1面.
[34] 飴山善治（2012）地域の子供の健全な育成に貢献―自然観察会や理科教室，コマツOBが運営に活躍―，地域づくり，9月号（pp.18-19），p.19.
[35] 白石弘幸（2016）脱コモディティへのブランディング―企業ミュージアム・情報倫理と「彫り込まれた」消費―，創成社，p.139.
[36] 白石弘幸，前掲書，pp.171-172.
[37] 白石弘幸，前掲書，p.175.
[38] 白石武志（2014）中国・ファーウェイ（通信機器）―モーレツ企業の素顔―，日経ビジネス，2月10日号（pp.52-56），p.56.
[39] 白石弘幸（2016）脱コモディティへのブランディング―企業ミュージアム・情報倫理と「彫り込まれた」消費―，創成社，p.176.
[40] 白石弘幸，前掲書，p.177.
[41] 関西電力株式会社編（2017）関西電力グループレポート2017，p.49.
[42] 関西電力株式会社編，前掲レポート，p.58.
[43] 関西電力株式会社編，前掲レポート，p.50.
[44] 関西電力株式会社編，前掲レポート，p.55.
[45] 白石弘幸（2016）脱コモディティへのブランディング―企業ミュージアム・情報倫理と「彫り込まれた」消費―，創成社，p.179.

付記
　第Ⅰ部には，独立行政法人日本学術振興会・科学研究費助成事業（学術研究助成基金助成金）基盤研究（C）・課題番号16K03858により白石が行った研究成果が反映されている。

第II部

資源循環システムにおける JIT生産の役割

第Ⅱ部の問題意識

　現代社会におけるものづくりの根本的課題の一つとして，市場の需要変動に対応しつつ，生産システム全般にわたって，いかに原価，品質，納期に関する効率化を図るかということがあげられる。また，経済が成長し，社会が豊かになるにつれて，市場のグローバル化や消費者のニーズの多様化に対応すべく多品種少量生産や変種変量生産が強く求められる。さらに，循環型社会の実現に向けて，既存の生産システムが資源循環を目指す循環型生産システムへ変遷している。こうした生産環境の合理化を目指す一つの生産方式としてJIT（Just-In-Time）生産が広く知られている。

　第Ⅱ部においては，まず，JIT生産の基本的な概念を得るために，その根底にあるトヨタ生産システムの意義や目的から議論を進めていく。また，JIT生産をあらゆる生産状況下で展開することにより生じる問題点を明らかにし，その解決案として「改良型JIT生産」の概念を提示する。さらに，「生産形態が異なる工程間」，「生産リードタイムが異なる工程間」や「製造変化が生じる工程間」において改良型JIT生産の適用例を示す。最後には，循環型生産システムにおける生産管理手法としての改良型JIT生産の合理性について考察する。

第4章

トヨタ生産システム

はじめに

　この章では，トヨタ生産システムの考え方と概要を説明する。重要となるのは，Pull型生産，かんばん，自働化，改善活動，JIT生産，その他である。これらにより，トヨタ生産システムは生産コストの削減，ムダの顕在化と排除を実現している。自動化ではなく自働化と表現するように，同社独持の発想や仕組みも多い。ムダの排除についても，ムダと一言で片づけるのではなく，これが明確に定義されている。これらがどのように生産を効率化しているかを紹介する。

4.1　フォードシステムからトヨタ生産システム

　トヨタ生産システム[1]は，自動車生産の効率性を高めるために，トヨタ自動車の生産現場において長い年月を経て完成された生産システムである。この生産システムは，作業者のものづくりに対するモチベーションを最大に引き上げ，生産コストを徹底的に排除することを目的としている。そのために，生産平準化を基礎とする「JIT（Just-In-Time）生産」と，高い品質を目指す「自働化の概念」の二つの柱に基づいて，生産の合理化を進める。すなわち，ものづくりにおいて，顧客の要望に合ったものを，確かな品質で素早く作ることができる生産システムである。トヨタは1970年代の二回のオイルショックにおいても継続的に業績を伸ばしたことから，トヨタ生産システムが世の中に広く知られるようになった。特に，アメリカの多数の自動車企業によるベンチマーキング（Bench-Marking）を通じて1970年代末から現在に至るまで多くの実務者

生産システム	生産形態	キーワード
フォード生産システム(1913〜)	少品種大量	標準化
トヨタ生産システム(1970〜)	多品種少量	多様化 フレキシブル化
リーン生産システム(1980〜)	変種変量	効率性
SCM(1990〜) TOC(1990〜)		グローバル化 複合化 全体最適化
次世代システム(2000〜) 　知的生産システム 　人間中心システム 　環境調和型システム 　即応型生産システム	極少量生産 注文流し生産	グローバル化 環境・人間重視 自律分散化

↓

IOT (Internet of Things), Big data,…

■図4-1　生産システムの移り変わり

や研究者の注目の的になり，日本国内外を問わずこれまで多くの企業がトヨタ生産システムを自社に導入してきた。

　トヨタ生産システムは，フォードシステム（Ford System）の大量生産方式における問題点を克服した生産システムである［2］。フォードシステムは20世紀初頭に安価で運転がしやすく，修理が簡単な車を生産する方法として3S（Standardization（標準化），Simplification（単純化），Specialization（専門化））を生産ラインに導入した。この生産システムは，製品をつくれば売れる時代には確かに大量生産方式によって生産の効率化を十分に進められた。しかし，消費者の製品に対するニーズの多様化に対処するには限界があり，抜本的な解決案が必要となった。その背景から，トヨタは「売れる製品のみを作る」という生産発想を持って，市場のニーズに対応し生産の効率化を目指す多品種少量生産の体系を長年にわたって製造現場で築き上げた。こうした生産体系がトヨタ生産システムである。

　現在，トヨタ生産システムは，製造部門の効率化のみならず，物流部門など

において効率化を図る上でも用いられている。低いコストでタイムリーにモノを輸配送するためには，ムダがない輸配送方法の構築と共に「必要とされる時間に必要とされるモノを必要とされる量だけ運ぶ」ことが要求される。さらに，今までのショップ（shop，工場や企業）中心の効率化から，製品のライフサイクルに関与している企業全体にわたる効率化へとその対象範囲を拡大させたリーン生産（Lean Production）方式やサプライチェーンマネジメント（SCM: Supply Chain Management）へ発展していく過程でも，トヨタ生産システムの基本的な考え方が大きな役割を果たした（図4－1）。

トヨタ生産システムが生産行為を通じて目指すものは，生産全般において高い品質を維持しながら生産システム内の原材料，仕掛り品，製品に関わる在庫などのムダを徹底的に減らし，生産原価を低減するということである。こういった高い品質や少ない在庫がもたらす生産リードタイムの短縮と生産原価の低減は，競争力と同時に企業イメージや顧客サービスの質も高める。

トヨタ生産システムの全体構成の概要を図4－2に示す。まず，製品の高い品質を常に維持するためには，システム全体において自働化の思想が必要となる。この思想は，不良が発生した場合にその原因を迅速かつ明確に追求し，直ちに解決することにより不良の再発を防ぐという考え方に基づく。在庫低減に対しては，生産すべき品種とその量，生産タイミングを後工程の生産状況に合

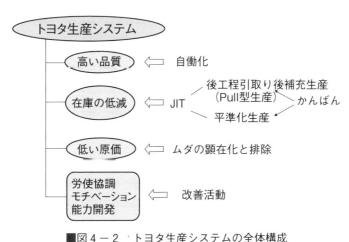

■図4－2　トヨタ生産システムの全体構成

わせるJIT生産を用いて対応する．JIT生産では，後工程の生産状況を把握する生産ルールとしてPull型生産と，その生産状況に関する情報を後工程から前工程へ伝達する道具としてかんばんが用いられる．また，JIT生産の本来の効率性を十分に引き出すためには，平準化生産が前提条件となる．平準化生産とは，常に同じ品種を同じ量，同じタイミングで生産しようとする生産ルールである．このルールが守られることにより生産にかかる負荷が常に一定となり，在庫の低減はもちろん，適正な生産設備の維持も可能となる．

さらに，上記の自働化やJIT生産により低い製造コストが達成されるが，その状態を継続的に維持するためには，製造現場における作業者の改善活動を通じてムダを顕在化し，それらを徹底的に排除することが必要である．

4.2 基本的考え方

生産者側が生産行為を通じて利益を上げる考え方は，一般的に大きく分けると二つある［3］．一つは，生産者側が望ましい（必要な）利益を先に決めて，それを生産コスト（原価）に加えて価格を決める考え方である（図4－3の(1)）．この考え方は，需要がある程度供給を上回るときに成立する考え方であり，もし，需要が少なくなった場合には，市場で価格競争に負けて製品が売れなくなる恐れがある．もう一つの考え方（図4－3の(2)）は，「価格は市場で決められるもので，生産者側が決めるものではない」という考え方である．その状況下で利益を上げるためには，生産コストを徹底的に減らすしか方法がない．この考え方（図4－3の(2)）で需要が変化してもある程度の利益が確保できるようになる．

このような考え方において生産コストを低減するには，そのコストの本質を把握する必要がある．生産行為を行う上で物理的なモノに価値を与える必要不

$$\text{価格} = \text{生産コスト} + \text{利益（一般的な考え）} \quad (1)$$
$$\text{利益} = \text{価格} - \text{生産コスト（トヨタの考え）} \quad (2)$$

■図4－3　利益の考え方

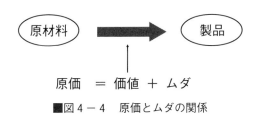

■図4－4　原価とムダの関係

可欠なコストと，そうではないコストであるムダとを区別する必要がある。その区別をしないと，単なる生産コストの低減という圧力で，製品の品質に関わる不可欠なコストまで削減してしまう恐れがある。また，ムダの顕在化ができない場合は，そのムダにより生じる問題に対して対処が困難となり，生産システムの全般において不効率を被る。

図4－4に生産にかかる原価とその行為により生じるムダの関係を示す［4］。トヨタでは，製品を完成していく過程において価値を与えないムダを顕在化し，それを徹底的に排除する。その結果，生産コストが削減でき，高い利益が期待できる。

トヨタでは，ムダを「生産行為においてモノに価値を与えない仕事，不必要な動作・行動」と定義し，7つに分類する［4］（図4－5）。モノに関するムダには，作り過ぎのムダと在庫のムダがある。これらのムダは，モノを必要以

```
・モノ
  1) 作り過ぎ，2) 在庫    ⇒  機械の増設，材料の先食い，
                              余分な作業者，倉庫の拡大など
  3) 運搬；運搬そのものがムダ      （問題発見が困難）

・人
  4) 加工；仕事中に，ムダが含まれていること
  5) 手待ち；機械と人の仕事，工程間
  6) 動作；価値が生じない人の動き，設備の動き

・品質
  7) 不良，手直し
```

■図4－5　7つのムダ

上に作ることに原因があり，材料の先食い，余分な機械や人の導入などのムダを新たに引き起こす。さらに，必要ではないモノは在庫となり，それを保管・維持するのに余分な倉庫などが必要となる。特に，在庫のムダは在庫に関するムダ自体だけではなく，改善活動において問題発見を困難にする。たとえば，工程間に仕掛り在庫が存在する場合，その在庫の本来果たす役割によりモノの流れが円滑になるが，当該在庫によりシステム内における各工程の生産の進み具合の把握が困難となる。それによって，各工程が関わっている問題（ムダ）の顕在化が極めて難しくなり，改善すべき問題（ムダ）を見逃す結果となる。運搬のムダについては，運搬というその行為がムダであると考え，モノに価値が与えられない運搬そのものをムダと定義する。

人に関するムダとしては，加工のムダ，手待ちのムダ，動作のムダがある。加工のムダは，作業者が生産活動を行う上で不必要な加工により生じる。手待ちのムダは，生産活動において工程間のアンバランスにより発生する。また，動作のムダは，価値が生じない作業者の動作や機械の動きによるものである。

品質に関するムダには不良とその手直しのムダがある。不良のムダは，不良品を作った場合，行った作業それ自体がムダであり，また，手直しのムダは不良を直すのに必要とする時間と労力のムダである。

ムダを顕在化し，それらを実際に排除する仕組みとしては，継続的な改善活動と生産管理手法がある。ここでいう生産管理手法とは，トヨタ生産システムを支える2本の柱と言われる，自働化とJIT生産である。

4.3　2本の柱

前節で述べたトヨタ生産システムを支えるものは，製品の高い品質を目指す自働化と，生産システムにおいて仕掛り在庫や製品在庫を極力減らすJIT生産である。この二つは，ムダ排除において重要な役割を果たす生産管理手法で，陥りやすい個々の作業者の間違った判断を食い止める体系的な管理に基づいている。

この節では，自働化とJIT生産について簡単に述べる。

4.3.1 自働化

　一般的に不良の削減は，ものづくりにおいてその生産技術（製品設計，製造方法，設備）を高めて達成する。一方で，高い生産技術に加えて，不良が発生したら，その原因を素早く追求し解決に繋げることにより同じ原因による不良の再発を完全になくす考え方もある。まさにトヨタでは，後者の思想を元に不良削減を目指している。その思想が「にんべん」の付いた自働化である[1][5]。

　自働化は，「後工程に不良品を渡さない」という品質保証のために，人間と同様な状況判断能力（不良に関する検査や自動停止など）を持つ装置，または考え方として定義されている。一般的な自動化の場合は，人がスイッチを切らない限り，機械が動き続けるため，もし，異常（不良）が発生した場合，その異常（不良）が多発し，結果的に機械故障につながる恐れがある。さらに，異常（不良）が最初に発生したときの把握ができず，その正確な原因究明と対策が困難となる。したがって，自動化の場合は，異常発生に備えて（スイッチを切るため）常に人の配置が必要である。

　一方，自働化の場合には，異常（不良）が発生したときに機械自身が判断して自ら止まるため，異常（不良）の多発や機械破損につながらない。また，最初の異常（不良）発生時に機械が止まるため，その原因把握が容易となり，素早い解決が可能となる。こうして機械に状況判断能力（不良に関する検査や自動停止など）を持たせることは，結果的に異常（不良）を減らすことや省人化につながる。

　すなわち，「にんべん」の付いている自働化の狙いは，ある工程に異常（不良）が発生したら，機械停止による納期遅れを出してもその工程で異常（不良）を直して（不良の原因追求＆解決），完全なモノ（正常な状態）を後工程に渡すことである。これにより問題（不良）を先送りにせずに，問題（不良）の原因を素早く究明して解決することになり，同じ原因による異常（不良）に対する再発防止につながる。結果的に異常（不良）が減り，高い品質が保たれる。自働化の思想に関する理解を深めるために，図4-6に混合品種組立ラインでの自働化の例を示す。

　図4-6では，混合品種組立ライン内の各工程における製品の流れ（左から

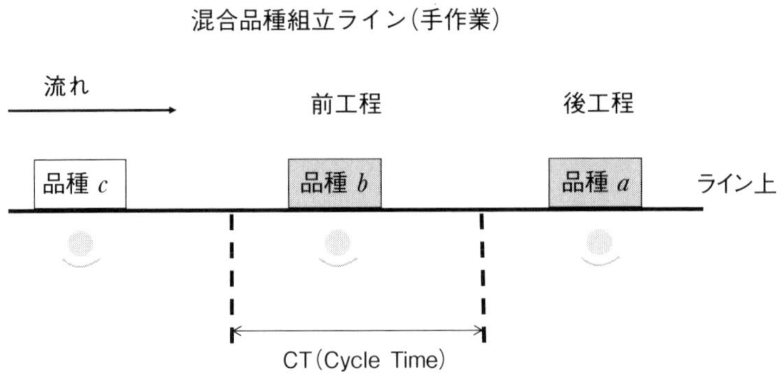

混合品種組立ライン(手作業)

図4－6　混合品種組立ラインにおける自働化の例

品種 a，品種 b，品種 c 順に投入）を示す。各工程では，仕事の区切り（図の縦の点線）があり，それぞれの担当作業者がいる。各作業者は，自分の工程に製品が入った時点からその製品が次の工程（後工程）に完全に出るまで作業が可能である。その作業可能時間をCT（Cycle Time）という。たとえば，前工程の作業者が不良を発生しその手直しのためCT以内に仕事を終えない場合，ラインを止めて正常なモノに仕上げたあと，後工程に渡す。そうすることにより各工程は不良の発生原因の追究を後回しせずに迅速にその場（最初に不良が発生したとき）で原因究明と問題解決が可能になり，同原因による不良の再発防止が可能になる。もし，ラインを止めた場合，他の工程にかける迷惑（作業中断）を考えて，ラインを止めずにそのまま不完全なモノを後工程に流すと，結局そのモノは不良になってしまう。また，後に直すつもりでラインからモノを下ろしてしまうと，その不良の原因がつかみ難くなって再発防止にはつながらない。この場合に結果的に不良は直せるが，いつまで経っても不良は減らない。

4.3.2　JIT生産

JIT（Just In Time）生産は，「必要なモノを必要なとき必要なだけ生産する」という概念に基づいた生産管理手法である。また，その概念において主体は後工程である。この概念は，各工程が生産活動を行う際に，生産すべきモノとその量をいつ生産するかの意思決定について，後工程の生産状況に合わせる

考え方である．たとえば，前工程の効率（稼働率など）を優先して前工程の意思で生産活動を行い，その生産活動の結果が現時点で後工程において不要なモノである場合，多くの在庫（後工程の必要量よりも多い場合）または品切れ（後工程が必要とする品種ではない場合）が生じる．この不効率を防ぐ考え方がJIT生産である．JIT生産は，前工程が後工程の生産状況（品種＆その量）に合わせてタイミングよく生産することにより在庫や品切れの発生を抑え，生産の効率性を高めることが可能である．さらに，JIT生産は，顧客からの需要に対しても必要最小限の在庫で素早く対応できる．その最小限在庫を維持することは，ムダ排除につながる．言い換えれば，後工程が必要とするモノとその量を後工程の生産開始に基づいて生産するということには，売れるモノだけをタイミングよく作ろうという考え方が内在している．

JIT生産では，上記の概念を生産に反映することにおいて，後工程の生産情報を取り入れ，その情報に基づいて生産するPull型生産と，後工程からの生産情報を前工程に伝達する道具として用いられる「かんばん」を導入しており，その二つの要素をシステム化している．さらに，JIT生産の良さを十分に引き出すには，モノを生産する上で，品種とその生産量を時間的に一定にする平準化生産が前提条件になる．

次章では，JIT生産について具体的に述べる．

■参考文献

※ 本文の複数個所に同じ文献番号が付されている場合は，同じ文献，同じページを引用もしくは参考にしている．
[1] 門田安弘（1991）新トヨタシステム，講談社．
[2] 圓川隆夫・伊藤謙治（1996）生産マネジメントの手法，朝倉書店．
[3] 中山清孝・秋岡俊彦（1997）トヨタ生産方式の基本的な考え方，オペレーションズリサーチ，第42巻2号，pp.61-65.
[4] 五十嵐瞭（2006）トヨタ生産方式の真髄と新展開，日経ものづくり，1月号，pp.138-142.
[5] 五十嵐瞭（2006）トヨタ生産方式の真髄と新展開，日経ものづくり，2月号，pp.128-132.

第5章

JIT生産

はじめに

　現代社会におけるものづくりの原点は，生産活動における原価，品質，納期の合理的な管理体制をいかにして常に維持するかである。また，経済が成長し，社会が豊かになるにつれて，消費者のニーズの多様化に応じる必要があるのをはじめ，市場のグローバル化による激しい競争と需要変化に対する素早い対応が求められている。こういった生産環境に対して柔軟性を持つ生産手法の一つとして知られているのが，トヨタ生産システムの一つの柱であるJIT（Just-In-Time）生産である[1][2][3]。

　生産システムの進展過程を歴史的に見れば，20世紀初頭にアメリカの技師Frederick W. Taylorによる工場生産の科学的管理法に基づくテーラーシステムに始まり，次いでHenry Fordによるフォードシステムが現れた。フォードシステムにおける生産方式は，大量生産とその発展型である少品種大量生産である[4]。これらの生産の基本的な考え方は，大量に生産した製品を大量に売るということである。大量生産方式は，市場から製品の多様性を求められる時代になるにつれ，その硬直性やムダが顕在化し，多品種少量生産の生産環境には対応できなくなった。こういった大量生産の限界から1970年代にかけてJIT生産が知れわたるようになった。

　JIT生産の生産ルールとしては，「後工程引取り後補充生産」が用いられる。後工程引取り後補充生産は，まず，後工程が必要とするモノを，必要なときに必要な分だけその前工程から引き取る。次いで前工程は，引き取られた分だけを生産して補充する生産ルールである。この生産ルールは，一種のPull型生産であり，製番管理方式，MRP（Material Requirements Planning；資材所要量

計画），OPT (Optimized Production Technology) などのPush型生産に対する生産ルールである．JIT生産では，後工程引取り後補充生産を実現するために，平準化生産の制約下でかんばんを用いる．第Ⅰ部の第1章第4節（1.4）でも言及されているように，かんばんの本質は，必要な品種，その量，納期を正確にリアルタイムで知らせる情報伝達機能である．平準化生産は，後工程が前工程の時間的な生産能力を考慮しながら，毎回の前工程への生産指示（品種と量など）を時間的に一定に保つ生産であり，工程間の生産バランスを維持する．すなわち，JIT生産では，後工程から前工程に出す生産指示を毎回一定にする上で，その生産指示の伝達にかんばん（「引取りかんばん」と「仕掛けかんばん」）を用い，生産システム内の各工程は後工程の生産行為に依存して分散的に生産を行う．この生産ルールによりシステム内の最終工程以外の全工程は生産計画を独自に事前策定する必要がない．さらに，各工程はその後工程に引き取られたモノのみを作り，補充するために，当然の結果としてシステム内では余分な在庫が生じない．したがって，在庫に関する余分なコストなどのムダによる原価を減らすことが可能である．

この章では，JIT生産を構成するPull型生産を紹介した上で，かんばんの役割と平準化生産について具体的に述べる．

5.1 Pull型生産

JIT生産では，工程間のモノと情報の流れについて基本的にPull型生産を用いる．Pull型生産は，「いつ，何を，何個生産する」という各工程の生産に関する意思決定がその後工程からの生産指示のみに依存して生産を行う方式である．すなわち，生産システムのすべての工程が，自分の後工程の生産状況に合わせて生産するのである．

Pull型生産に関する基本的な概念の理解を容易にするために，Push型生産と比較しながら説明を進めていく．また，下記のPull型生産とPush型生産の説明において，1）生産システム内で連続する二つの工程（前工程と後工程）間の場合と，2）企業（メーカー）と市場間の場合，二つの生産環境を想定する．

5.1.1 Push型生産の概念

　Push型生産は，一般的に後工程からの需要が来る前にあらかじめ生産を行う見込生産形態をとっている場合が多い。この生産ルールは，過去の需要データなどを用いて需要予測を行った上で，その予測情報に基づいて生産計画を作成し，その計画に従って各工程が生産を行う。図5－1にPush型生産におけるモノと情報の流れについて示す。

　図5－1では，まず，市場からの需要予測に基づいてシステム内の各工程に対する生産計画を集中的に形成する。その後，形成された生産計画がそれぞれの工程への生産指示となり，各工程は自分の生産指示に従って生産し，その完成品を後工程に渡す。後工程は，自分の前工程から送られて来たモノを用いて，自分の生産計画に基づいて生産を行う。こういった生産ルールで最終工程までにモノを押していく。

　Push型による生産の最大メリットは，生産済みのモノがあらかじめ用意され，需要に対して直ちに対応できることである。[1] しかし，需要予想が大きく外れた場合や製造環境の変化が起きる場合には，多くの在庫または品切れが生じる恐れがある。

　需要に対する生産者側の高い確信度（見込み）に基づいて生産を行うPush型生産（以下，「前工程志向型」と呼ぶ）は，市場の状態や製造環境が安定している場合には適した生産ルールであるかもしれない。しかし，現在の企業を取り巻く環境は，グローバル化による国際的な競争の拡大，環境問題への対応，

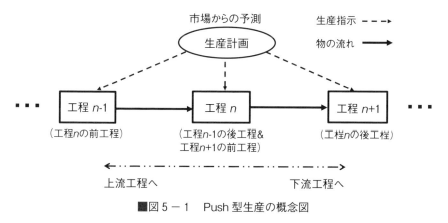

■図5－1　Push型生産の概念図

消費者ニーズの多様化など，日々変化し続けている。こういった環境下で，Push型生産は在庫や品切れによる生産コストの増加の恐れがある。すなわち，顧客ニーズや社会的状況の変化が激しい製造環境から求められる多品種少量生産や変種変量生産に対して，Push型生産をそのまま用いて生産活動の効率化を図ることは極めて困難である。このような様々な変化に対応すべく，従来の少品種大量生産から，多品種少量生産や変種変量生産へと生産形態が変化を遂げてきている。

5.1.2 Pull型生産の概念

Pull型生産とは，JIT生産に代表される生産手法であり，前工程が後工程の生産状況に合わせて生産を行う生産ルールである。図5－2にPull型生産の概念について示す。

図5－2では，まず，市場からの需要情報に基づいて生産計画を形成し，最終工程である工程nのみにその計画を生産指示として与える。次に，最終工程nは与えられた生産指示に従って，生産を行う上で必要となるモノとその量に関する生産を前工程$n-1$に指示する。工程$n-1$はその指示に従って生産し，完成品を後工程nに渡す。また，工程$n-1$とその前工程である工程$n-2$間においても同様な生産ルールで生産が行われる。このようにして最終工程からの生産情報を下流工程から上流工程へ順に流し，生産を進めていく。これに

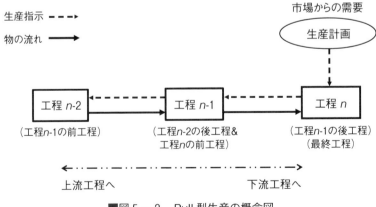

■図5－2　Pull型生産の概念図

より生産システム内の各工程は，市場からの需要情報に同定された状態（以下，「後工程志向型」と呼ぶ）で生産が可能である．

Pull型生産の大きな特徴は，前述のように各工程の生産がその後工程に依存していることから，後工程志向型の生産体系であるということである．すなわち，各工程では，後工程が必要とするモノのみを作ることにより後工程の生産環境の変化[2]に対応でき，余分な在庫が生じない．その結果，作り過ぎや在庫に関するコストを減らすことが可能である．しかしながら，後工程からの生産指示が前工程の生産能力を下回る場合には，Push型生産と比べて稼働率が極端に低くなるというデメリットを有する（表5-1）．

Pull型生産，Push型生産のそれぞれの特徴を比較すると，まず，後工程志向型のPull型生産は，常に少ない在庫を維持することにより在庫コストを減らせるという利点を持っている．この特徴によりPull型生産は，生産システムの運用管理において在庫コストが他のコストと比べて極端に高い場合（以下，「在庫優先型」と呼ぶ）に適している．一方，前工程志向型のPush型生産は，在庫コストよりも設備に関するコストが高い場合（以下，「設備優先型」と呼ぶ）に適している生産ルールである．在庫優先型の一つの例としては，自動車製造の場合があげられる．比較的大型である自動車を大量に在庫として管理維持することは，他のコストよりも大きく在庫コストを押し上げる．その在庫を極力少なくする生産ルールとしてPull型生産が望ましい．設備優先型の場合は，半導体製造が一つの例である．半導体製造の場合，自動車と比べて製品の大きさが小さいことから，売筋が確実であれば前もって作っておいてもその在庫コストはそれ程かからない．むしろ，製品に高度な技術を集約させるために，高価な設備をなるべく有効に稼働させることが求められる．すなわち，半導体製造の場合は，在庫コストよりも設備の稼働率の低下による設備コストに重点があるため，Push型生産を用いるのが妥当である．

Pull型生産とPush型生産の簡単な例［5］として，ハンバーガーチェーン店であるマクドナルドのMFY（Made For You）生産ルールと従来の生産ルールの場合をあげる．

マクドナルドが現在採用しているMFYは，まず，顧客（後工程）から注文を受けてから，その注文に従ってハンバーガーなどの商品を作るという仕組み

■表5-1　Pull型生産とPush型生産の比較

Pull型生産	Push型生産
「後工程志向型」，分散体系	「前工程志向型」，集中体系
生産変動に対応可能，少量の在庫維持	生産変動に対応困難，多量の在庫維持
低稼働率	高稼働率
「在庫優先型」	「設備優先型」

をとっている。これが典型的なPull型生産である。この場合，顧客，接客担当者，厨房担当者がそれぞれ工程として見なされるとすると，まず，接客担当者は，その後工程である顧客の注文から商品の生産を自分の前工程である厨房担当者に指示する。続いて，厨房担当者はその後工程である接客担当者からの生産指示に従って商品の生産を行う。この生産の仕組みは，後工程からの生産指示（注文）で生産を始める後工程志向型の生産ルールである。このルールにおける商品と生産指示情報の流れは，顧客と接客担当者の間，接客担当者と厨房担当者の間で分散的体系をとっている。こういった生産ルールにより生産変動（顧客による注文の変動）が生じても作り過ぎの在庫または品切れがほとんど発生しない。しかし，顧客からの注文が現在保有している生産能力を下回った場合は，生産能力のロスが生じる。

一方，マクドナルドの従来の生産方式（MFY以前の生産方式）の場合は，顧客（後工程）の来訪予測値に基づいて顧客の注文前にハンバーガーなどの商品をあらかじめ作る仕組みであり，Push型生産に相当する。この生産ルールは来訪予測値と前工程（マクドナルド）の生産に都合がよいタイミングに合わせて商品を作ることから，前工程志向型である。こういった生産環境下で生産変動（予測値のズレなど）が生じた場合は，売れ残りの在庫または品切れが発生する恐れがある。しかし，Push型生産は，一般的に来訪予測値のみならず現在の生産能力も考慮して生産計画を策定し，その計画に従って生産を行うことから，Pull型生産よりも稼働率が高い傾向がある。

5.1.3　JIT生産におけるPull型生産（後工程引取り後補充生産）

上記のPull型生産の概念を実際の生産現場に実装し，Pull型生産の効果を十

分に引き出す方法として考案されたのが後工程引取り後補充生産である。この生産の流れは以下の手順で行われる。

Step 0（初期状態） それぞれ適正在庫[3]を持っているある二つの工程（前工程とその後工程）間において，前工程が生産したモノ（前工程での完成品）を後工程の生産に必要な部品または材料として使うものとする。

Step 1 後工程は，生産に必要なモノをその前工程の適正在庫の置き場に行き，必要な量だけ取る。

Step 2 前工程は，後工程から取られた量だけを生産し，それを適正在庫の置き場に補充する。

　この生産ルールから，各工程は自分の後工程から取られた分，すなわち，後工程が必要な量のみを生産し補充することにより在庫が自分の適正在庫を超えることはない。また，後工程においても前工程の適正在庫の置き場から必要なモノを取ってくるのにかかる時間分の必要最小限の仕掛り在庫[4]のみで遅れなしの生産活動が可能である。たとえば，後工程が必要なモノに対して前工程へ直接，生産指示を出した場合，その生産リードタイム（生産指示時刻から生産され，その完成品が後工程に着くまでの時間）は，後工程が前工程の適正在庫から必要なモノを引き取ってくる場合の時間（引取りにかかる時間）よりも長くなる。その結果，後工程では生産リードタイム分の仕掛り在庫を常に維持する必要があり，その在庫量は，引取りの場合よりも多くなる。

　したがって，システム内の全工程は，後工程引取り後補充生産の生産ルールにより必要最小限の在庫をもって円滑な生産が可能である。また，言うまでもないが，全工程がそれぞれの後工程の生産意思決定に従って生産を行うことによりその後工程の製造変化に対しても対応が容易である。

　二つの工程間の後工程引取り後補充生産の例を図5－3に示す。まず，工程 k は，前工程である工程 $k-1$ の完成品置き場へ行き，そこの適正在庫から生産に必要なモノを引き取って戻る。工程 $k-1$ は，自分の後工程である工程 k から引き取られたモノのみを生産し，完成されたモノを適正在庫として補充する。このようにして，各工程は自分の後工程から引き取られたモノだけ生産する。その結果，余分なモノが生じない。また，後工程も前工程へ必要なモノだ

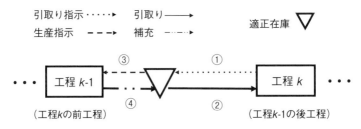

■図5-3　後工程引取り後補充生産におけるモノと情報の流れの例

け引取りに行けばよいので，引取りにかかる時間分の在庫量を超えることはない。こういった後工程からの引取りと前工程の補充の連鎖によって，生産に関わる情報を下流工程から上流工程に伝え，生産を進めていく。この方法により生産システム全体において少ない在庫（適正在庫）で生産効率を十分に高めることが可能である。

5.2　かんばん

上記の後工程引取り後補充生産を生産現場で実現するために使う道具，すなわち，実際に工程間で引取り指示や生産指示を伝える情報伝達機能（媒体）として用いられるのがかんばんである。トヨタで使用しているかんばんの種類は，製造する環境により様々であるが，一般的に二種類のかんばん，引取りかんばんと仕掛けかんばん（生産指示かんばんと呼ぶ場合もある）を用いる。引取りかんばんは，後工程が前工程に必要なモノを取るために使うかんばんで，仕掛けかんばんまたは生産指示かんばんは，生産工程に仕掛け（生産）指示を行うかんばんである。

図5-4にかんばんの例[5]を示す。かんばんには，品番・品名，使用する製造工程（あるいはライン）名，モノの置場，荷姿のほかに，かんばんの発行枚数や収容数などが明記される[6][7]。

また，各工程におけるかんばんに関する主な運用ルール[8]を，以下の1）〜4）に示す。

第5章 JIT生産

■図5-4　かんばんの例
出典：小谷,「かんばん方式の数理」[7]

1) 部品または製品が収容される箱（以下，収容箱と呼ぶ）には，必ず1枚のかんばんが付けられ，工程内あるいは工程間を循環し，モノの引取り量と生産量を制御する．
2) 後工程の生産に悪影響（品切れ）を及ぼさないために不良品を後工程へ送らない．
3) 余分なモノを作らないことにより後工程引取り後補充生産を守る．
4) 人や設備のムダを低減するために必ず平準化生産を守る．

である．

5.2.1　かんばんの流れ

二種類のかんばんを用いて後工程引取り後補充生産を実現する際に，まず，引取りかんばんは，後工程と「前工程の完成品置き場」（前工程で生産されたモノを置く場所）の間で後工程が部品を引き取るために用いられる．また，仕掛けかんばんは，前工程と前工程の完成品置き場の間で前工程に生産指示を出すために使われる．以下に，二種類のかんばんの流れを示す（図5-5）．

Step 0（正常状態）　工程間には前工程の完成品置き場（置かれる在庫量は適正在庫量とする）があり，後工程は必要な部品を前工程の完成品置き場から引き取って自工程のそば（以下，「後工程置き場」と呼ぶ）に置き，生産に使う．また，二つの工程には収容箱から外れるかんばんのみを置く，「かんばんポスト」がある．

> **Step 1** 後工程が後工程置き場の収容箱から最初の部品を取り出して生産に使うときに，その収容箱にかけられていた引取りかんばんを外して，後工程のかんばんポストに入れる。
>
> **Step 2** ある時刻（前工程の完成品置き場に部品を引き取りに行く時刻）になったとき，あるいは，外れた引取りかんばんが既定の枚数になったとき，その時刻までに留まっていた引取りかんばんと空箱を持って，前工程の完成品置き場に必要な部品（かんばんポストにあった引取りかんばん分の量）を引き取りに行く。
>
> **Step 3** 前工程の完成品置き場の完成品収容箱から仕掛けかんばんを外して，それを前工程のかんばんポストに入れる。さらに，持って行った引取りかんばんをその完成品収容箱に付けた後，それを後工程へ持ち帰って後工程置き場に置き，部品として使う。また，仕掛りかんばんを外すときに空箱も前工程に渡す。前工程では，収容箱から外されて自工程のかんばんポストに入れられた仕掛けかんばんの情報に基づいて生産を行う。
>
> **Step 4** 完成された部品を後工程から渡された空箱に入れて，一つの収容箱分（かんばん一枚分）になると，その箱に仕掛けかんばんを付ける。
>
> **Step 5** 仕掛けかんばんが付けられた完成品収容箱を前工程の完成品置き場に置く。

5.2.2 かんばんの枚数計算

JIT生産において工程間で運用されているかんばんの枚数がその工程間に流れるモノの最大量となる。そのため，運用されるかんばん枚数を正確に決めることは極めて重要である。たとえば，ある二つの工程間で用いられるかんばん枚数が必要以上に多い場合には，必要ではないモノができてしまい，仕掛り在庫の増大に繋がる。一方，その枚数が少ない場合には，品切れが生じる。こういった生産の不効率を防ぐために，運用されるかんばんの枚数を正確に決定することが求められる。

かんばん枚数の決定において，重要な要因となるのは，かんばんによる指示からその指示通りにモノが来るまでにかかる時間，すなわち，リードタイムである。一般的に引取りかんばんにおけるリードタイムは，モノを引き取りに

第5章 JIT生産

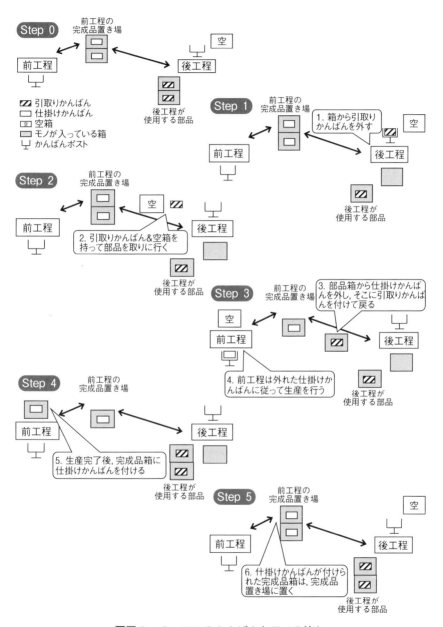

■図5−5 二つのかんばんとモノの流れ

行って戻るまでかかる時間であり，仕掛けかんばんの場合は，前工程での生産待ち時間，実際の生産時間，前工程から前工程の完成品置き場までの移動時間の合計で決まる。

仕掛けかんばんと引取りかんばん，それぞれの枚数決定に関する計算式を，式（5.1）と式（5.2）で示す [7]。

$$\text{仕掛けかんばんの枚数} = [(D_s \times L_s + k)/P_s] \tag{5.1}$$

$$\text{引取りかんばんの枚数} = [\{D_h \times (K + L_h) + k\}/P_h] \tag{5.2}$$

D_s：前工程の完成品置き場における平均需要量

D_h：後工程における平均需要量

L_s：仕掛けかんばんの平均リードタイム（かんばんが外れてから，実際にモノが完成品置き場に補充されるまでの時間）

L_h：引取りかんばんの平均リードタイム（かんばんを持ってモノを引き取りに行ってから，実際にモノが後工程に入るまでの時間）

P_s：1枚の仕掛けかんばんに収容される量

P_h：1枚の引取りかんばんに収容される量

K：引取り間隔（前工程の完成品置き場へモノを引き取りに行く間隔）

k：安全在庫の量

$[x]$：実数 x 以上の最小の整数

仕掛けかんばんの枚数計算における例として，D_s が1時間当り100個，L_s が2時間，P_s が100個で安全在庫量 k をなしにした場合，その最適枚数は，式（5.1）により2枚になる。すなわち，前工程と前工程の完成品置き場の間では，2枚の仕掛けかんばんで生産が可能であることを示す（図5－6）。

時刻9:00に後工程により前工程の完成品置き場から一箱分（100個）が取られると同時に，仕掛けかんばんが外れて前工程に仕掛けられる。後工程からの需要は1時間毎に100個（100/1h）である。また，時刻10:00にも同じく後工程から一箱分（100個）のモノが取られ，もう一枚の仕掛けかんばんが前工程に仕掛けられる。後工程からの次の需要（時刻11:00）に対しては，時刻9:00に仕掛けた仕掛けかんばんにより時刻11:00に前工程の完成品置き場に置かれる一枚分の完成品（仕掛りかんばんの平均リードタイム：2h）を当てること

第 5 章 JIT生産

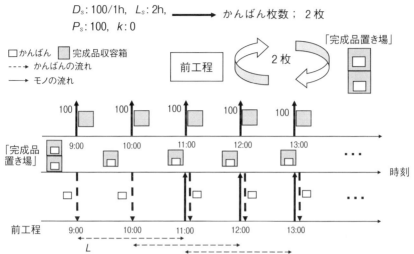

■図5−6 最適な仕掛けかんばんの枚数によるかんばんとモノの流れの例

が可能である。時刻，12:00，13:00においても，それぞれの時刻から2時間前に外れた仕掛りかんばんによりそれぞれの時刻に発生する後工程からの需要に対応できる。こうして，前工程と前工程の完成品置き場の間において2枚の仕掛けかんばんを使うことによりモノの流れを途切れさせることなく，最小限の在庫を維持することができる。

また，引取りかんばん枚数の計算例を図5−7に示す。安全在庫量kを無視した上で，D_hを1時間当り100個，L_hを1時間，Kを2時間，P_hを100個と与えると，前工程の完成品置き場と後工程間における引取りかんばんの最適枚数は，式（5.2）により3枚になる。すなわち，時刻9:00と10:00に外された引取りかんばん2枚を持って時刻11:00に前工程の完成品置き場にモノを取りに行き（$K=2$hにより），実際に時刻12:00に引取りかんばんの2枚分のモノを持って帰る（$L=1$により）。その2枚分のモノは，時刻12:00と13:00に生じる後工程への需要に当てられる。その間の後工程への需要に対しては，時刻9:00にあらかじめ置かれている引取りかんばん3枚分の完成品を用いて対応する。また，時刻14:00と15:00に発生する需要に対しては，時刻13:00に前工程の完成品置

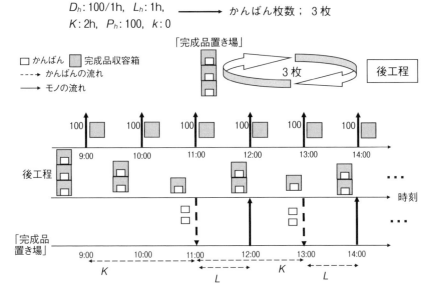

■図5-7 最適な引取りかんばんの枚数によるかんばんとモノの流れの例

き場に取りに行った時刻14:00に届く2枚分のモノを使用して対応する。

5.3 平準化生産

　JIT生産を効率よく行うためには，平準化生産が前提条件となる[9][10]。JIT生産における平準化生産とは，生産工程において品種とその生産量が一定になるように生産を行うことである。言い換えれば，各工程における全品種の生産割合が，時間的に一定になるように各品種の生産順序を決めることを意味する。その平準化生産が維持できないと，生産すべき品種やその生産量にバラツキが生じ，各工程の生産リードタイムや後工程から前工程への生産指示が一定にならない。その結果，かんばんによる後工程引取り後補充生産が崩れ，各工程では多くの在庫または品切れが生じる。したがって，平準化生産はJIT生産において大前提となっている。

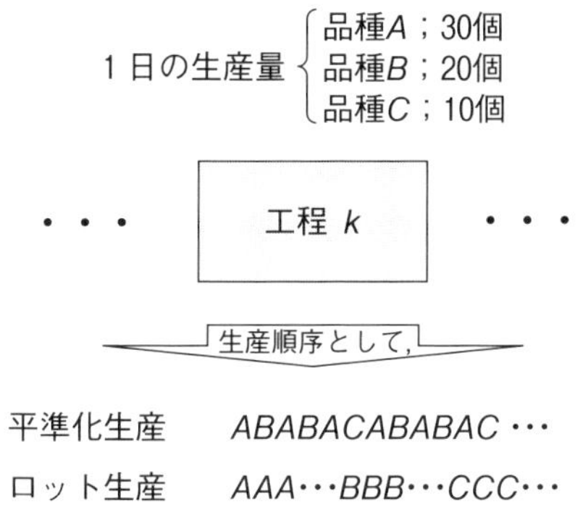

第5章 JIT生産

$$1日の生産量 \begin{cases} 品種A；30個 \\ 品種B；20個 \\ 品種C；10個 \end{cases}$$

・・・ 工程 k ・・・

生産順序として，

平準化生産　　ABABACABABAC…

ロット生産　　AAA…BBB…CCC…

■図5-8　平準化生産の例

　図5-8に平準化生産の基本概念と，その対照的な生産形態であるロット生産[6]との違いを示す。たとえば，工程 k において1日の生産量が，品種A；30個，品種B；20個，品種C；10個の場合，各品種の生産割合が $A:B:C=3:2:1$ であることから，品種Aを3個生産する間に品種Bと品種Cをそれぞれ2個と1個生産するのが平準化生産の考え方である。一方，ロット生産の場合は，品種の生産割合に関係なく，各品種それぞれの生産量をまとめて（例えば，$A:30$個→$B:20$個→$C:10$個）生産する。この30個，20個，10個というまとまりをロットと言う。

　さらに，平準化生産が維持できないと後工程のみならず，前工程においても生産のバラツキが生じ，生産の非効率的な影響が及ぶ。たとえば，図5-9のように後工程では，生産時間が同じ（1個当り1分）である三つの品種 A, B, C を生産するのに，その必要な部品をそれぞれ前工程 $(a), (b), (c)$ から引き取るとする。また，それぞれの前工程においてそれぞれの部品 a, b, c を生産するのにかかる時間を1個当り3分（以下，「部品供給間隔」と呼ぶ）とすると，後工程での平準化生産（生産順序：$ABCABC$…）により各品種の生産が3分ごとに行われる場合，前工程での部品生産は後工程への部品供給間隔に間に合う。また，後工程においても前工程からの部品が遅れなくタイムリーに供給され，生産待ち時間は生じない。

　一方，後工程でロット生産（生産順序：$AAABBBCCC$…）を行う場合には，後工程からの部品供給に対する要求に大きなバラツキが生じる。そのバラツキ

161

第Ⅱ部　資源循環システムにおけるJIT生産の役割

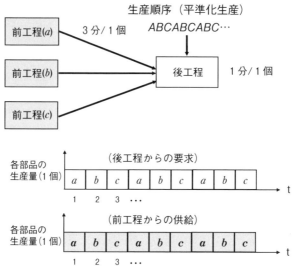

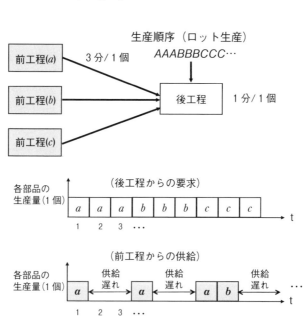

■図5-9　生産のバラツキに関する平準化生産とロット生産の例

に対して前工程での部品生産が追いつかない状況が生じ，後工程への部品供給が遅れる。その影響で，後工程にも生産の遅れが生じる。したがって，それぞれの前工程では，こういった遅れをなくすために，余分な在庫を持たなければならない。

平準化生産を進める上では，各品種の生産量におけるその生産割合（図5－8）や前工程との生産バランス（図5－9）以外にも，各品種の生産にかかる時間（以下，「作業負荷」と呼ぶ）が異なる場合についても考慮すべきである。図5－8の例において，もし，各品種の1個当りの作業負荷が同じであれば，その平準化生産による生産順序を$AAABBC\cdots$のように小ロットにまとめてロット生産を行っても$ABABAC\cdots$の場合と同様な平準化生産のメリットが現れる。

しかし，その作業負荷が互いに異なる場合，$AAABBC\cdots$の順序では作業負荷のアンバランスが生じる可能性がある。そのアンバランスから，作業の遅れまたは設備や人の遊休時間が発生する。

そのため，各製品の作業負荷に対しても平準化生産を行わなければならない。たとえば，図5－10に示すように，最終組立ラインの各ステーション[7]において作業可能時間（CT）よりも長い作業時間を必要とする品種A，CTよりも短い品種B，CTと同じである品種Cが処理されるとする。この生産状態からあるステーションkでロット生産（$AAABBBCCC\cdots$）を行う場合，品種Aを連続して生産することにより与えられた作業時間，CTを超えてしまう。この生産状況において，生産を完了するには，ラインを止める事態が不可避となる。また，品種Bを生産する場合には，人員や設備において無駄な遊休時間が生じる。一方，平準化生産（$ABCABCABC\cdots$）の場合には，品種Aの生産後ただちに品種Bを生産することによりCTを超える品種Aの残り作業に品種Bの生産で生じる遊休時間を当てることが可能である。そのため，ライン停止や遊休時間が生じない。

平準化生産が維持されていない状態で，強引にかんばん枚数を決め，後工程引取り後補充生産を進めてJIT生産を試みても，生産遅延と設備や作業者の遊休などの生産の非効率が生じてしまう。その非効率を補償しようとすると，在庫や遊休などのムダによる生産コストの増加を招くという悪循環に陥る。この

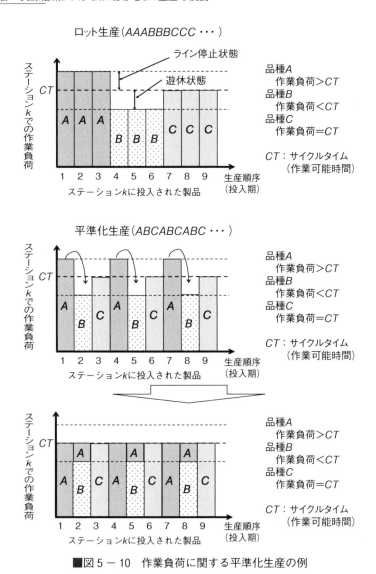

■図5-10　作業負荷に関する平準化生産の例

ような結果は，在庫などのムダを徹底的に排除するためにJIT生産を用いても，平準化生産を維持できない限りJIT本来の効果は期待できないことを意味する。

　生産システムにおいて，平準化生産が実際にその長所を発揮するのは，混合品種組立ライン（後工程）とそのラインに必要な部品を供給する工程（前工

第5章　JIT生産

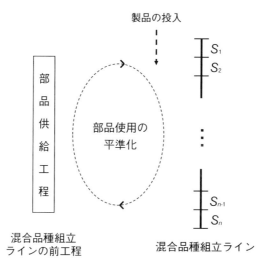

■図5－11　平準化生産の事例

程）の間においてである（図5－11）。図5－11では，混合品種組立ラインにおいて前工程から供給される各部品の使用量が一定になるように製品[8]の投入順序を決めることを考えたい。その順序付け方法の一例が目標追跡法である。

この方法の要点は，混合品種組立ラインで組み立てるために投入されるすべての部品の出現率が，各々の製品の投入時に可能な限り一定になるように製品を順序付けるというものである。具体的には，ある製品が投入される時点までに使用すべき各部品の目標値（部品使用の理想値）と，その時点までに使用した各部品の実績値の2乗誤差を計算し，すべての使用部品に対して総和を求め，その平方根が最小になるように製品の投入順序を決定する [1]（図5－12）。

以下に目標追跡法のアルゴリズム [1][11] とそれに使われる記号を示す。

Step 0　$t=1$, $x_j^{t-1}=0$, $V_{t-1}=\{1,2,...,N\}$ とおく。

Step 1　$D_{ti^*}=min\{D_{ti}\}$, $i \in V_{t-1}$,
$D_{ti}=\sqrt{\sum_{j=1}^{J}(t \cdot m_j - x_j^{t-1} - b_{ij})^2}$

Step 2　製品 i がすべて順序付けられていれば，$V_t = V_{t-1} - \{i^*\}$ とおく。

第Ⅱ部 資源循環システムにおけるJIT生産の役割

そうではない場合,$V_t = V_{t-1}$ とおく。

Step 3 $V_t = \phi$ なら,終了。そうではない場合,$x_j^t = x_j^{t-1} + b_{ij}$ を計算して,$t = t+1$ とし,Step1へ。

- t: 投入期 $(t = 1, 2, ..., T)$
- i: 品種 $(i = 1, 2, ..., N)$
- j: 部品 $(j = 1, 2, ..., J)$
- b_{ij}: 製品 i を1個生産するのに必要な部品 j の量
- m_j: 製品投入1回当りの使用される部品 j の理想量
- x_j^t: 投入期 t まで実際に使用された部品 j の累積値
- V_t: 投入期 t における未投入製品の集合
- D_{ti}: 投入期 t に製品 i を投入した場合,t 期までの全部品に対する使用理想値と使用実績値との差

全部品に対しては,$\sqrt{\sum_{j=1}^{J}(t \times m_j - x_j^{t-1} - b_{ij})^2} \implies$ 最小化

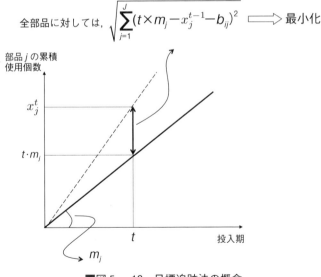

■図5-12 目標追跡法の概念

■注
1） 企業と市場間を想定して展開しているが，生産システム内の工程間においても同じことが言える．
2） 生産システム内の機械故障や市場からの需要変動など
3） 生産システム内でモノを円滑に流すための必要最小限の在庫
4） この場合は，後工程で生産に必要な最大在庫量
5） 引取りかんばんと仕掛けかんばん共に標準的に入っている情報のみを示している．
6） ある品種における生産量をある程度まとめて連続して生産する方法
7） 最終製品を組み立てるコンベアライン上での作業領域の単位
8） 混合品種組立ラインにおいて，生産される全品種を意味する．

■参考文献
※ 本文の複数個所に同じ文献番号が付されている場合は，同じ文献，同じページを引用もしくは参考にしている．
[1] 門田安弘（1991）新トヨタシステム，講談社．
[2] Yasuhiro Monden（1994）*Toyota Production System*, 2nd ed., Chapman & Hall.
[3] 小谷重徳（2008）理論から手法まできちんとわかるトヨタ生産方式，日刊工業新聞社．
[4] 人見勝人（2011）入門編 生産システム工学（第5版），共立出版．
[5] 森田道也（2004）サプライチェーンの原理と経営，新世社．
[6] 村山明（2006）トヨタ生産方式の真髄と新展開，日経モノづくり，4月号，pp.128-132.
[7] 小谷重徳（1987）かんばん方式の数理，オペレーションズリサーチ，第32巻11号，pp.730-738.
[8] OR事典編集委員会（2007）OR事典Wiki：JIT生産システム，社団法人日本オペレーションズリサーチ学会．
[9] 五十嵐瞭（2006）トヨタ生産方式の真髄と新展開，日経ものづくり，2月号，pp.128-132.
[10] 野村正實（1993）トヨティズム，ミネルヴァ書房．
[11] 圓川隆夫・伊藤謙治（1996）生産マネジメントの手法，朝倉書店．

第6章

JIT生産の展開

はじめに

　本章では，自動車生産で伝統的な特色となっているJIT生産が次世代に向けて進化して行く方向性について考える。まず，生産システムにおける異なる製造環境下での運用や全体最適化について述べた上で，その解決案としてJIT生産の改良型（以下，「Pull-Push型生産」と呼ぶ）について議論する。さらに，物流システムを含む生産システムのグローバル化に伴い，生産方式の合理性はもちろん，柔軟性や汎用性などが強く求められる次世代生産システムの実現に向け，JIT生産の在り方について述べる。

6.1　JIT生産の拡張への限界

　JIT生産は，トヨタ自動車の生産現場における実践の中で創り出された生産方式である。その影響で自動車産業独自の特徴が強いことから他産業への導入が容易ではない場合もある。たとえば，設備維持コストが在庫維持コストより遥かに高い半導体産業においては，在庫コストの低減を目指すJIT生産が合わないかもしれない。こういった産業においてJIT生産の効果を引き出すためには，現在のJIT生産をそのまま適用するのでは難しい。

　JIT生産に関する研究においても，生産現場で生産方式として確立された後に，理論的な体系化が進められたが，当初はそれが不十分であった。そのために，多くの研究者や実務者により理論的な研究が精力的に行われた[1][2][3][4]。しかし，それらの研究は，基本的にある限られた生産工程を対象（代表的な例として，混合品種組立ラインとそれに必要な部品を供給するサブ

工程間) としていて, 生産システム全体に関しては, ほとんど研究がされていない。

そこで本節では, 生産システムにおけるJIT生産の適用に関する問題点について考える。

6.1.1 多様な生産環境下での適用に関する問題点

以下に, 三つの生産環境下でJIT生産を適用した場合, その適用を妨げる問題点について述べる。

(1) 生産形態が異なる工程間

工程間の生産形態が異なる生産環境 (たとえば, 後工程が多品種少量生産を行い, 前工程がロット生産を行う場合) にJIT生産を適用することを想定する。こういった生産環境下では, 後工程はロット生産を行う前工程に対して, 多品種少量生産による品種切替えを頻繁に要求する。その要求に対して, 前工程では, 品種切替え段取り回数が多くなり, 限られた時間内に後工程からの要求に対応できなくなる。その結果, 納期遅れが生じる。

(2) 生産リードタイムが異なる工程間

塗装工程のような他の工程よりも生産リードタイムが非常に長い工程の場合, その後工程の生産指示情報に合わせて同期した生産を行うことが極めて困難であるため, 独自の生産スケジュールが必要である。そのスケジュールは, 一般的に後工程の生産状況を予測してそれに基づいて形成される。このような生産環境でJIT生産を適用する際に, 予測した独自のスケジュールによる塗装工程での生産順序が実際の後工程の生産順序と異なる場合には, 後工程の生産に対して納期ずれが生じる可能性がある。結果的に, 塗装工程では後工程との生産バランスを失う状態になる。そのバランスを維持する, すなわち, 後工程に対する納期ずれを防ぐためには, 後工程との間に多くの仕掛り在庫が必要である。

(3) 工程内部の変化

平準化生産が維持されている生産状態から, ある工程で機械故障や作業遅れ

などの製造環境の変化が起こった場合，工程間の生産バランス，すなわち，平準化生産が崩れる。この崩れた生産状態から平準化生産の状態に復帰するためには，ある工程で発生した製造環境の変化による生産停止時間分の間，平準化生産に関連する全工程を共に遊休状態にすることが多い。しかし，その場合は，全工程の遊休状態により生産コストが高くなるという問題点がある。

6.1.2　生産システムの全体最適化における問題点

近年，製造業では消費者ニーズの多様化に伴い，各製品の多品種化や他社の製品との差別化が進んでおり競争が激化した市場において利益を上げるためには，顧客の要求への迅速な対応が必要である。その必要性から，生産システムのプロセス全体における最適化，すなわち，全体最適化が求められている。全体最適化とは，システムを構成する各プロセスでの最適を図る従来の部分最適化に比べ，システムのプロセス全体に最適化を図ることである。たとえば，自動車メーカーの生産システムにおいて，ベンティング部門，ボディー組付け部門，塗装部門，製品組立部門など個々の部門のみの生産効率を上げるのではなく，全部門での効率性を追求するのが全体最適化の考え方である。

従来の製造業で行われていた部分最適化から，全体最適化へのアプローチの移行が強く求められている現在の製造環境において，各工程の効率などが後工程の生産環境のすべてに帰結されるJIT生産は，全体最適を実現する方法として十分とは言い難い。たとえば，ある工程の生産が後工程の生産指示のみに基づくのではなく，自工程の生産状況もその生産に反映することが生産システム全体において効果的かもしれない。すなわち，JIT生産を用いて生産の合理化を進めていく上で，生産システムの全体の最適性を評価し，その全体最適が実現できるようにJIT生産を改良することが必要である。

6.2　Pull-Push型生産の概念

上記のJIT生産の拡張により新たに生じる問題を解決する一つの手法として，Pull型生産を基盤とする新たな生産概念を考える。生産システム全体にわたって異なる生産方式やリードタイム，生産環境の変化に対して効率よく対応しな

第Ⅱ部 資源循環システムにおけるJIT生産の役割

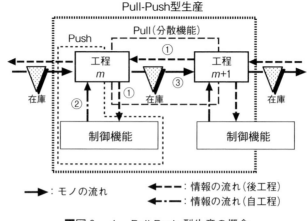

■図6－1　Pull-Push型生産の概念

がら，システム全体において最適化を図るために，各工程の生産形態に応じて生産の分散機能[1]（Pull型生産）と分散機能に対する制御機能（Push型生産）を併用する改良型JIT生産（以下，「Pull-Push型生産」と呼ぶ）の概念（図6－1）を提示する。

トヨタによって提案されたJIT生産によるPull型生産は，大量生産時代に行われていたPush型生産の問題点である過剰な在庫を削減するために考案された生産である。しかし，この生産にも，変化に対して柔軟に対応できないなど，新たな問題点が認識されている。一方，Pull-Push型生産は，JIT生産におけるPull型生産をさらに改良したものであり，相矛盾することなく両手法（Pull型，Push型）の利点のみを引き出せるのが特徴である。以下に，Pull-Push型生産の基本ルールについて示す。

- 手順1　工程$m+1$は，工程m（工程$m+1$の前工程）に必要なモノに関する生産指示（①）を出す（分散機能）。
- 手順2　工程mは，その指示に対して自工程の供給能力を考慮し，二つの工程において最適な生産状況になるように生産調整を行う（制御機能）。
- 手順3　工程mは，調整された生産指示（②）に従って生産を行い，その完成品を工程$m+1$に渡す（③）。

第6章　JIT生産の展開

　Pull-Push型生産は，ハイブリッドPull-Push型生産［4］と異なり，Pull型生産とPush型生産の特徴を同時に持つ生産方式である。すなわち，後工程引取り後補充生産［5］［6］により市場からの要求に関する生産指示情報が生産システム内の最終工程を通じて全工程へ順次に伝えられると，各工程は後工程からの生産指示情報と自工程の生産能力を考慮した上で生産調整を行う。これは自工程の効率（Push型生産の目的；稼働率など）と後工程の効率（Pull型生産の目的；市場からの需要への対応など）を同時に高め，生産システム全体の効率を引き出す生産である。その生産の特徴により生産形態や生産リードタイムが異なる工程間においても，各々の工程（前工程と後工程）の効率を互いに反映した生産状態を保つことが可能である。また，Pull-Push型生産では，ある工程で機械故障などの原因で生産を一時停止する生産の揺らぎに対しても，その情報がPull型生産の機能により全工程に行き渡り，各工程はその変動情報に基づいた生産調整を行うことにより十分に対応可能である。その結果，生産変動による仕掛り在庫量の増加といった生産の非効率を抑えることが可能である。さらに，生産システム内の各工程が後工程から生産指示情報をリアルタイムに得ることから，需要変動に対しても迅速な対応が可能である。

　ここで，Pull-Push型生産における制御機能の実態はスケジューリング機能である［7］。一般的なスケジューリング手法としては，各工程の生産における最適なスケジュールを形成する手法［8］［9］があるが，扱う問題規模の大きさにより現実的な時間内に最適なスケジュールを求めることが困難な場合もある。また，生産状況の変化によるスケジュールの更新が必要となる場合が多い。このことから，Pull-Push型生産におけるスケジューリング機能として，JIT生産の特徴（Pull型生産）と，JIT生産が適用される各工程の特徴を考慮したスケジューリング手法を用いる。これによって現実的な時間内の解法，生産変動

■表6－1　既存の生産手法とPull-Push型生産の比較

	JIT生産	TOC	Pull-Push型生産
生産ルール	Pull型生産	Pull型またはPush型生産	Pull型生産とPush型生産
生産指示伝達	分散型	集中型	分散型
前提条件	平準化	制約工程の特定	なし

に対する柔軟性といった効果が得られる。

　Pull-Push型生産は，全体最適化および製造環境の変化に対する柔軟性の観点から，JIT生産より優れた生産方法として定着が期待できる。さらに，短い供給リードタイムや資源節約による地球環境の保全および他の生物との共生などが求められる次世代生産システムの生産管理手法として，あるべき未来の形につながるものと期待される。

　表6-1にPull-Push型生産における生産ルール，工程間の生産指示の伝達方法，適用のために必要な前提条件に関して，JIT生産や全体最適化の手法であるTOC（Theory of Constraints）[10][11]との比較を示す。

6.3　JIT生産の課題

6.3.1　JIT生産における物流システムへの展開

　生産のグローバル化や需要の多様化に対して，迅速かつ柔軟な対応が求められる製造環境においては，製品供給リードタイムの短縮など，多くの課題が認識されている。なかでも，物流システムを含む多数の工程から成る生産システムにおける全体的な効率性の向上を実現する生産・物流管理方式に関する研究は，これからの産業界を支えて行く必要上，大学を始めとする研究機関にとっても極めて重要な位置づけにある。生産システム全体に渡って効率化を進める生産方式として，TOCやJIT生産が注目されている。しかし，これらの方式では，製造環境の変化に対して明確な対応がなされていない。

　このような課題に向けて，製造環境の変化に対する柔軟性を保ちながら，システムの効率化を促すことを可能とする「先進的な生産・物流管理方式」を開発することが望ましい。JIT生産は，生産システムの製造部門ではその合理化が実現されているが，物流部門を含むシステム全体においては，生産・物流の両面の効率化のために更なる改良を必要とする。同様に，全体最適化の概念としてSCM（Supply Chain Management）[12][13]の考え方は，既にあるが，SCMの概念からの全体最適化を遂行するために，生産・物流システム内の業務レベルにおける有用な管理手法としてJIT生産の拡張が必要である。

6.3.2　JIT生産のグローバル化

　生産システムにおいて合理化を図る日本型生産方式として，トヨタ生産方式が広く研究されてきた。中でもJIT生産は，その管理・運用が極めて単純であるために理解しやすく，多くの研究者および生産管理の実務者から評価を得ているが，しかし，生産のグローバル化に伴う国ごとの異なる製造環境下でその限界を超えた高汎用性・高柔軟性を持つ生産管理方式への進化が強く望まれている。海外の日系企業や外国企業は，長い間に日本国内における研修や独自のベンチマーキングなどを通じて，JIT生産の良さを徹底的に研究し，生産現場に応用を図った。特に，Continuous Flow Manufacturing（IBM），Stockless Production（Hewlett Packard），MAN（Material as Needed: Harley Davidson）など［14］［15］は，JIT生産の応用型として広く知られている。また，数年前のアメリカ自動車市場におけるトヨタのリコール問題から，JIT生産における既存の管理・運用の限界が明確になった。こういったグローバル化に伴う生産システムの諸問題を解決することは，極めて大きな課題となっている。

■注
1）　後工程が前工程にその生産情報を知らせる意味としての表現である。

■参考文献
※　本文の複数個所に同じ文献番号が付されている場合は，同じ文献，同じページを引用もしくは参考にしている。

[1] B.J. Berkley（1992）A Review of the Kanban Production Control Research Literature, *Production and Operation Management*, Vol.1, Issue4, pp.393-411.

[2] 大野勝久・大竹裕一・趙曉波・木瀬洋（1995）ライン停止を考慮した混合品種組立ラインの順序づけ問題，日本経営工学会論文誌，第46巻3号，pp.187-193.

[3] 田村隆善・龍洪・大野勝久（1997）バイパスラインをもつ混合品種組立ラインの順序づけ問題，日本経営工学会論文誌，第48巻1号，pp.33-41.

[4] 平川保博（2000）オペレーションズ・マネジメント―ハイブリッド生産管理への誘い―，森北出版株式会社，pp.36-38.

[5] Y. Monden（1994）*Toyota Production System: An Integrated Approach to Just-In-Time*, 2nd ed., Chapman & Hall.

[6] ジャストインタイム生産システム研究会編(2004)ジャストインタイム生産システム,日刊工業新聞社.
[7] 柳在圭・清水良明(2003)JIT 生産の拡張による生産システムの統括的効率化,日本経営工学会論文誌,第54巻3号,pp.194-201.
[8] 茨木俊秀(1995)組合せ問題とスケジューリング問題への新接近 組合せ最適化とスケジューリング問題—新解法とその動向—,計測と制御,第34巻5号,pp.340-346。
[9] 柳浦睦憲・茨木俊秀(2001)組合せ最適化—メタ戦略を中心として—,朝倉書店.
[10] E.M. Goldratt (1982) *The Goal*, North River Press.
[11] J.W. Kevin, H.B. John, and C.G. Stanley (2007) The Evolution of a Management Philosophy: The Theory of Constraints, *Journal of Operations Management*, Vol.25, Issue2, pp.387-402.
[12] Hartmut Stadtler, and Christoph Kilger (Editors) (2008). *Supply Chain Management and Advanced Planning*, 4th ed., Springer.
[13] Lee J. Krajewski, Larry P. Ritzman, and Manoj K. Malhotra (2010) *Operations Management*, 9th ed., Pearson Prentice Hall.
[14] P.S. Thomas and K. Ramachandran (1990) The JIT Prescription for Industrial Revival, *Vikalpa*, Vol.15, Issue1, pp.25-35.
[15] Pail M. Swamidass (2001) *Innovations in Competitive Manufacturing*, Springer; 2000 edition.

第7章

Pull-Push型生産の適用例

はじめに

この章では，生産システム全体においてPull-Push型生産の適用例を示し，その有効性について検証する。具体的には，1）生産形態が異なる工程間（前工程；ロット生産，後工程；多品種少量生産），2）生産リードタイムが異なる工程間（前工程；塗装ライン，後工程；混合品種組立ライン），3）工程での製造環境の変化による平準化生産が崩れた場合の三つの例において生じる問題点とJIT生産の限界を明らかにする。さらに，その問題点に対する一つの解決案として，Pull-Push型生産の概念を取り入れた改良型JIT生産を示す。

7.1 生産形態が異なる工程間におけるPull-Push型生産

前工程がロット生産を行い，その後工程が多品種少量生産 [1] [2] [3] を行う生産環境下で，JIT生産を適用する場合について考える。一般的に，ロット工程では，品種（この章では，ジョブ（job）と呼ぶ）の生産時間に比べて生産ジョブを切り替える段取り時間が長くかかる場合がある。その段取り時間を減らし，生産時間を増やすためには，ジョブをある程度の量にまとめて生産する必要がある。一方，多品種少量生産を行う後工程では，需要や生産変動に対するリスクなどを考慮して生産ジョブの切替を頻繁に行う。こういった状況下でJIT生産を行う場合，ロット工程である前工程では後工程の生産環境に対応できなくなる。すなわち，ロット生産の状況下で多品種少量生産を行うことは，頻繁な生産ジョブの切替による段取り回数の増加を招き，実際の生産時間よりも段取り時間が長くかかる。その結果，低い稼働率による生産コストの増

加という問題が生じる。さらに前工程では，限られた生産計画時間内で後工程からの生産指示に対応できる仕事量の減少により後工程に対して納期遅れが生じる。この問題を解決するために，JIT生産を実施している多くの生産システムでは，ロット工程の段取り時間を短縮し，小ロット生産で対応している [4] [5]。しかし，段取り時間の短縮には限界がある。

そこで，本節では，ロット工程の特性とJIT生産の体系下での問題点を述べた上で，そのロット工程で多品種少量生産を実現し，JIT生産本来の有効性を高めることを試みる。そのために，前章で述べたPull-Push型生産の概念を用いてロット工程における納期遅れや仕掛り在庫の最小化を図る。

7.1.1　JIT生産におけるロット工程の特性

ロット工程では，一つのジョブの生産時間に比べて生産ジョブの切替に必要な段取りにかかる時間が長いために，同種類のジョブをまとめて生産し，その段取り回数を少なくするのが一般的である [1] [6]。たとえば，3種類のジョブ, A, B, C を5個ずつ生産する場合，ロット生産では $AAAAA \rightarrow BBBBB \rightarrow CCCCC$ というように，ジョブごとにまとめた生産を行う。この生産では，ジョブの生産切替（AからB, BからC）の段取り回数が2回で済むが，ジョブの種類に対する生産の偏りを少なくする多品種少量生産（$ABCABCABCABC ABC$）とは相いれない。こういったロット工程が，多品種少量生産を行う後工程との間でJIT生産を実施する場合，後工程からの生産指示に従って多品種少量生産を行うと，頻繁な生産ジョブの切替による段取り時間が長くなり，実際に生産できるジョブの数は少なくなる。その結果，後工程に対する納期遅れが生じる。

(1) 対象システムに関する仮定

ロット工程の特性とその生産環境下でのJIT生産の適用に対する問題点を具体的に調べるために，対象とする生産システム（図7－1）とそれに関連する条件を以下に仮定する。図7－1においては，ロット工程とその後工程間で多品種少量生産を行う前提で，一つの前工程と複数の後工程に対応関係があるとする。

より詳細な仮定は以下の通りである。

1) ロット工程では，後工程の生産指示に従って多品種少量生産を行うものとする。
2) 生産指示を出す後工程は複数で，各後工程は一つのジョブのみに対応するものとする。
3) ロット工程では，異なる生産ジョブの切替により段取り時間が生じるものとする。また，その時間は，生産切替のジョブの組合せにより異なるものとする。
4) 各後工程での生産時間（前工程からの部品を使って生産する時間）は，それぞれ異なるものとする。
5) ロット工程とその後工程間での運搬時間は無視できるほど短いものとする。

ここで，仮定 3) と 4) は，ロット工程である前工程では複数の後工程からの生産指示に従って多品種少量生産を行うことに関する仮定である。

(2) 記号の定義

以下に本節で用いる記号を定義する。

i: ジョブ（後工程でもある）（$i = 1, 2, ..., N$）。

t: 生産期（$t = 1, 2, ..., T$）。

$(t)_i$: 生産期 t におけるジョブ i の生産指示。

$L_{i,t}$: 生産期 t に前工程が，ジョブ i の生産指示の到着から実際にジョブ i の生産を終え，その完成品を後工程 i に供給するまでの時間（以下，「生産リードタイム」と呼ぶ）。

$A_{i,t}$: 生産期 t にジョブ i の完成品が前工程から後工程 i に供給されてから，前工程に後工程 i から次期の生産指示 $(t+1)_i$ が到着するまでの時間（以下，「後工程でのジョブの使用時間」と呼ぶ）。

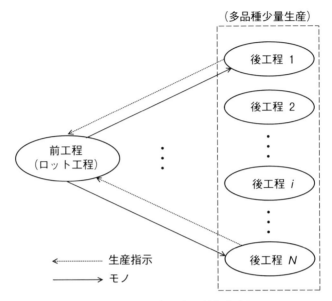

■図7－1　ロット工程を含む対象生産システム

$S_{i,t}$：生産期tに後工程iがジョブiの生産指示を出してから，ジョブiの残り量が生産により全部使われるまでの時間（以下，「納期リミット時間」と呼ぶ）。

$D_{i,t}$：生産期tの前工程におけるジョブiの生産待ち時間。この時間は，生産ジョブの切替順序により段取り時間が長くなり，生産が遅れた場合に生じる。

P_i：前工程でジョブiを生産するのにかかる時間（以下，「生産時間」と呼ぶ）。

$J^{(k)}$：全生産計画期間に後工程から前工程へk（$k = 1, 2, ...$）番目に到着した生産指示の到着時刻。

$P^{(k)}$：全生産計画期間に前工程へk番目に到着した生産指示に対するジョブの生産完了時刻。

$D^{(k)}$：全生産計画期間に前工程へk番目に到着した生産指示に対するジョブの生産待ち時間。

$W^{(k)}$：全生産計画期間に前工程へ $k-1$ 番目に到着した生産指示に対するジョブの生産完了時刻から k 番目の生産指示が到着するまでの時間（生産の空き時間）。

図7－2に，対象とする生産システムにおける工程間の生産状況や定義した記号などの理解度を高めるために，生産期 t における前工程と後工程 i 間の生産指示とモノの流れを示す。生産期 t に後工程 i からジョブ i の生産指示が前工程に到着したとき，そのジョブ i の生産リードタイム $L_{i,t}$ は，前工程の生産状況により式（7.1）として与えられる。

$$L_{i,t} = \begin{cases} D_{i,t} + P_i & \text{（前工程が稼働中の場合）} \\ P_i & \text{（前工程が遊休中の場合）}, \end{cases} \quad \forall i, t \tag{7.1}$$

式（7.1）は，生産期 t に後工程 i からジョブ i の生産指示が到着したとき，前工程が他のジョブの生産で稼働中であれば，そのジョブ i の生産は待ち時間 $D_{i,t}$ を必要とすることを意味する。一方，前工程が稼働中でなければ，ジョブ i は生産指示の到着後，直ちに生産開始が可能である。また，後工程 i は，前工程から供給されたジョブ i を使って生産を行う際に，ジョブ i の残量がある基準値まで減ったとき，ジョブ i の次期の生産指示 $(t+1)_i$ を出す。もし，その生産指示を出してから納期リミット時間 $S_{i,t+1}$ を経過する前までに，生産指示 $(t+1)_i$ に対するジョブ i が前工程から供給できなければ，納期遅れが生じる。

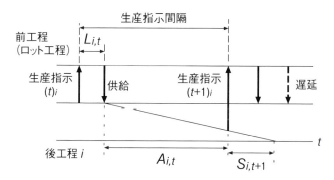

■図7－2　前工程と後工程 i 間の生産指示と供給の例

こうした生産状況では，仮定 3) と仮定 4) に加えて，前工程で生産するジョブの種類（後工程の数）が十分多い場合，後工程からの生産指示タイミングはランダムと見なすことができる。それにより後工程からのジョブの生産指示到着にバラツキが生じ，その影響によりロット工程では，生産における待ち状態（以下，「生産の待ち状態」と呼ぶ），生産を行わない状態（以下，「生産の空き状態」と呼ぶ）のいずれかの状態になる。

(3) 生産の待ち状態

　前工程が，あるジョブ（$k-1$ 番目に到着した生産指示に対するジョブ）を生産している間に，後工程から生産指示が到着（k 番目に到着）した場合，その生産指示に対するジョブの生産は待ち状態になる。そのジョブの生産待ち時間は，到着時刻から一つ前に到着した生産指示のジョブの生産完了時刻までとなる（式 (7.2)）。

$$D^{(k)} = P^{(k-1)} - J^{(k)} \quad (P^{(k-1)} > J^{(k)}), \quad \forall k \qquad (7.2)$$

(4) 生産の空き状態

　前工程で，あるジョブの生産が完了しても，次の生産指示ジョブが到着しない場合，前工程では，生産ジョブがないために生産を行わない状態となる。その前工程における生産の空き時間を式 (7.3) に与える。

$$W^{(k)} = J^{(k)} - P^{(k-1)} \quad (J^{(k)} > P^{(k-1)}), \quad \forall k \qquad (7.3)$$

　以上のことから，前工程における後工程からの生産指示の到着状況は三つのパターンに分けられる（図 7-3）。その到着状況は，生産完了までに，後工程からの生産指示が一つも到着していない場合（パターン 1），到着した生産指示が一つのみの場合（パターン 2），その到着が二つ以上の場合（パターン 3）のいずれかになる。

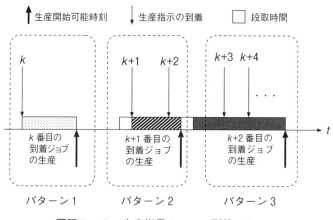

■図7-3　生産指示の三つの到着パターン

7.1.2　ロット工程におけるPull-Push型生産 [7][8][9][10]

生産形態が異なる二つの工程間（前工程がロット生産，後工程が多品種少量生産）にJIT生産を行う場合に生じる納期遅れや遊休時間などの問題点に対して，後工程のみならず前工程の生産効率も考慮した生産方式，すなわち，ロット工程におけるPull-Push型生産を提示する。以下にその手順を示す（図7-4）。

(手順1)　前工程（ロット工程）では，後工程とPull型生産を行い，後工程から最初に到着した生産指示のジョブを生産する（Pull型）。

(手順2)　生産完了後，生産中に到着した後工程からの生産指示のジョブ数を調べる。前節で述べた三つのパターン（図7-3）に応じ，二つの工程（前工程と後工程）の全体効率を考慮してスケジューリングを行う（Push型）。

(手順3)　形成されたスケジュールに基づいて生産を実行し，手順2へ戻る。

さらに，手順2におけるスケジューリング手法は，各パターンに応じて以下の三つの手法として与えられる。

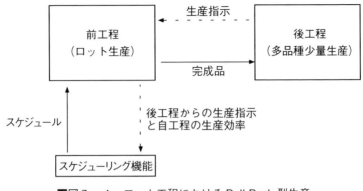

■図7－4　ロット工程における Pull-Push 型生産

(1) 手法1：遊休時間を考慮したスケジューリング手法

　この手法は，遊休状態の前工程が次に到着する生産指示ジョブを予測し，遊休時間の間にその予測したジョブを生産することにより前工程の遊休時間をできるだけ短くする手法である。たとえば，前工程が生産の空き状態であり，生産の待ち状態のジョブが一つもない場合（パターン1），前工程では生産行為を行わないために生産の遊休時間が生じ，それによる生産コストが高くなる可能性がある。そのようなことから，手法1では，遊休時間による生産コストをできるだけ少なくするために，その遊休時間を用いて，次に到着する生産指示のジョブを予測し，そのジョブを先に生産する。

　この手法は，後工程の生産指示なしで前工程の効率（遊休時間の低減）を目指すものであり，本来のJIT生産と相反する生産行為であるが，生産設備コストが極めて高い生産システムの環境においては，有効である。さらに，この手法においては，次に到着する生産指示のジョブを正しく予測することが重要である。その予測法としては，一般的に時系列データを用いる方法が広く知られている。そこで，ここでは過去の時系列データを用いる予測として以下の「予測ジョブ決定法」を与える。予測ジョブ決定法では，各ジョブの「後工程でのジョブの使用時間（$A_{i,t}$）」を情報として取り入れ，その情報を用いて生産ジョブを予測する。その手順を以下に示す。

(手順1)　各ジョブが前期（$t-1$期）に後工程に補充された時刻（補充時刻

$U_{i,t-1}$）と，後工程でのジョブ使用時間 $A_{i,t-1}$ を調べて，当期（t）の各ジョブの予測生産指示到着時刻（$Y_{i,t}$）を計算する（式（7.4））。

$$Y_{i,t} = U_{i,t-1} + A_{i,t-1}, \quad \forall i, t \tag{7.4}$$

手順2 現在の時刻と当期の各ジョブの予測生産指示到着時刻（$Y_{i,t}$）を比べ，その時間差が小さい順に予測ジョブを有限の「到着順序リスト」に入れる。ここで，「到着順序リスト」に入れられる予測ジョブ数は，式（7.5）として与えられる。

$$ジョブ数 = \lceil \frac{AJ}{\overline{ST}} \rceil \tag{7.5}$$

ここで，$[X]$ は実数 X 以上の最小の整数，$\overline{ST}$ は前工程におけるジョブの平均生産時間である。AJ は，空き状態が始まる時刻から，実際に後工程から生産指示ジョブが到着するまでの時間の予測値であり，毎回更新される値である。

以下に，予測ジョブ決定法を用いて手法1のアルゴリズムを示す。

Step 1 前工程の生産が空き状態のとき，予測ジョブ決定法を用いて，予測ジョブの到着順序リストを作る。

Step 2 到着順序リスト内の1番目の予測ジョブを生産し，そのジョブをリストから外す。

Step 3 生産状態を調べ，待ち状態の場合，終了する。

Step 4 リスト内のジョブがなくなった場合，Step1 へ戻る。そうではない場合は，リストを更新（リスト上のジョブの順序を吊り上げる）して Step2 へ戻る。

手法1では，生産の遊休状態に生産行為を行うことにより現時点において必要以上の量が生産される。その結果，ある時間（遊休時間）の間に必要以上の仕掛り在庫が発生する。もし，生産システムを運用して行く上で，他のコストより在庫コストが高い生産環境においては，機械や作業者などの遊休によるコスト（以下，遊休コストと呼ぶ）よりも在庫コストを最優先的に考慮すべきで

ある。それに関連して述べると，JIT生産では生産指示がないジョブを生産しないことにより現時点で必要ではない仕掛り在庫を減らし，在庫コストの低減につなげる。しかし，前工程で生産の遊休時間が長くなると，それによる遊休コストも重要な管理対象となる。

こういった遊休コストと在庫コストがトレード・オフ関係にあることを考慮し，両者のうち在庫コストを優先して，前工程が保有する仕掛り在庫量を少なく維持する手法を提示する。この手法では，手法1において実際に生産指示されるジョブの到着時刻と先に生産しようとする時刻との時間差（在庫として残る時間）を調べ，在庫を少なく維持できるように遊休時間の一部のみを生産に当て，生産行為を抑制する。そのアルゴリズムを以下に示す。

Step 1 生産の空き状態のとき，予測ジョブ決定法を用いて予測ジョブの到着順序リストを作り，リストから$j(=1)$番目のジョブの予測生産指示到着時刻$O^{(j)}$を計算する。

Step 2 もし，$O^{(j)} - T \leq G$ならば，到着順序リストからj番目のジョブを生産する。ここで，Tは現在の時刻であり，Gは非負の「限界時間」である。また，$O^{(j)} > T$である。

Step 3 $O^{(j)} - T > G$ならば，$T = T + K$とし，Step2に戻る。ここで，Kを非負の「経過時間」とする。

Step 4 もし，生産の待ち状態の場合には，終了する。そうではないならば，生産完了したジョブをリストから外し，$j = j + 1$とし，次の予想ジョブの$O^{(j)}$を計算し，Step2に戻る。リスト内のジョブがなくなった場合はStep1に戻る。

(2) 手法2

この手法はパターン2の場合，すなわち，あるジョブの生産が完了するまでに到着した生産指示ジョブが一つのみの場合，そのジョブを次の生産ジョブとする手法である。

(3) 手法3：納期遅れ最小スケジューリング手法

この手法は，二つ以上のジョブが生産待ち状態であるパターン3の場合，その生産待ち状態による後工程への納期遅れが最小になるように，各ジョブの生産待ち時間を一定にするスケジューリング手法である．生産期 t にジョブ i の生産リードタイム $L_{i,t}$ が納期リミット時間 $S_{i,t}$ より長い場合，納期遅れが生ずる．その原因として，生産期ごとに生産指示の到着タイミングのバラツキにより生じるランダムな生産待ち時間があげられる．こうした納期遅れの発生を抑えるためには，常に，$L_{i,t} \leq S_{i,t}$ となる必要がある．そのためには，各ジョブにおいて生産待ち時間（$D_{i,t}$）がある一定値を超えないように生産順序づけすることが必要である．その順序づけでは，各ジョブの前期の納期リミット時間を考慮して，各ジョブの順序を決定する．手法2を含む手法3のアルゴリズムを以下に示す．

Step 1 あるジョブの生産終了までに（稼働中に）到着したジョブが一つである場合，そのまま次の生産順序に入れる（手法2）．

Step 2 到着したジョブが二つ以上である場合，各ジョブの納期リミット時間（$S_{i,t}$）が一番短いジョブを次の生産順序に入れ，Step1 に戻る．

本節では，生産形態が異なる工程間（前工程がロット生産，後工程が多品種少量生産）において，本来のJIT生産の効率性を維持するために，スケジューリング機能を前工程に付加するPull-Push型生産の例を提示した．さらに，前工程が多品種少量生産，後工程がロット生産を行うような工程間にも，前工程の生産特徴を取り入れて新たなスケジューリング機能（Push型）が構築できれば，生産の効率性が期待できる．

7.2 生産時間が異なる工程間におけるPull-Push型生産

生産システムにおいて生産リードタイムが後工程よりも長い塗装ライン[1]のような工程の場合は，後工程の生産指示情報を予測し，見込生産を行うのが一般的である．しかし，塗装ラインの生産特徴（2度塗りや不良発生など）により予測した生産スケジュール（塗装ラインで実行するスケジュール）と後工

程の製品投入順序（組立ラインで実行するスケジュール）が異なった場合，塗装ラインでは，後工程との生産バランスが崩れ，納期ずれが発生する。そのバランスを維持するために，すなわち，後工程の製品投入順序に合わせるために，塗装ラインの出荷バッファー内には，多くの仕掛り在庫が必要となる。しかし，仕掛り在庫が多くなると，塗装ラインにおける生産コストが高くなるという新たな問題が生じる。

そこで，本節では上記の問題を解決するために，まず，他の工程よりも生産リードタイムが長い工程として塗装ラインを例にあげ，その特性を述べた上で，塗装ラインにPull-Push型生産の適用を試みる。

7.2.1　塗装ラインを含む生産システムの特性

図7-5に，塗装ラインとその前工程であるボディーライン，後工程である組立ラインに関するシステムモデルの構成を示す。システム全体におけるモノの流れは，まずボディーラインから塗装ラインに入って塗装作業が行われ，それが終わると，組立ラインに流れて必要な部品などが組み付けられるというものである。

(1) 本システムの前提と仮定

先に述べたように本システムモデルでモノは，ボディーラインから塗装ライン，その後，組立ラインへと流れて行く。このプロセスに関して以下の仮定を設ける。

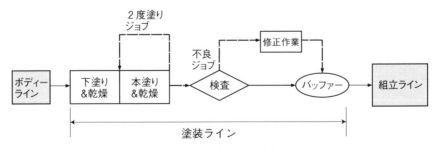

■図7-5　塗装ラインを含んだ生産システムのモデル

1) 塗装ラインでは，色塗り作業の工数（1度塗り，2度塗り）において多品種生産を行う．
2) 塗装ラインと組立ラインの間には，仕掛り在庫をおくバッファーが存在する．
3) 組立ラインの投入順序は，平準化生産に基づくものとし，生産期ごとにジョブとその生産量は，変化するものとする．
4) 組立ラインにおけるジョブの投入順序計画は，短い時間間隔（1日）ごとに行うものとする．
5) 塗装ライン並びに組立ラインにおいて，生産される各ジョブの総数は既知とする．

(2) 各工程の特徴

図7-5における各工程（ライン）の主な特徴は，以下の通りである．ボディーラインでは，製品のボディー，骨格が組み立てられる．また，ボディーの種類によってその生産リードタイムが異なるのが一般的である．塗装ライン

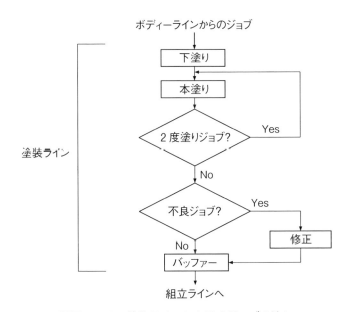

■図7-6　塗装ラインにおけるジョブの流れ

では，下塗りとその乾燥，本塗りとその乾燥，および検査，修正の順で生産を行う。ジョブはコンベアによって一定の速度で流れているために，各ジョブにおける段取り時間は生じない。また，他のジョブと比べ生産工数が多いジョブ（以下，「2度塗りジョブ」と呼ぶ）は，本塗り，乾燥を2回繰り返してから検査に入る。検査においては，良品ならそのままバッファーに入るが，不良品なら修正を終えてバッファーに入る。組立ラインでは，製品完成のために，ボディーに部品などを取り付ける作業を行う。また，組立ラインにおけるジョブの投入順序計画は，毎回変化するものであり，その投入順序に応じて塗装ラインのバッファーから必要なジョブを引き取る。さらに，塗装ラインにおけるジョブの流れを図7-6に示す。

(3) JIT生産の適用可能性

塗装ラインの大きな特性は，ジョブの投入順序が生産完了順序と異なることである。たとえば，図7-7に示すように，塗装ラインにおける最適なスケジュール（ジョブの投入順序）を形成し，そのスケジュールに従ってジョブが塗装ラインに投入されるとする。しかし，塗装ラインが持つ生産上の特徴である2度塗りや不良の発生により，塗装ラインに投入されたジョブの生産順序は，その生産完了後の順序，すなわち，その後工程である組立ラインに投入される順序と異なる。このような塗装ラインの特性下で，既存のスケジューリング手法［11］［12］［13］を用いて最適なスケジュールを形成しても，組立ラインにおいては順序のズレが生じる。そのズレを補うためには，塗装ラインと組立ライン間には常に多量の仕掛り在庫が必要である。

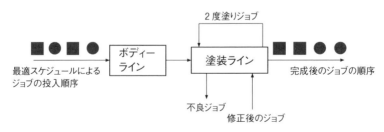

■図7-7　塗装ラインの生産特徴による投入順序の変化

このような生産環境で仕掛り在庫を減らし，効率性を高める一つの方法としてJIT生産の適用が有効であると考えられるが，しかし，生産リードタイムが他の工程（ライン）よりも長い塗装ラインでは，後工程からの生産指示に基づく生産を直ちに実行することが困難である。そのため，塗装ラインとその後工程の間にJIT生産をそのまま取り入れることは極めて難しい。すなわち，塗装ラインの後工程である組立ラインでは，市場（顧客）からの多様なニーズに応じて多品種生産を行うために，各ジョブにおける短い生産リードタイムが求められる。それとは別に，塗装ラインでは，上で述べた「塗装」という特殊な生産上の特徴により生産工数が多いため，長い生産リードタイム[1]を必要とする。こうした生産環境下でJIT生産を適用した場合，二つの工程間に生産の「タイムラグ」が生じる。したがって，塗装ラインでは，その時間差を補うために多くの仕掛り在庫を常に維持しなければならない。

7.2.2　塗装ラインにおけるPull-Push型生産 [7] [14] [15]

　生産リードタイムが長い工程の一種である塗装ラインにおいて，少ない仕掛り在庫の維持で後工程に対する納期遅れの最少化を図り，本来のJIT生産の効率性を高めるために，Pull-Push型生産を塗装ラインに適用する。その適用の基本的な考え方は，組立ラインに対して納期遅れが起こらないように仕掛り在庫を維持（Pull型）し，その仕掛り在庫が常に最少になるようにスケジュールを更新する（Push型）。それにより生産リードタイムが異なる工程間でも仕掛り在庫や後工程に対する納期遅れを抑えることができる。すなわち，JIT生産の適用が困難な工程間（塗装ラインと組立ライン間）において，前工程と後工程のそれぞれの効率を同時に考慮したPull-Push型生産の概念を適用することにより本来のJIT生産の効率を引き出すことが可能である。以下にその手順（図7－8）を示す。

　(手順1)　過去の組立ラインにおけるジョブの投入順序（生産スケジュール）パターンに基づいて，納期遅れが生じない塗装ライン（前工程）の暫定スケジュールを最適化手法を用いて形成する。また，形成された暫定スケジュールにおいて，予測される各ジョブの最適な仕掛り在庫量

(以下，「基準状態」と呼ぶ）を求める（Pull型）。

手順2 暫定スケジュールに従って生産を実施し，生産期ごとに各ジョブに対する仕掛り在庫量（b_{ti}）を調べ，基準状態（c_i）と同数を維持するのに必要となる各ジョブの仕掛り在庫量（d_{ti}）を以下のように求める（Pull型）。

$$d_{ti} = c_i - b_{ti}$$

・$(t+1)$期に$|d_{ti}|$だけ減少（if $d_{ti} \leq 0$）
・$(t+1)$期にd_{ti}だけ増加（if $d_{ti} > 0$）

ここで，b_{ti}は，$t(t = 1, 2, ..., T)$期の暫定スケジュールにより生じるジョブ$i(i = 1, 2, ..., N)$の仕掛り在庫量であり，c_iは基準状態におけるジョブiの仕掛り在庫量である。

手順3 各ジョブの必要な仕掛り在庫量の増減に応じ，ヒューリスティックス手法を用いて，生産スケジュールの更新を行う（Push型）。スケジュールの更新は，$d_{ti} > 0$となるジョブのうち，以下の優先順位に従って，暫定スケジュールにおいて最も早く順序付けられている$d_{ti} \leq 0$のジョブと置き換える。

［順序に関するジョブの優先順位］
1）生産時間が長い2度塗りジョブ
2）t期において仕掛り在庫が少ないジョブ
3）全生産量に対してその割合が高いジョブ

そして，得られたスケジュールを暫定スケジュールとする。

手順4 生産計画期の終了まで手順2，3を繰り返す。

手順1における暫定スケジュールの形成は，できる限り組立ラインのジョブ投入順序とのズレが少なくなるように，すなわち，後工程への納期遅れの最少化を目指して，最適化問題として扱われるのが一般的である。こうした最適なスケジュールを形成する最適化手法は，その最適化問題のモデルに応じて，多くの研究者により膨大な手法が紹介されている［16］［17］［18］。その中から，

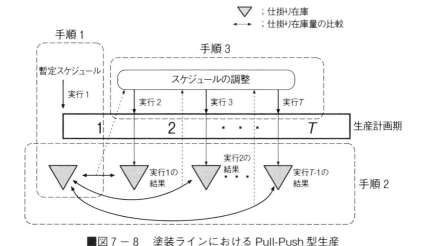

■図7-8　塗装ラインにおけるPull-Push型生産

近似最適化手法の一つである局所探索法（LS: Local Search）[19]を用いて暫定スケジュールを形成する場合について紹介する。

局所探索法における近傍は，ジョブ一つに対する挿入近傍とする。また，過去の組立ラインにおけるジョブの投入順序パターンに対して，納期遅れが生じない仕掛り在庫量を評価基準として，解（スケジュール）の評価を行う。

以下に局所探索法を用いた暫定スケジュールと納期遅れが起きない仕掛り在庫量の形成アルゴリズムを示す。

Step 1 任意のスケジュール S を形成し，過去の組立ラインにおけるジョブ投入順序パターンと比較し，納期遅れが起こらない仕掛り在庫の量 B を求める。また，$m := 1$，$S^* := S$，$B^* := B$ とおく。ここで，m は解（スケジュール）の更新回数，S^* は暫定スケジュール，B^* は暫定仕掛り在庫量である。

Step 2 もし $m = M$ の場合，Step5 へいく。

Step 3 スケジュール S の挿入近傍 S' を形成し，Step1 と同様に S' において納期遅れが起こらない仕掛り在庫量 B' を求める。

Step 4 もし，$B' < B^*$ の場合のみ，$S^* := S'$，$B^* := B'$ とおき，$m := m+1$，$S := S^*$ とし，Step2 へ戻る。

> **Step 5**　S^* を暫定スケジュール，B^* を仕掛り在庫量とし，終了する．

　本節では，生産リードタイムが異なる工程間において，後工程に対する納期遅れを抑えながら仕掛り在庫を少なくするPull-Push型生産の適用例をあげた．その例を用い，JIT生産が目指す生産の効率化を実現する手法として，スケジューリング機能を前工程に付加するPull-Push型生産が有効に機能することを示した．さらに，生産リードタイムが異なる工程間における他の組合せに対しても（例えば，前工程の生産リードタイムに比べて後工程の生産リードタイムが長い場合），スケジューリング機能の評価値がその工程間の生産状況に合わせて変更できれば，JIT生産と同様な効果が期待できる．

7.3　平準化生産におけるPull-Push型生産

　JIT生産は，全工程が必要最低限の在庫を維持することにより生産に対するムダを排除し，生産コストの低減をめざす生産方法である［5］［20］．また，この生産方式では，工程間の平準化生産を維持することが必須になっている．ここで，平準化生産とは，前章で述べたように毎期の品種，その生産量，生産するタイミングを常に一定にし，各工程の生産負荷のバラツキを抑えるJIT生産の構成要素である．平準化生産に関する研究としては，組立ラインとそれに部品を供給するサブラインの間において，品種とその生産量の平準化を考慮した混合品種組立ラインでの品種の投入順序を決定する手法に関する研究など［21］［22］［23］［24］があげられる．また，作業者の作業遅れによるライン停止などを考慮した最適投入順序付け問題も研究されている［25］［26］．しかし，組立ラインを除いた生産工程において，機械故障などの原因で生産に支障（以下，「異常状態」と呼ぶ）が生じ，工程間の平準化生産が崩れた場合，その平準化生産を再び取り戻して維持することに関する研究は少ない．そういう異常状態の発生による生産システムの環境変化に対する柔軟性を高めるために，再スケジューリングなどの生産管理面を強化する試みがある［27］が，しかし，その試みは，各工程の生産行為がその後工程の生産状況に依存するJIT生産の体系下では，合理的な対応策として不十分である．さらに，生産環境の変化が

生じるたびに再スケジューリングなどを行うことは生産管理面において負荷がかかる。

一方，JIT生産の環境下で平準化生産を維持する方法について述べると，端的には以下のようになる。ある工程において平準化生産が維持されている状態から機械故障や作業遅れなどによる生産停止が生じた場合には，当該工程とその前後の工程間で平準化生産が崩れる。こうした生産の異常状態による影響をできるだけ少なくするために，全工程がその異常状態によって生じる生産停止時間を自工程においても遊休時間とすることにより工程間の生産バランスを取り，平準化生産を維持する。しかし，この場合には，全工程で生じる生産の遊休時間により生産コストが高くなる。

そこで，本節では，JIT生産における組立ライン以外の工程間において，平準化生産が維持されている状態（以下，「平衡状態」と呼ぶ）から設備故障などによりその平衡状態が崩れた場合，システム全体の生産コストを抑えながら平衡状態を保つ手法として，Pull-Push型生産の概念を用いる。その基本的な考えは，後工程に異常状態が生じ，前工程に生産指示を出せない場合，その前工程は後工程の生産指示なしでも生産行為を行うということである。それにより前工程の生産設備などの有効利用ができ，システム全体の生産コストを抑えながら平準化生産の維持が可能である。ここで，前工程での生産体系は，後工程からの生産指示による生産が基本になる（Pull型）が，後工程が異常状態である場合には，生産システム全体における生産コストを考慮して，後工程からの生産指示なしでも生産行為（Push型）を行う。

以下では，まず，JIT生産の環境下で，異常状態時に発生する生産コストに関する定式化を行った上で，Pull-Push型生産の概念を用いて，その生産コストを極力抑える平準化維持手法を示す。

7.3.1 異常状態を考慮した生産システムのモデル化

JIT生産の生産環境下で前後工程が1対1の対応関係にあるモデルをここでの対象とする[28][29]。このモデルの最大の特徴は，工程における異常発生をも考慮しているということである。

(1) 対象システムに関する仮定

本システムでは，工程に異常状態が発生しうることを前提にいくつかの条件を仮定する。主なものは以下の通りである。

1) すべての工程間では平準化生産が達成されているものとし，ジョブの作業順序はすべての工程で同じとする（フローショップ型）。
2) 工程間の生産指示およびジョブの運搬に要する時間は無視できるものとする。また，前工程は後工程の生産指示により生産を始め，生産指示がない場合には生産を行わない。すなわち，基本的にPull型生産を行う。
3) 異常状態の発生は，各工程の設備故障などによるものとする。
4) 異常状態からその復旧に要する時間は既知とする。

(2) 記号の定義

本節では，以下の表記を用いる。すなわち，記号の定義をあらかじめ示すと下記のようになる。

t ：生産期($=1, 2, ..., T$)

k ：生産工程($=1, 2, ..., K$)

$O_t^{(k)}$：生産期 t の工程 k から工程 $k-1$ への生産指示

$d_t^{(k)}$：生産期 t の生産指示 $O_t^{(k+1)}$ に対する工程 k から工程 $k+1$ への完成ジョブ

$F_t^{(k)}$：生産期 t に工程 k で異常が発生した場合，工程 k で生じる生産停止時間

F_t ：生産期 t にある工程で異常が発生した場合，その影響で生じる全工程の生産停止時間

$I_t^{(k)}$：生産期 t にある工程が異常状態の場合，その影響で生じる工程 k の遊休時間

I_t ：生産期 t にある工程が異常状態の場合，その影響で生じる全工程の遊休時間

$M_t^{(k)}$：生産期 t に工程 k で在庫が維持される時間

M_t ：生産期 t に生じた在庫を生産計画期間末まで維持した場合の維持時間，

すなわち，生産期 t に後工程の生産指示なしで生産した場合に生じる在庫が生産計画期間末まで維持される時間

(3) 単一ジョブモデルと平準化生産

各工程の前後の工程がそれぞれ一つであり，その生産対象ジョブが全工程を通じて 1 種類である「単一ジョブモデル」を図 7 - 9 に示す。図 7 - 9 において，工程 k はその後工程である工程 $k+1$ からの生産指示を受けて指示分だけ生産し，後工程に供給する。また，工程 k は，生産に必要なモノについてその前工程 $k-1$ に生産指示を出す。こういった工程間の生産指示情報とモノのやりとりを，分散的に行う。たとえば，図 7 - 9 に示すように，工程 1 と工程 2 の間，または，工程 k と工程 $k+1$ の間のやりとりは，全工程において分散的である。

また，図 7 -10 に，単一ジョブモデルにおける平準化生産が維持されている状態，平衡状態をガントチャート（Gantt chart）で示す。ここで，縦が工程を，横が時刻を表す。図 7 -10 では，工程 $k+1$ から生産期 t における生産指示 $O_t^{(k+1)}$ が工程 k に到着すると同時に，工程 k は，自分の前工程 $k-1$ に生産指示 $O_t^{(k)}$ を出す。その次に，生産期 $t-1$ における工程 $k-1$ から供給されたジョブ $(d_{t-1}^{(k-1)})$ を用いて生産し，完成したジョブを工程 $k+1$ に供給する $(d_t^{(k)})$。また，工程 $k+1$ は，工程 k から供給されたジョブを用いて自分の後工程（工程 $k+2$）の生産指示に対応する。

こうした生産の平衡状態による平準化生産が維持できれば，各工程では遊休時間も仕掛り在庫も生じない。

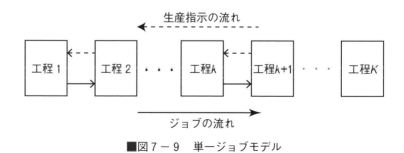

■図 7 - 9　単一ジョブモデル

第Ⅱ部　資源循環システムにおけるJIT生産の役割

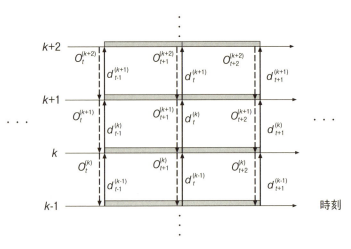

■図7-10　単一ジョブモデルにおける生産の平衡状態（平準化生産）

(4) 異常の発生と平準化生産の維持

図7-10の平衡状態からある工程で異常が発生し，平準化生産が崩れた場合，JIT生産下での生産システムでは，図7-11のように平準化生産を維持する。すなわち，異常発生の工程を除いた全工程が異常状態により生じる生産停止時間分だけ，生産を止め，再び平準化生産を維持する。これは，各工程がそ

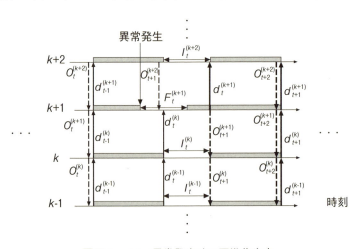

■図7-11　異常発生時の平準化生産

れぞれの後工程からの生産指示なしでは生産しないというJIT生産によるものである。たとえば，図7－11に示すように，工程$k+1$で異常が発生し，工程$k+1$はある時間の間（$F_t^{(k+1)}$；工程$k+1$の生産停止時間）に生産ができないとすると，生産システム全体においていったん平準化生産が崩れるが，しかし，全工程がその停止時間の間に生産行為を行わない（図7－11では，$I_t^{(k+2)}$, $I_t^{(k)}$, $I_t^{(k-1)}$の遊休時間）ことにより再び平準化生産が保たれる。この場合，全工程で生じる生産停止時間または遊休時間を平準化生産の維持にかかる時間的なコストと捉え，そのコストを単一ジョブモデルの「平準化生産維持コスト」（CS）と呼び，式（7.6）で与える。

$$CS = \alpha F_t, \quad \forall t \tag{7.6}$$

ここで，αは，生産停止時間におけるコスト係数である。また異常が発生した工程の生産停止時間と各工程の遊休時間は等しいことから，t期における全工程の停止時間F_tは式（7.7）として与えられる。

$$F_t = F_t^{(k+1)} + \sum_{i=1, i \neq k+1}^{K} F_t^{(i)} = KF_t^{(k+1)}, \quad \forall k, \forall t \tag{7.7}$$

7.3.2　Pull-Push型生産を用いた平準化生産 [28] [29]

この項では，平準化生産の状態から異常状態になった場合におけるPull-Push型生産を用いた平準化生産維持手法について示す。その基本的な考え方は，各工程が平準化生産を維持する際に，場合により異常状態でも生産行為を行うことである。すなわち，平準化生産の維持に伴うコスト（仕掛り在庫の維持コストと遊休コスト）が少なくなるように，異常状態で生産を行わない行為（Pull型）と，その状態でも生産行為を行うこと（Push型）を併用する手法である。

たとえば，ある工程の異常により平準化生産が崩れた場合，異常発生工程の前工程は，その異常状態を考慮した上で（Pull型）少ないコスト（仕掛り在庫の維持コストと遊休コスト）で平準化生産を維持するために，生産開始時刻を決め後工程に対する生産を前倒して行う（Push型）。ここで，生産開始時刻を

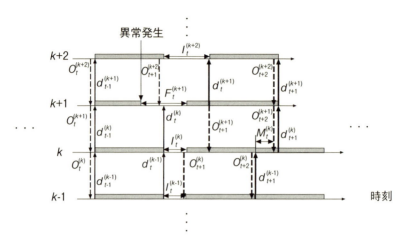

■図7-12 Pull-Push型生産概念による平準化生産の維持

決めることは極めて重要である。生産開始を早めれば，仕掛り在庫による在庫維持コストが高くなり，遅くなると生産遊休によるコストが高くなる。この二つのコストを十分に考慮した上，生産開始時刻を決定する必要がある。以下，生産開始時刻の決定に関する定式化を行った上で，平準化生産を維持する手法の手順について述べる。

図7-12に示すように，工程kが，工程$k+1$の異常により発生した生産停止時間のある時刻から，工程$k+1$からの生産指示なしで生産を開始することで，工程kの上流工程間の生産バランスとその下流工程間の生産バランスを維持することができる。この場合，平準化生産維持に関するコストの定式化を以下に示す。まず，t期における全工程の遊休時間I_tは，工程kを含むその上流工程の遊休時間と，工程kを除いたその下流工程の生産停止時間との和で与えられる（式(7.8)）。

$$I_t = \sum_{i=1, i \neq k+1}^{K} I_t^{(i)} + F_t^{(k+1)} = kI_t^{(k)} + (K-k)F_t^{(k+1)}, \quad \forall k, \forall t \quad (7.8)$$

ここで，工程$k+1$の下流工程では，異常状態である工程$k+1$からモノが供給されないため，生産ができない。結果的に，下流工程での遊休時間は工程

$k+1$ の生産停止時間と同じである。

それとは別に，異常状態が発生した工程 $k+1$ の前工程 k では，後工程の生産指示なしで先に生産行為を行うために仕掛り在庫が生じる。その仕掛り在庫が工程 k に留まる時間は，生産停止時間に生産した生産期から生産計画期間が終わるまでである。したがって，生産期 t に生じた仕掛り在庫が生産計画期間末まで維持される時間 M_t は，式（7.9）で与えられる。

$$M_t = (T-t+1)M_t^{(k)}, \quad \forall k, \ \forall t \tag{7.9}$$

したがって，式（7.8），(7.9) により異常状態から平準化生産を維持する（図 7 - 12）のにかかる総費用（Z）を最小化する生産開始時刻の決定に関する定式化は次のように行われる（式（7.10）～式（7.13））。

$$Min \quad Z = \alpha I_t + \beta M_t, \quad \forall t \tag{7.10}$$

s.t.

$$Z \leq CS \tag{7.11}$$

$$F_t^{(k)} = I_t^{(k)} + M_t^{(k)}, \quad \forall k, \ \forall t \tag{7.12}$$

$$I_t^{(k)}, \ M_t^{(k)} \geq 0, \quad \forall k, \ \forall t \tag{7.13}$$

式（7.10）は，目的関数[2]であり，遊休コストと生産行為による仕掛り在庫の維持コストの和として与えられる。ここで，α は生産停止時間に関するコスト係数であり，β は仕掛り在庫の維持に関するコスト係数である。また，式（7.11）は，生産停止時間に生産行為を行うことにより生じる総費用（Z）が，JIT生産の環境下での平準化生産維持コスト（CS）を超えないという制約である。式（7.12）は，生産停止時間，遊休時間，仕掛り在庫の維持時間，以上の三つの関係を表す。式（7.13）は非負条件である。決定変数は，生産期 t における工程 k の遊休時間 $I_t^{(k)}$ であり，最適な $I_t^{(k)}$ が決まれば，工程 k での最適な生産開始時刻が決められる。すなわち，工程 k は，生産期 $t-1$ の生産が終わった時刻から最適な $I_t^{(k)}$ が過ぎた時刻を最適な生産開始時刻とする。以下に，Pull-Push型生産を用いた平準化生産維持手法の手順について示す。

> **手順1**　生産期tに工程$k+1$で異常が発生した場合，工程$k+1$は，生産期$t+1$に工程kへ出す生産指示の代わりに，異常により延びる現在生産中のジョブの生産完了時刻を異常発生情報として伝える（Pull型）。
>
> **手順2**　工程kは，その情報と自工程の生産期$t-1$までの仕掛り在庫に関する情報を用いて，生産行為を行った場合の総費用について最適化問題として定式化を行う。
>
> **手順3**　最適生産開始時刻決定アルゴリズムを用いて総費用が最小になる生産開始時刻を決定し，その時刻から生産を始める（Push型）。

手順3で用いる最適生産開始時刻決定アルゴリズムを以下に示す。これは4つのStepからなる。

> **Step 1**　$I_t^{(k)} := F_t^{(k)}$とし，そのときのZを$C_{min}(=CS)$に初期化する。
>
> **Step 2**　$I_t^{(k)} := F_t^{(k)} - A$とし，$Z$を計算する。ここで，$A$（$\leq F_t^{(k)}$）は，非負の時間単位の値である。
>
> **Step 3**　もし$Z < C_{min}$ならば，$C_{min} := Z$とし，そのときの$I_t^{(k)}$を最適停止時間$I_t^{(k)*}$とする。そうではないならば（$Z \geq C_{min}$），$A := A + \gamma$とし，Step2へ。ここで，γは，非負の時間単位の値である。
>
> **Step 4**　もし$I_t^{(k)} = 0$ならば，現時点の$I_t^{(k)*}$を用いて最適生産開始時刻h^*を求め，終了する。もし$I_t^{(k)} > 0$ならば，$A := A + \gamma$とし，Step2へ。

上記の単一ジョブモデルを拡張して，各工程が多くの異なるジョブを扱うモデル（以下，「多ジョブモデル」と呼ぶ）を図7-13に示す。このモデルにおける生産指示とそのジョブの流れは，単一ジョブモデルと同様である。工程kは，前工程$k-1$からのそれぞれの完成ジョブ（ジョブ1～ジョブJ）を用いて後工程$k+1$の生産指示に対応する。

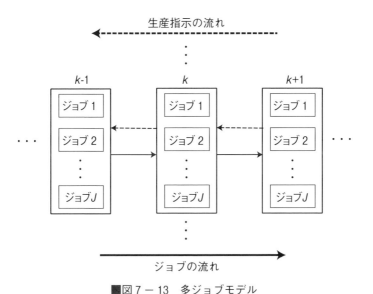

■図7-13 多ジョブモデル

多ジョブモデルにおいて各工程が平準化生産を維持する模様を図7-14に示す。図7-14では，生産ジョブを三つにした場合（$J=3$），工程kにおいて生産期tに工程（$k+1$）（工程kの後工程）からのジョブ1の生産指示$O^{(k+1)}_{1,t}$が到着すると，工程kは，工程（$k-1$）（工程kの前工程）にジョブ2の生産指示$O^{(k)}_{2,t-1}$を出す。同時に，期（$t-1$）の工程（$k-1$）へ出したジョブ1の生産指示$O^{(k)}_{1,t-1}$に対して供給された$d^{(k-1)}_{1,t-1}$を用いて$O^{(k+1)}_{1,t}$に対応する。こうして各工程が生産期ごとに生産ジョブに対して順々に生産を行うことにより工程間の平準化生産が維持できる。

図7-14に示した多ジョブモデルにおいてシステム内に異常が発生し，平準化生産が崩れた場合にも，上記の単一ジョブモデルの場合と同様な平準化生産維持手法のプロセスに従ってPull-Push型生産を適用すれば，システム全体における生産コストを極力抑えながら，平準化生産を維持することが可能である。

本節では，平準化生産の状態からシステム内部の異常発生によりその状態が崩れた場合において，Pull-Push型生産の概念を援用した平準化生産維持手法により少ない生産コストで効率よく平準化生産を保持することが可能であるこ

第Ⅱ部　資源循環システムにおけるJIT生産の役割

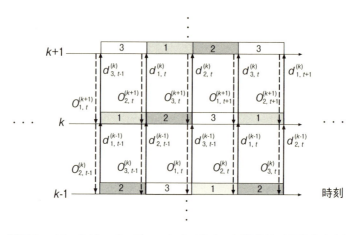

■図7－14　多ジョブモデルにおける生産の平衡状態（平準化生産）

とを示した．さらに，二つのモデルの例（単一ジョブモデル＆多ジョブモデル）で示したように，生産システム内のあらゆる異常状態に対しても，Pull-Push型生産に基づいた平準化生産維持手法を適用することによりJIT生産の前提条件である平準化生産を維持することが期待できる．

7.4　全体最適化手法としてのPull-Push型生産

　従来の製造業では，投入資源効率を考えて機能単位での原価削減による部分最適化を行ってきた．しかし，部分最適化では，調達，製造，販売など，個々の業務機能のみの効率性をあげるため，各業務機能間の能力のバランスが崩れる場合には，システム全体において多量の在庫や納期遅れなどの不効率性が生じる場合がある．さらに，近年，消費者ニーズの多様化に伴い，各製品の多品種化や他の製品との差別化が進んでいる中で，より一層，競争が激化した市場において利益を上げるためには，顧客の要求に対して迅速に対応することが重要となっている．こういった製造環境から，製造業では，従来の部分最適化から全体最適化へのアプローチの転換が求められている．全体最適化とは，業務機能システム全体に渡って利益を生み出す速さ（スループット）を重要視した考え方である．この全体最適化の下で，生産システム全体の効率性を図る一つ

の手法としてTOC（Theory of Constraints）が広く知られている［30］［31］［32］［33］［34］。TOCは，制約工程の特定とその活用などの継続的な改善を通じてシステム全体のスループットを増加させる。また，プロジェクトを実行する際に，TOCを応用する方法としてTOC-PM（TOC-Project Management, またはCCPM: Critical Chain Project Managementとも呼ぶ）がある［35］［36］［37］。TOC-PMは，企業の中で最も小さいビジネスユニットであるプロジェクトにおいて，継続的な改善を行うように働きかける点で有用である。現代はスピード経営時代またはアジル経営時代と称され，企業は変化の激しい市場環境に適応するべく，迅速な対応が必要である。

生産システムにおいてTOCを効率良く実施するためのスケジューリング手法として，制約工程を特定し，それを最大限に活用するスケジュールを策定するDBR（Drum Buffer Rope）スケジューリング手法がある［38］［39］［40］［41］。しかし，DBRスケジューリング手法では，システム内の多くの工程から制約工程を正確に特定することを含め，製造環境の変化により制約工程が移動した（制約工程が変わる）場合，その対応が極めて困難である［42］［43］［44］［45］。特に，制約工程の特定に誤りが生じ，制約工程の生産能力よりも高い能力の工程に基づいてスケジュールが策定された場合，それに従ってすべての工程が生産を行うことになる。そのため，制約工程では，その生産について行けなくなり，システム内に多くの仕掛り在庫または欠品の増加を招く。さらに，生産環境の変化により制約工程の移動が生じた場合，制約工程を改めて特定し，それに基づいた再スケジューリングが必要である。

こういった製造環境下で，制約工程の特定を必要とする既存のTOCスケジューリング手法では，頻繁な制約工程の特定やそのスケジューリングの負荷によりシステム全体におけるスループットの低下を引き起こす可能性がある。生産システムの全体最適化を実現する上で，制約工程の特定方法やその移動に対する対策が重要であるにもかかわらず，従来の研究を含めて，その試みは極めて少ない。

そこで，本節では，生産環境の変化に対する柔軟性を保ちながら生産システムの全体最適化を図るために，既存のTOCスケジューリング手法であるDBRスケジューリング手法の代わりにPull-Push型生産の概念を援用した新たな

TOCスケジューリング手法（Pull-Push型スケジューリング手法；以下，PPSと呼ぶ）を提示する。PPSは，Pull型生産とPush型生産のそれぞれの特徴を同時に生かしたTOCスケジューリング手法である。PPSでは，各工程が後工程引取り後補充生産の製造環境下（Pull型）で，自工程の生産状態も考慮してスケジューリングを行う（Push型）。それにより各工程は従来のTOCスケジューリングでは前提になっている制約工程の特定を行わずに，生産システムの全体最適化を図ることが可能である。

7.4.1 システムモデル

この節では，まず，Pull-Push型生産の適用における対象となる生産システムについて述べた上で，そのシステムにおいて全体最適化の評価に関する指標を与える。本節で対象とする生産システムは複数の製造工程で多品種生産を行うフローショップ型とする（図7-15）。

(1) 対象システムに関する仮定

対象生産システムでは，各工程が前工程からの仕掛り品を用いて生産し，生産した仕掛り品または製品を後工程または市場に流す。対象生産システムに関する主な条件を以下のように仮定する。

1) すべての品種は，工程1→工程2→…の順に処理される。
2) 各工程には，各品種の生産に必要な部品を供給するサブ工程があり，その部品供給量は一定とする。
3) 各工程における各品種の生産にかかる作業時間は既知とし，工程ごとに異なる。
4) 品種の違いは，生産に使用する部品数と作業時間で区別する。
5) 各工程の生産能力は，作業可能時間で決められ，製造環境により変化するものとする。
6) 各工程の能力（以下，工程能力と呼ぶ）は，工程の生産能力とサブ工程からの部品供給能力によって決められる。
7) 生産システム全体において，工程能力が最も低い工程を制約工程とする。

ただし，システム内の制約工程は一つのみとする。
8) 工程間において，各品種の生産に必要な仕掛り在庫があり，その取出しに関する順序は自由とする。

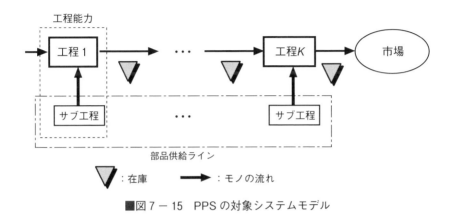

■図7－15　PPSの対象システムモデル

(2) 記号の定義と評価式

　TOCにおける全体最適化，すなわち，生産システムのスループットの最大化を図るためには，需要に対して一つでも多くの製品を素早く市場に供給し，利益を生む回数を上げることが必要である。その必要性から，生産システム全体において仕掛り在庫を低減し，製品フローを円滑に行い，生産リードタイムの短縮や納期を遵守することが重要である。そこで，生産システムにおける全体最適化の評価尺度として，仕掛り在庫が工程内に滞留している時間（生産リードタイム）と製品販売の機会損失による損失額（納期遅れ）を考慮した評価式（式（7.15））とそれに関わる記号を以下に与える。

i：品種（$i = 1, 2, ..., I$）
k：工程（$k = 1, 2, ..., K$）
D_i：市場からの品種iの需要量
S_i：生産システムから市場へ供給可能な品種iの量（供給量）
IP_k：工程kにおける全品種の仕掛り在庫量
CP：制約工程における全品種の生産量

DT: 市場からの需要により生じる全工程における生産指示間隔
$PS_{k,i}$: 工程 k における品種 i の生産開始時刻
$PE_{k,i}$: 工程 k における品種 i の生産完了時刻
$PT_{k,i}$: 工程 k における品種 i の生産時間
F_1: 全品種が生産システムに滞留する時間（滞留時間）の実際値
F_1^*: 滞留時間の最良値
F_{1*}: 滞留時間の最悪値
F_2: 機会損失による損失額の実際値
F_2^*: 損失額の最良値
F_{2*}: 損失額の最悪値
p_i: 品種 i の 1 個当りの販売利益

$$\text{評価値（達成度）} = w \times \frac{F_{1*} - F_1}{F_{1*} - F_1^*}$$
$$+ (1-w) \times \frac{F_{2*} - F_2}{F_{2*} - F_2^*} \quad (7.14)$$

$$F_1 = \sum_{i=1}^{I} (PE_{K,i} - PS_{1,i})/I \quad (7.15)$$

$$F_1^* = \sum_{k=1}^{K} \left(\sum_{i=1}^{I} PT_{k,i}/I \right) \quad (7.16)$$

$$F_{1*} = \sum_{k=1}^{K} \left(\sum_{i=1}^{I} PT_{k,i}/I \right)$$
$$+ DT \times \max_{k} (IP_k/CP) \times K \quad (7.17)$$

$$F_2 = \sum_{i=1}^{I} p_i \max[0, D_i - S_i] \quad (7.18)$$

$$F_2^* = 0 \quad (7.19)$$

$$F_{2*} = \sum_{i=1}^{I} (p_i \times D_i) \quad (7.20)$$

式 (7.14) は，滞留時間と損失額に対して同じ次元で評価するために無次元化[3]した式である．ここで，$w(0 \leq w \leq 1)$ は，重みである．式 (7.14) の第一，二項は，滞留時間に関する達成度と機会損失に関する達成度をそれぞれ示す．滞留時間の実際値 (F_1) は，全品種において，最終工程 ($k = K$) の生産完了時刻 ($PE_{K,i}$) から最初工程 ($k = 1$) の生産開始時刻 ($PS_{1,i}$) を引いた各々の値の合計から，品種の平均値として与える（式 (7.15)）．式 (7.16) は，滞留時間の最良値 (F_1^*) であり，生産システム内に仕掛り在庫が一つも存在しないことを想定している．すなわち，生産システム全体の滞留時間の最良値を，各工程における品種の平均生産時間のみの総和で与える．式 (7.17) は，滞留時間の最悪値 (F_{1*}) であり，全工程内で品種が処理される平均生産時間の総和 (F_1^*) と仕掛り在庫として工程内に留まる時間との合計である．ここで，仕掛り在庫として工程内に留まる時間は，全工程における最大仕掛り在庫量を制約工程での生産可能量で割った値 ($max_k(IP_k/CP)$) に生産指示間隔 (DT) と工程数 (K) をかけた値として与えられる．式 (7.18) は，機会損失による損失額の実際値 (F_2) であり，各品種の需要量 (D_i) から供給量 (S_i) を引いた量に品種別の販売収益 (p_i) をかけた値の合計で与える．式 (7.19) は，損失額の最良値 (F_2^*) であり，市場からの需要に対してすべて供給可能であることを想定して，機会損失が出ない値である 0 とする．式 (7.20) は損失額の最悪値 (F_{2*}) であり，需要をすべて満たせなかった場合に生じる損失として与える．なお，機会損失そのものは第 I 部の第 1 章でも既に説明されている．

7.4.2 Pull-Push型スケジューリング手法 (PPS)

生産システムの全体最適化を目指す提案としてのTOCスケジューリング手法は，大きく二つの手順で成り立つ．まず，生産システム内の各工程では，生産すべき品種と量を制約工程の能力に合わせるために，Pull-Push型生産の生産ルールに従ってその生産すべき品種と量を定める．次に，それらに基づいて生産システム全体の最適化を考慮したスケジュールを策定する．以下，Pull-Push型生産の概念を用いたPull-Push型スケジューリング手法について具体的に述べる．

(1) Pull-Push型生産

　Pull-Push型生産は，Pull型生産とPush型生産の特徴を同時に持ち，自工程と前工程の効率（Push型の目的；稼働率など）と後工程の効率（Pull型の目的；市場（後工程）からの需要の対応など）を同時に高め，生産システム全体の効率を引き出す生産手法である。Pull-Push型生産では，Pull型生産により市場要求を反映した生産指示情報が生産システム内の最終工程を通じて全工程へ順次伝えられ，各工程は，後工程からの生産指示情報と自工程と前工程のそれぞれの工程能力を考慮した上で，生産調整を行う。

　以下にPull-Push型生産における詳細な生産ルール（図7－16）を示す。

（手順1）　工程kは，工程kの後工程$k+1$から生産指示（品種別の生産量）が来たとき（実際は，工程kと$k+1$の間にある仕掛り在庫が取られたとき），その指示（①），工程kの工程能力，工程kの前工程$k-1$からの供給能力（②；工程kと$k-1$の間にある仕掛り在庫）の三つから一番低いレベルを工程kの生産すべき品種とその量（③）とする（式(7.21)）。

（手順2）　システムの全体最適化を目指して，手順1で決められた品種別の生産すべき量を対象にスケジュールを形成する。

（手順3）　形成されたスケジュール（④）に従って実際に生産を行う際に必要な品種とその量に対して，工程$k-1$に生産指示を出す（⑤）（実際は，工程kと$k-1$の間にある仕掛り在庫を取る）。

（手順4）　スケジュール（④）に従って生産し，その完成された仕掛り品を工程kと$k+1$の間にある仕掛り在庫の置き場に置く。

$$Min\{O_{k+1,i}, H_{k,i}, I_{k-1,i}\}, \quad \forall k,i \qquad (7.21)$$

　上記の手順1において，各工程が品種別の生産すべき量を決める基準として，式(7.21)を与える。ここで，$O_{k+1,i}$は，工程$k+1$から工程kへの品種iの生産指示量を，$H_{k,i}$は，工程kにおける品種iの工程能力（生産可能量）を，$I_{k-1,i}$は，工程$k-1$における品種iの仕掛り在庫量をそれぞれ意味する。

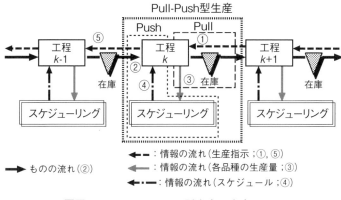

■図 7 − 16　Pull-Push 型生産の生産ルール

式（7.21）は，品種 i における工程 $k+1$ から工程 k への生産指示量（$O_{k+1,i}$）と，工程 k の工程能力による品種 i の生産可能量（$H_{k,i}$）と，工程 $k-1$ からの品種 i の仕掛り在庫量（$I_{k-1,i}$）の三つから，一番少ない値を選択することを意味する。

　Pull-Push 型生産の生産ルールにより工程 k は常に三つの工程（$k-1, k, k+1$）の中から一番低い工程能力に合わせて生産することになる。すなわち，各工程が実際に生産する品種とその量は，自工程の工程能力と関係なく，前工程（$k-1$），自工程（k），後工程（$k+1$）の三つの工程から，制約工程となる工程の工程能力に同定される。さらに，こういったルールをシステム全体において，下流工程から上流工程に向けて順次に実施することにより各工程の生産は，意識せずに生産システム内の制約工程の工程能力に従属される。したがって，Pull-Push 型生産により既存のTOCスケジューリング手法で求められる制約工程の特定を行わなくても，全工程は制約工程の能力に合わせて生産が可能である。

(2) Pull-Push型スケジューリング手法

　上記の手順2において，各工程では，三つの工程のそれぞれの生産能力を調べて，生産すべき品種とその量を求め，それらに基づいてスケジューリングを行う。その場合，スケジュール形成までの時間が既存のTOCスケジューリン

グ手法より長くかかると予測される。そこで，Pull-Push型スケジューリング手法では，スケジューリング負荷を極力少なくし，実用可能なスケジュールの導出を迅速に行うために，優先規則に従うディスパッチングルール [46] に基づいたヒューリスティック手法を用いる。その優先規則としては，生産システムにおける全体最適化の評価式（式 (7.14)）を考慮して，利益優先の「品種選択ルール」と，納期優先の「納期ズレ最小ルール」の二つのルールを併用して独自に設定する。

品種選択ルールは，各品種の生産に対して工程能力が限られている中で，需要変動が起こり，各工程の工程能力が需要のすべてに対して対応できない場合において，収益の高い品種を優先的に生産して利益の確保（機会損失の最小化）を目的とするものである。そのために，このルールでは，品種別の販売収益のみを考慮して，生産する品種を選択する。

納期ズレ最小ルールでは，各品種が仕掛り在庫としてシステム内に滞留する時間を短くするために，納期余裕を最小にすると同時に，後工程からの生産指示に対して納期遅れも少なくなるように，各品種の生産順序と生産開始時刻を決める。このルールにより各工程は短い滞留時間を維持しながら欠品を防ぎ，機会損失を抑えることが可能である。

スケジューリング手法においては，まず，手順1で決定された各品種の生産量の中から品種選択ルールを用いて，最も大きな収益が得られる品種を選択する。次にそれらの品種について，納期ズレ最小ルールに従い納期ズレが最小になるように生産順序と開始時刻を求める。以下に，Pull-Push型生産の概念下で，上記の二つのルールを用いた新たなTOCスケジューリング手法であるPull-Push型スケジューリング手法の6ステップからなる全体的流れ（図7－17）を示す。

Step 1　各工程は後工程からの生産指示情報の有無によりスケジューリングを行うかを判断する。指示がある場合はStep2へ。ない場合はStep6へ。

Step 2　後工程からの生産指示量，前工程から引取り可能な仕掛り在庫量，自工程の生産可能量の三つの中から，一番低い値に基づいて生産すべき品種とその量を決める（式 (7.21)）。

Step 3　生産すべき品種とその量に対して，品種選択ルールと納期ズレ最小ルールを用いてスケジュールを形成する。

Step 4　形成されたスケジュールに基づいて生産を行う際に必要な仕掛り品に対して，前工程に生産指示を出す（実際は仕掛り在庫を取る）。

Step 5　形成したスケジュールに従って生産を行い，その完成仕掛り品を自工程と後工程の間にある在庫置き場に置く。

Step 6　時刻 t を進め（$t = t + f_{time}$），$t \geq T$（T：生産計画完了時刻）であれば，終了。そうではない場合はStep1へ。

本節では，TOCスケジューリング手法として，従来用いられているDBRスケジューリング手法の問題点，すなわち，環境の変化によって制約工程が移動したり，制約工程の特定が困難になることを取り上げ，その解決案としてPull-Push型生産の概念を援用したTOCスケジューリング手法（Pull-Push型スケジューリング手法）を提示した。Pull-Push型スケジューリング手法では，需要または後工程の生産指示に合わせて生産を行うPull型生産と，自工程や前工程の生産能力を考慮して生産を行うPush型生産の相反する特徴を両立させる

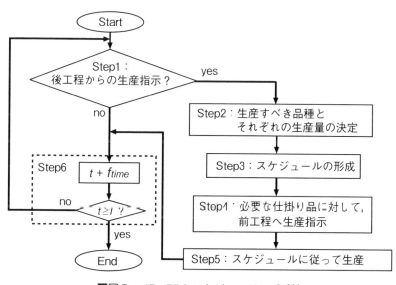

■図7-17　PPSスケジューリング手法

ことにより全工程が制約工程を特定せずに、その制約工程の能力に合わせた生産が可能である。また、Pull-Push型スケジューリング手法の長所として、1. 全体最適化を進める上で有効なTOCスケジューリング手法であること、2. 生産システムの内部の原因による制約工程の移動や市場からの需要の変化に対して、新たな制約工程の特定や再スケジューリングの手間なしで、柔軟に対応可能であることが指摘できる。

■注
1) 2度塗りジョブは、1度塗りジョブより生産時間が長い。また不良品は、不良がない場合に比べ、手直しにかかる時間だけその生産時間が長くなる。
2) 問題を簡単にするために、前期まで生じた仕掛り在庫が生産計画期間末まで維持される時間は考慮しない。
3) 異なる単位(次元)を持つ数を数値計算するための手法。基準となる定数との比率で表すことで単位を持たない数(無次元数)として同じ計算式で扱えるようになる。

■参考文献
※ 本文の複数個所に同じ文献番号が付されている場合は、同じ文献、同じページを引用もしくは参考にしている。

[1] 人見勝人 (1990) 生産システム工学 (第2版), 共立出版.
[2] D.Y. Golhar and C.L. Stamm (1991) The Just-In-Time Philosophy: A Literature Review, *International Journal of Production Research*, Vol.29, Issue4, pp.657-676.
[3] H. Groenevelt (1993) *The Just-In-Time System: Handbooks in Operations Research and Management Science*, Vol. 4, Logistics of Production and Inventory, ed. by S.C. Graves, A.H.G. Rinnoy Kan and P.H. Zipkin.
[4] Y. Monden (1994) *Toyota Production System: An Integrated Approach to Just-In-Time*, 2nd ed., Chapman & Hall.
[5] 門田安弘 (1991) 新トヨタシステム, 講談社.
[6] 小谷重徳 (1983) 信号かんばんによるロット工程の運用とその稼働特性の解析, トヨタ技術, 第33巻1号, pp.21-30.
[7] 柳在圭・清水良明 (2003) JIT生産の拡張による生産システムの統括的効率化, 日本経営工学会論文誌, 第54巻3号, pp.194-201.
[8] 鳩野逸生・柳在圭・馬野元秀・田村坦之 (1996) ロット工程におけるJIT生産スケジューリングの検討, 第40回システム制御情報学会研究発表講演論文集, pp.521-522.
[9] 柳在圭・鳩野逸生・富山伸司・田村坦之 (1999) JIT生産におけるロット工程のスケジューリング手法, システム制御情報学会論文誌, 第12巻9号, pp.515-521.

［10］J.K. Yoo, I. Hatono, S. Tomiyama and H. Tamura（1997）Scheduling Methods for Lot Production in Multivolume JIT Production Systems, 4th IFAC Workshop on Intelligent Manufacturing Systems: IMS'97, pp.159-164.
［11］木瀬洋（1997）生産スケジューリングの現状と動向，システム/制御/情報，第41巻3号，pp.92-99.
［12］E.L. Lawler（1973）Optimal Sequencing of a Single Machine Subject to Precedence Constraints, *Management Science*, Vol.19, No.5, pp.544-546.
［13］茨木俊秀（1995）組合せ最適化とスケジューリング問題―新解法とその動向，計測と制御―，第34巻5号，pp.340-346.
［14］柳在圭・野口雅史・鳩野逸生・富山伸司・田村坦之（2000）JIT生産を考慮した塗装工程における動的なスケジューリング手法，システム制御情報学会論文誌，第13巻2号，pp.65-71.
［15］柳在圭・野口雅史・鳩野逸生・富山伸司・田村坦之（1998）塗装工程を含んだJIT生産システムにおけるスケジューリング手法，生産スケジューリング・シンポジウム'98 講演論文集，pp.53-58.
［16］清水良明（2010）最適化工学のすすめ―賢い決め方のワークベンチ―，コロナ社.
［17］T. Watanabe, H. Tokumaru and Y. Hashimoto（1993）Job-shop Scheduling using Neural Network, *Control Engineering Practice*, Vol.1, No.6, pp.957-961.
［18］柳浦睦憲・茨木俊秀（2001）組合せ最適化―メタ戦略を中心として，朝倉書店.
［19］柳浦睦憲・茨木俊秀（1995）遺伝的アルゴリズムと局所探索法のロバスト性，生産スケジューリング・シンポジウム'95, pp.79-84.
［20］大野勝久（1996）JIT生産システムにおけるスケジューリング，第40回システム制御情報学会研究発表講演会（招待講演），pp.39-44.
［21］楊文標・田村隆善・藤田精一・大野勝久（2001）ライン長最小化を評価基準としたバイパスをもつ混合品種組立ラインの設計，日本機械學會論文集．C編67（662），pp.3323-3329.
［22］小谷重徳（2007）混合組立ライン投入順序づけ問題の最適解の条件と近似解法，日本経営工学会論文誌，第58巻5号，pp.361-374.
［23］J. Miltenburg and G. Sinnamon（1989）Scheduling Mixed-Model Multi-level Just-in-time Production Systems, *International Journal of Production Research*, Vol.27, Issue9, pp. 1487-1509.
［24］W. Kubiakc（1993）Minimizing Variation of Production Rates in Just-in-time Systems: A survey, *European Journal of Operational Research*, Vol.66, Issue3, pp. 259-271
［25］徐祝淇・平木秀作（1996）生産の平準化と作業遅れを考慮した混合ラインへの投入順序の決定方法，日本経営工学会誌，第46巻6号，pp.615-622.
［26］大野勝久・大竹裕一・趙暁波・木瀬洋（1995）ライン停止を考慮した混合品種組立ラインの順序づけ問題，日本経営工学会誌，第46巻3号，pp.187-193.
［27］M. Asano and H. Ohta（1996）Scheduling with Shutdown and Sequence Dependent

Setup Times under Just-In-Time Environment, *Advances in Production Management Systems'96*, pp. 237-242.
[28] 柳在圭・鳩野逸生・富山伸司・田村坦之（1999）JIT生産における機械故障を考慮した平準化維持手法，システム制御情報学会論文誌，第12巻8号，pp.489-497.
[29] J. K. Yoo, I. Hatono, S. Tomiyama and H. Tamura（1998）A Method of Keeping Production Smoothing in JIT Production Systems with Machine Breakdowns, *Japan-USA Symposium on Flexible Automation'98*, pp. 929-936.
[30] 八木英一郎（2012）制約条件の理論（TOC）に基づく改善に対する一考察，東海大学紀要 政治経済学部，第44号，pp.265-275.
[31] 毛利直博（1999）MRPとTOCスケジューリングに関する研究，スケジューリング・シンポジウム'99 講演論文集，pp.17-22.
[32] 小林英三（2000）制約理論（TOC）についてのノート，ラッセル社.
[33] E.M. Goldratt（1982）*The Goal*, North River Press.
[34] J.W. Kevin, H.B. John, and C.G. Stanley（2007）The Evolution of a Management Philosophy: The Theory of Constraints, *Journal of Operations Management*, Vol.25, Issue2, pp.387-402.
[35] 岡村孝彦・中村政章・脇田尚子（2009）TOC-CCPMによる生産性向上の実現のための条件，プロジェクトマネジメント学会2009年度春季研究発表大会予稿集，pp.350-355.
[36] 朝稲啓太・佐々木俊雄・橋本正明（2008）CCPM手法が提供するバッファーマネジメントの役割，プロジェクトマネジメント学会誌，第10巻2号，pp.22-23.
[37] 建前清美・関哲朗（2006）CCPM法適用プロジェクトにおけるEVM導入の一考察，プロジェクトマネジメント学会誌，第8巻1号，pp.29-32.
[38] 今岡善次郎（1999）図解100語でわかるサプライチェーンマネジメント，株式会社工業調査会.
[39] 木瀬洋（1999）ドラムバッファロープ（DBR）スケジューリングについての一理解，スケジューリング学会スケジューリング・シンポジウム'99 講演論文集，pp.11-16.
[40] Y.M. Tu and R.K. Li（1998）Constraint Time Buffer Determination Model, *International Journal of Production Research.*, Vol.36, Issue4, pp.1091-1103.
[41] E. Schragenheim and B. Ronen（1990）Drum-buffer-rope Shop Floor Control, *Production and Inventory Management Journal*, Vol.31, No.3, pp.18-22.
[42] M.L. スリカンス・M.M. アンブル著，小林英三訳（2001）シンクロナス・マネジメント，ラッセル社.
[43] 村上悟（2001）TOC入門「実践者のための」導入ノウハウ手順，日本能率協会マネジメントセンター，pp.2-13.
[44] 冬木正彦（2001）TOCとDBRスケジューリング，システム制御情報学会誌，第45巻1号解説，pp.16-21.
[45] J.V. Simons, M.D. Stephens, and W.P. Simpson（1999）Simultaneous Versus Sequential Scheduling of Multiple Resources which Constraint System Through-put, *International*

Journal of Production Research., Vol.37, Issue1, pp.21-33.
［46］黒田充・松村健児編（2004）生産スケジューリング，朝倉書店，pp.38-50.

第8章

循環型生産システムへの展開

はじめに

　産業革命以降，製造業においては，大量消費・大量生産・大量廃棄の製造環境を維持してきた。その環境下では，コストの抑制や多様な消費者ニーズの対応など，生産における経済性のみを追求してきた。その反面，それにより引き起こされる様々な環境破壊の問題に対する認識は乏しかった。その結果，環境破壊の発生源や被害がともに非常に広域となり，それらの問題は，社会全体で取り組むべき課題として認識されるようになった [1][2][3][4]。

　こういった認識から，近年では，環境保護に関する様々な法的規制や消費者の環境配慮による製品選択などの親環境的な試みが様々な分野で行われている [5][6]。特に，企業においては，製品の開発から製造，販売までの一連のプロセスの中で，環境に配慮したものづくりに関する責任がより強くなった。さらに，使用済み製品に対する資源の再利用やそれに伴う低環境負荷を目指す試みが求められている [7][8][9][10]。

　このような背景から注目され，研究されてきたのが循環型生産システムである [11]。循環型生産システムとは，従来の原材料の調達から生産を終え消費者への販売といった市場方向の流れ（以下，Forward Logistics：FLと呼ぶ）と，使用済み製品を回収して新規製品の生産に活用するその逆方向の流れ（以下，Reverse Logistics：RLと呼ぶ）から構成される生産システムである。使用済み製品を可能な限り資源として長く再利用することにより製品ライフサイクル全体にわたって環境負荷を低減し，無駄な製造コストを抑制することを目指している。

　循環型生産システムに関する従来の研究は，循環型生産システムの設計と運

用管理 [12] [13] [14] [15] を始め，RLの導入における意思決定問題 [16] [17] やRLの導入に伴うアウトソーシング問題 [18] [19] [20], 不確実性下での使用済み製品に関する消費者の行動やその回収・再生可能量に関する予測問題 [21] [22] [23] など，幅広い観点から行われている。特に，RLの導入に関する意思決定問題の研究は，産業界で循環型生産システムの普及を促し，環境配慮型社会を実現する上で大変重要な研究課題の一つであるにもかかわらず，他の研究課題に比べ実績が少ない。さらに，その大半の研究は，RLの導入の際にメリットになる要因とデメリットになる要因を国や産業別に分類しているに過ぎない。また，多くの企業（メーカー；既存のFLのみを運用している）がこれからRLを導入し循環型生産システムを構築する際に，実際問題として取り上げるべき要因（メリット&デメリット）を総合的な観点から評価し，その評価結果の分析や考察を行うというRL導入に関する意思決定問題の研究は，ほとんどなされていない。すなわち，既存のFLのみの生産システムの環境下で新たにRLを導入し，循環型生産システムを形成する際には，環境負荷の低減のみならず，RL導入により増す新たなシステム運用コストを同時に評価することが望ましい。そのため，循環型生産システムを実際に運用する上で，そのコストに大きく影響を与える生産管理手法が極めて重要な位置付けにある。

そこで，本章では，循環型生産システムの導入に関する意思決定に大きく関わるシステム運用コストを低減するために，当該システムを実際に動かす「生産方式（生産管理手法）」として，第6章で述べたPull-Push型生産の適用可能性について考察する。さらに，実際，循環型生産システムを運用する際に使用済み製品の回収と部品などの再生において大きな制約である不確実性を取り上げ，それを考慮した運用モデルの例をあげる。

8.1 循環型生産システム

循環型生産システムとは，再生可能エネルギーの使用や3R（Reuse・Reduce・Recycle）などの環境負荷低減活動を活用して可能な限り製品の資源および価値の循環を実現することにより製品ライフサイクル全体での環境負荷および製造コストを最小化する生産システムである。この生産システムは，市

場への製品供給のみを行う従来のFLと，使用済み製品を市場から回収し処理を加え再生に用いるRLのプロセスから形成される。モノの循環は，大きく4つの方法で行われる［24］。まず，1「メンテナンス」により製品を点検し，必要に応じて修理を行うことで製品の機能を維持して使い続ける。2「製品再生産」は，市場から回収した使用済み製品を分解し，洗浄後に検査と補修を行った上で同種あるいは類似の製品を作ることである。3「部品リユース」は，第Ⅰ部第1章の第1節（1.1）と第3節（1.3.2）でも言及されているように，使用済み製品を分解して部品を取り出し，検査・洗浄・補修を行った上で，別の製品に使用する方法である。4「材料リサイクル」では使用済み製品などを粉砕し，鉄，非鉄金属，プラスチックなど材料ごとに選別し，素材レベルで再利用を行う。

　図8－1に循環型生産システムにおける「部品リユース」の例を示す。製品組立部門は，新規部品生産部門や部品再生部門からの部品を用いて，製品を製造・販売する。市場からの使用済み製品は，製品回収分門により回収される。そして，部品再生部門が回収された使用済み製品を分解し，再生産に適するように検査・加工を行い，製品組立部門に再生部品として納入する。このとき，再利用できない非再生品は，廃棄されるか資源リサイクルに回される。製品組立部門は，再生部品の納入状況を見て足らない分に対して新規部品から補い，これを繰り返していく。このような使用済み製品からの部品の再利用により資

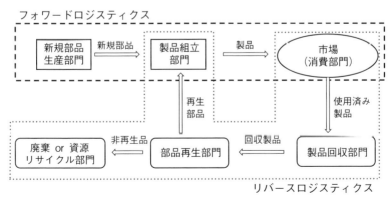

■図8－1　循環型生産システムの一例（部品リユース）

源の節約や廃棄物の減少が可能である。

8.2 循環型生産システムにおけるPull-Push型生産

循環型生産システムを効率よく運用して運用コストを極力少なくするために，このシステムの有用な生産管理手法として，Pull-Push型生産の適用可能性について考察する。まず，対象となる循環型生産システムを一つあげ，そのシステムを構成する各プロセスの一般的な生産，または処理に関する特徴を述べた上で，Pull-Push型生産の適用可能性について議論する。

8.2.1 対象モデル

一般的に，循環型生産システムにおける資源循環としては，大きく4つ（メンテナンス，製品再生産，部品リユース，材料リサイクル）があげられるが，メンテナンス，製品再生産，材料リサイクルの三つの特徴を内包し，かつそれらへの応用が可能な部品リユースの循環型生産システム（図8-2）を検討対象とする。図8-2におけるモノの流れは，図8-1のそれと同様である。ここで，新規部品生産部門や製品組立部門からなる既存のシステムに新たに回収・再生部門や廃棄部門が加わることにより導入コスト（設備コスト＆システム運用コスト）が発生する。

部品リユースの循環型生産システムを構成する主な部門として，新規部品生

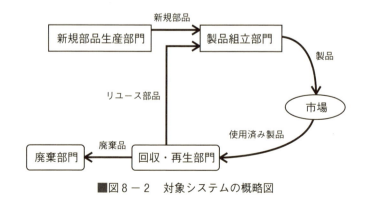

■図8-2　対象システムの概略図

産部門，製品組立部門，回収部門，再生部門，廃棄部門についてそれぞれの生産に関わる特徴を以下に示す．

(1) 新規部品生産部門

新規部品生産部門は，新しい資源を用いて製品生産に必要な部品を製造する部門であり，扱う品種により生産形態が異なると考えられる．たとえば，生産コストにおいて段取り時間が大きく左右する場合は，ロット生産が望ましい．あるいは，在庫維持コストが他のコストと比べて大きい比率を占める場合には，多品種少量生産が望ましい．

(2) 製品組立部門

製品組立部門は，新規部品生産部門や再生部門からの部品を用いて完成品を組み立てる部門であり，一般的に多品種少量生産が行われる．

(3) 回収部門

回収部門は，使用済み製品を回収する部門であり，その回収において不確実性を伴うという大きな特徴を持っている．製品が使用中から使用済みになるタイミングは，製品の特性やユーザの使用環境によって異なり定まっていない．そのため，使用済み製品の品種とその回収量に関する予測が極めて困難である．このような製品の特徴下で，後工程（再生部門）への納入を安定させるためには，常に在庫を維持して対応することが必要であり，その処理（回収）もロット処理で行うことが望ましい．

(4) 再生部門

再生部門は，回収された使用済み製品を分解・検査・再生処理作業などを通じて，リユース部品へと再生する部門である．この部門の主な特徴は，製品の使用環境と廃棄の理由によりその品質にバラツキが生じることである．そのために，再生可能な量やその処理にかかるコストに不確実性が存在する．また，この部門の処理には，複雑な技術的要素が入ることから，ロット処理よりもむしろごく少量の処理が望ましい．さらに，この部門における処理時間は新規部

品生産部門と比べて長くかかると想定される。したがって，再生部門では，常にリユース部品の在庫を維持してその後工程である製品組立部門からの生産指示に対応することが望ましい。

(5) 廃棄部門

廃棄部門は，再生不可能な使用済み製品を廃棄する部門であり，廃棄処理に伴うコストを考慮してロット処理が望ましい。

8.2.2　Pull-Push型生産の適用可能性

第8章第1節（8.1）で示したように，循環型生産システムを動かす各部門は，それぞれが特有の生産（処理）形態を持っている。こういった現象は，一般の生産システムにも見られる。すなわち，循環型生産システムにも，「生産（処理）形態が異なる部門」や「生産（処理）リードタイムが異なる部門」が存在する。たとえば，回収部門では，回収という処理に対するコストを考慮して，品種の区別なしでロット処理を行うことが望ましいが，その後工程である再生部門では，品種ごとに定められた品質基準などに基づいて再生処理が必要であるため，できる限りごく少量での処理が必要となる。また，再生部門は，その後工程である製品組立部門と比べて生産（処理）時間が非常に長いという特徴を持っている。こうした循環型生産システムの各部門では，生産（処理）に関して一般の生産システム内の工程と同様な性質がある。さらに，循環型生産システム内に生産（処理）環境の変化が生じる場合もあり，そのシステム全体の効率性を高める全体最適化も求められる。

したがって，循環型生産システムにおける生産（処理）方式として，JIT生産の適用に関する限界（第6，7章）から，JIT生産の改良型であるPull-Push型生産を適用することが望ましい。その適用により生産（処理）形態が異なる部門間，生産（処理）リードタイムが異なる部門間，部門間で平準化生産が崩れた場合に対して，効率的なシステム運用体制が可能となる。すなわち，Pull-Push型生産は，一般的な生産システムのみならず，導入コストの低減が求められる循環型生産システムにおいても，その生産管理手法として十分に適用可能である。

8.3 回収・再生の不確実性を考慮した循環型生産システムの運用モデル

循環型生産システムを実際に運用する際に，使用済み製品の回収および部品などの再生に関する不確実性を十分に考慮して生産管理を行う必要がある．市場から回収可能な使用済み製品の量は，消費者が製品を手放すタイミングに依存し，また，そのタイミングはランダムである．したがって，循環型生産システムの回収計画の段階においては，市場から回収できる使用済み製品の量を正確に把握することが困難であるために，それを不確実な情報として扱うことが多い．さらに，再生計画においても，使用済み製品の品質などにより，どのくらい再生可能かについては不確実な情報しか得られない．こういった生産環境では，最終的に再生される量が分からないために，市場からの需要に対して部品および製品の生産計画を立てることが極めて困難である．さらに，循環型生産システムの全体最適を図るために，生産管理の現実問題として，生産計画とその実施におけるFLとRLの管理の同期化（以下，生産の一元化と呼ぶ）が求められている．

このような不確実な情報下での生産の一元化を進める方法として主に，二つの方法が考えられる．一つは，回収・再生処理を経て再利用可能な量が確定した後に生産計画を立てるという方法である．しかし，この方法は，生産計画に必要な情報が確定するまで待たねばならないため，生産実施までの期間が長くなり，需要に対する納期遅れが生じる恐れがある．もう一つの方法は，市場から回収可能な使用済み製品量が確定する前に，回収可能量と再利用可能量を予測し，それらの量に基づいて生産計画を立てる方法である．この方法は，生産計画に必要な情報を予測から得て，生産量をあらかじめ計画し実行できるため，システム全体のリードタイムは短くなる．しかし，システムの有効性が予測精度に大きく左右されるという問題があり，その予測精度を補うためには，多くの再生品の在庫を抱えることが必要になる．

そこで本節では，使用済み製品の回収および部品の再生に関する情報の不確実性が循環型生産システムに及ぼす影響を最小限に抑える方策の例として，予

測モデルを改良した新たな回収・再生モデルを提示する［25］［26］．

8.3.1　対象システムと仮定

　対象とする循環型生産システムは，市場から使用済み製品を回収し，それに対して解体など再生処理をした後，これを利用可能な部品として製品組立部門に供給するシステム（図8－1）とする．組立に必要な部品量が再生部品のみによって充足できない場合，新規部品生産部門から供給される新規部品を当てる．製品組立部門は，再生部門または新規部品生産部門からの部品を使って市場からの需要に対応する．さらに，対象システムにおいて以下の仮定を与える．

1) 市場から回収される使用済み製品量と，そこから得られる再生部品の量には不確実性が伴う．
2) システムの各部門において期ごとに一連の処理が行われ，その処理を次期に持ち越さないものとする．
3) 新規部品と再生部品は，品質的に同様なものとする．
4) 市場から回収できる使用済み製品のうち実際に回収されないものは，使用済み製品の在庫として次期に持ち越される．
5) 組立部門に供給された再生部品のうち，組立部門で使用されなかったものは，再生部品の在庫として次期に持ち越される．
6) 回収された使用済み製品のうち，再生されなかったものは廃棄される．
7) 新規部品の生産と再生部品の生産それぞれのリードタイムの総和は，製品の納期よりも長いものとする．
8) 需要に対する製品の品切れは，当該期の費用としてのみ計上され，不足分の需要は，次期に持ち越されないものとする．

　前提条件1）と7）より，すべての生産情報が揃った上で製品組立を実施すると納期遅れが発生する．これに対してとりうる手段は，前もって十分な新規部品を在庫として設けるか，予測を基に新規部品の生産を前もって行うかである．

8.3.2 回収・再生モデル

循環型生産システムにおいて，FLとRLの生産の一元化を図るとともに不確実性による影響を克服し，システム全体の運用費用を少なくする回収・再生モデルを提示する。提示モデルでは，不確実性下で回収可能量や再生可能量を予測することによる予測値と，二つの可能量の確定による実数値とのズレがシステム全体に与える影響を費用として評価し，その費用を最小化する回収量と再生量を決定する。

(1) 処理手順

以下に提案モデルの処理手順を与える（図8－3）。

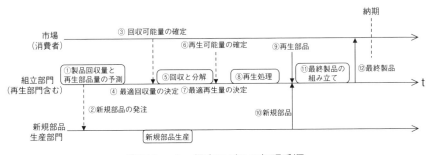

■図8－3　提案モデルの処理手順

(手順1) 各期の開始時に，回収される使用済み製品の量とそこから得られる再生部品の量を予測する（①）。

(手順2) 需要に対して部品量が足りない場合，不足分を新規部品として新規部品生産部門に生産指示を出す（②）。

(手順3) 回収可能量が確定（③）したのち，確定値から評価値に従って最適な回収量を求め（④），その量のみを回収し，分解などの処理を行う（⑤）。

(手順4) 手順3の再生処理による再生可能部品（⑥）のうち，評価値を基に最適な再生部品の量を求め（⑦），再生部品の処理を行う（⑧）。

(手順5) 再生された部品（⑨）と新規部品（⑩）を用いて最終製品を組み立て（⑪），市場からの需要に対応する（⑫）。

この手順によってFLとRLでの生産の一元化が可能であり，もし，①の予測量にズレが生じても，④と⑦によりシステム全体の評価値から運用費用を最小化するように回収量と再生量を改めて調整するため，予測のズレによる影響を少なくすることができる。さらに，④の使用済み製品の回収量および⑦の再生部品の量を決定するにあたって，最適化問題として定式化を行う。ここで，問題を簡単に設定するために，製品と部品のそれぞれの種類を1種類とする。

(2) 記号の定義とモデル式

以下に記号とモデル式を与える。

t: 生産（処理）期（$t = 1, 2, ..., T$）
D_t: 期 t の市場からの製品の需要量
O_t: 期 t に市場で流通している製品量
P_t: 期 t に市場から回収可能な使用済み製品量
IQ_t: 期 t の使用済み製品の在庫量
R_t: 期 t に再生可能な部品量
W_t: 期 t の再生できなかった使用済み製品の廃棄量
F_t: 期 t に予測に基づいて得られる再生部品量の予測値
N_t: 期 t に予測に基づいて生産される新規部品量
IP_t: 期 t の部品在庫量
S_t: 期 t に発生する部品の不足量
x_t: 期 t の回収率（決定変数）
y_t: 期 t の再生率（決定変数）

$$Min \quad Z_1 = \sum_{t=1}^{T} \{c_c x_t P_t + c_q IQ_t + \alpha \max[0, (F_t - x_t P_t)]\} \quad (8.1)$$

s.t.

$$P_t \leq O_t = \sum_{i=1}^{t} \{D_i - S_{i-1} - P_{i-1}\}, \quad \forall t \quad (8.2)$$

$$0 \leq x_t, \alpha \leq 1, \quad \forall t \quad (8.3)$$

式(8.1)は目的関数であり，生産期における回収費用（$c_c x_t P_t$），在庫費用（$c_q I Q_t$）および回収製品の実数値が予測量を下回った場合のペナルティ（$\alpha \max[0, (F_t - x_t P_t)]$）の合計として与える．ペナルティは使用済み製品の回収量が再生部品量の予測値を上回るよう設定するもので，実際の再生量を予測値に近づける役割を果たす．ここで，c_c と c_q は，それぞれ回収費用係数と在庫費用係数である．制約条件の式(8.2)は，回収可能量が市場で流通している製品量を越えないことに関する制約を表す．ただし，$S_0 = 0$, $P_0 = 0$ である．式(8.3)は，決定変数（x_t）である回収率とペナルティ係数の範囲を規定する．また，使用済み製品の在庫量については，式(8.4)を与える．

$$IQ_t = P_t(1 - x_t) + IQ_{t-1}, \quad \forall t \tag{8.4}$$

上記の定式化から求まる使用済み製品の最適な回収量に解体や検査などの処理を加え，再生可能な部品量を確定する．その部品量から，予測により決定されている新規部品量を考慮し，システム全体の費用が最小になるように再生量を決定する．これにより，予測のズレによるシステムへの影響を吸収することが可能となる．以下の定式化を用いて再生量を決定する．

$$Min \quad Z_2 = \sum_{t=1}^{T} \{c_r y_t R_t + c_w W_t + c_e IP_t + c_n N_t + c_s S_t\} \tag{8.5}$$

s.t.

$$R_t \leq x_t^* P_t, \quad \forall t \tag{8.6}$$

$$0 \leq y_t \leq 1, \quad \forall t \tag{8.7}$$

式(8.5)は，全生産（処理）期において再生費用，廃棄費用，部品在庫費用，新規部品の生産費用および部品不足による費用の合計を最小化する問題である．ここで，c_r, c_w, c_e, c_n, c_s は，それぞれの費用係数である．制約式(8.6)は，再生可能な部品量の上限を規定する式であり，制約式(8.7)は，決定変数である再生率の範囲を規定する．また，x_t^* は，使用済み製品の最適回収率である．

また,式 (8.5) における廃棄量,部品在庫量,新規部品量,部品の不足量は以下の式で与えられる。

$$W_t = (x_t^* P_t - R_t) + R_t(1 - y_t), \quad \forall t \tag{8.8}$$
$$IP_t = \max[0, (IP_{t-1} + y_t R_t + N_t) - D_{t+1}], \quad \forall t \tag{8.9}$$
$$N_t = \max[0, D_{t+1} - (F_t + IP_{t-1})], \quad \forall t \tag{8.10}$$
$$S_t = \max[0, D_{t+1} - (IP_{t-1} + y_t R_t + N_t)], \quad \forall t \tag{8.11}$$

式 (8.8) の廃棄量は,最適な回収量のうち再生可能ではないものと,再生可能量のうち実際に再生されないものの合計で与えられる。式 (8.9) の部品在庫量は,前期の部品在庫量と新規部品量と再生部品量の合計が次期に市場へ供給される製品量に対して必要となる部品量よりも多くなる場合のみ発生する。式 (8.10) は新規部品量であり,次期の製品需要量による必要となる部品量の実数値から今期に得られる再生部品量の予測値と前期から持ち越された部品在庫量の合計を引いたものとして与えられる。また,S_t における制約式を式(8.11) に与える。これは,次期の製品需要量に対して部品量が少ない場合に生じる。

■参考文献

※ 本文の複数個所に同じ文献番号が付されている場合は,同じ文献,同じページを引用もしくは参考にしている。

[1] Martjin, T., Marc, S., Jo, V.N. and Luk, V.W. (1995) Strategic Issues in Product Recovery Management, *California Management Review*, Vol.37, Issue2, pp.114-135.
[2] United Nations Environment Programme (2011) Towards a Green Economy, Pathways to Sustainable Development and Poverty Eradication.
[3] 井田徹治・末吉竹二郎 (2012) グリーン経済最前線,岩波書店.
[4] 環境省 (2013) 平成25年版環境・循環型社会・生物多様性白書.
[5] 経済産業省 (2011) 産業構造審議会環境部会廃棄物・リサイクル小委員会電気・電子機器リサイクルワーキンググループ中央環境審議会廃棄物・リサイクル部会家電リサイクル制度評価検討小委員会合同会合 (第20回) 配布資料.
[6] 鈴木敏央 (2012) 新・よくわかるISO環境法 改訂第7版,ダイヤモンド社.
[7] 経済産業省 (2007) グリーン・サービサイジング・ビジネス—環境に優しい「機能提供型のビジネス」が開く新たな社会—.
[8] 社団法人日本ロジスティクスシステム協会 (2009) グリーンロジスティクスチェックリスト調査結果報告会,CGL Journal, Vol.2.

[9] 西村弘（2010）地球環境問題と物流：課題と展望，経営研究，第61巻2号, pp.1-17.
[10] 株式会社リコー（2012）リコーグループサステナビリティレポート．
[11] Govindan, K., Soleiman, H., and Kannan, D.(2015) Reverse Logistics and Closed-Loop Supply Chain: A comprehensive review to explore the future, *European Journal of Operational Research*, Vol.240, Issue3, pp.603-626.
[12] Cardoso, SR., Barbosa-Povoa, A.P.F.D. and Relvas, S.(2013) Design and Planning of Supply Chains with Integration of Reverse Logistics Activities under Demand Uncertainty, *European Journal of Operational Research*, Vol.226, Issue3, pp.436-451.
[13] Salema, M.I.G., Barbosa-Povoa, A.P., and Novais, A.Q.(2007) An Optimization Model for the Design of a Capacitated Multi-product Reverse Logistics Network with Uncertainty, *European Journal of Operational Research*, Vol.179, Issue3, pp.1063-1077.
[14] Huang, S.M., and Su, J.C.P.(2013) Impact of Product Proliferation on the Reverse Supply Chain, *Omega*, Vol.41, Issue3, pp.626-639.
[15] Gu, Q., and Tagaras, G.(2014) Optimal Collection and Remanufacturing Decisions in Reverse Supply Chain with Collector's Imperfect Sorting, *International Journal of Production Research*, Vol.52, Issue17, pp.5155-5170.
[16] Rahman, S., and Subramanian, N.(2012) Factors for Implementing End-of-Life Computer Recycling Operations in Reverse Supply Chains, *International Journal of Production Economics*, Vol.140, Issue1, pp.239-248.
[17] Abdulrahman, M.D., Gunasekaran, A., and Subramanian, N.(2014) Critical Barriers in Implementing Reverse Logistics in the Chinese Manufacturing Sectors, *International Journal of Production Economics*, Vol.147, Part B, pp.460-471.
[18] Ordoobadi, S.M.(2009) Outsourcing Reverse Logistics and Remanufacturing Functions— A Conceptual Strategic Model, *Management Research News*, Vol.32, Issue9, pp.831-845.
[19] Bernon, M., Rossi, S., and Cullen, J.(2011) Retail Reverse Logistics: A Call and Grounding Framework for Research, *International Journal of Physical Distribution & Logistics Management*, Vol.41, Issue5, pp.484-510.
[20] Mafakheri, F., and Nasiri, F.(2013) Revenue Sharing Coordination in Reverse Logistics, *Journal of Cleaner Production*, Vol.59, pp.185-196.
[21] Srivastava, S.K., and Srivastava, R.K.(2006) Managing Product Returns for Reverse Logistics, *International Journal of Physical Distribution & Logistics Management*, Vol.36, Issue7, pp.524-546.
[22] Benedito, E., and Corominas, A.(2013) A Optimal Manufacturing Policy in a Reverse Logistic System with Dependent Stochastic Returns and Limited Capacities, *International Journal of Production Research*, Vol.51, Issue1, pp.1-13.
[23] Temur, G.T., Balcilar, M., and Bolat, B.(2014) A Fuzzy Expert System Design for Forecasting Return Quantity in Reverse Logistics Network, *Journal of Enterprise*

Information Management, Vol.27, Issue3, pp.316-328.
［24］近藤伸亮（2004）循環型生産システム構築のための課題，計測と制御，第43巻5号，pp.401-406.
［25］柳在圭・小原慎平・白石弘幸・前田隆（2013）循環型生産システムにおける再生モデルに関する研究，機械学会2013年次大会（岡山大学）．
［26］小原慎平・前田隆・白石弘幸・柳在圭（2014）循環型生産システムにおける生産の一元化モデルに関する研究，日本経営工学会2014春季大会（東京理科大学）．

索　引

〔欧文索引〕

CCPM ····································· 205
CRM ······································· 32
CSV ································ 110, 112
DBR ····································· 205
EMS ································· 69, 70
LOHAS ···································· 68
MRP ····································· 147
OPT ····································· 148
SRI ································ 5, 60, 78
TOC ····································· 205
TOC-PM ································ 205
VMI ································· 34, 35

〔和文索引〕

■あ　行

アーキテクチャー ························· 48
アンラーニング ··························· 49
ウォーター・ニュートラリティー ····· 68
ウォーターマネジメント ··············· 72
エコドライブ ······················· 70, 112

■か　行

解体ライン ································ 19
家電リサイクル法 ······················· 20
環境汚染イメージ ······················· 56
環境経営投資 ························ 5, 60
環境マーケティング ···················· 66
ガントチャート ························· 197
冠緑地 ····································· 94
機械破砕 ··································· 20
局所探索法 ······························ 193
グリーンウォッシュ ···················· 56

グリーン・コンシューマーリズム ······ 65
コア・コンピタンス ···················· 52
公園面積 ··································· 36
公害 ··· 22
顧客関係管理 ······························ 32
コストリーダーシップ戦略 ············ 15
コミュニケーション戦略 ··············· 56
混合品種組立ライン ··················· 143

■さ　行

最終処分場 ································ 19
最終廃棄物 ······························ 6, 7
最適化手法 ······························ 192
最適化問題 ······························ 192
里山自然教室 ······················ 100, 101
差別化競争 ································ 49
差別化戦略 ································ 15
自然観察会 ······················· 100, 101
持続的競争優位 ··························· 52
社会的費用 ································ 59
周期変動 ··································· 12
情報偏在 ··································· 16
小ロット ·································· 163
水銀飛散 ··································· 21
スループット ···························· 204
生産工数 ·································· 190
生産の一元化 ··························· 225
製番管理方式 ··························· 147
製品ライフサイクル ········ 40, 122, 219
専用解体ライン ··························· 20

■た　行

ダイバーシティ・マネジメント ······· 58
タイムラグ ······························ 191
段取り回数 ······························ 177

233

段取り時間	177
低環境負荷システム	6
低環境負荷調達	16
ディスパッチングルール	212
デファクト・スタンダード	49
導入コスト	222
投入順序	190
都市化	35, 91
ドミナントロジック	49
トレード・オフ関係	186

■な 行

ナレッジマネジメント	32
日射熱蓄積	36
2度塗りジョブ	190

■は 行

ピークカット機能	71
ピークシフト自販機	68
ヒートポンプ機能	71
フォードシステム	138
部分最適化	171
ブランド・エクイティ	51
プラントボトル	69
フローショップ型	196
フロン漏洩センサー	22

■ま 行

見込生産	32, 149
無次元化	209
メセナ	58
目標追跡法	165

■や 行

予知困難性	12

■ら 行

ライフサイクル情報	8
リーン生産	139
リサイクル可能性	20
リサイクル拠点	19

■わ 行

ワークライフバランス	58

■著者紹介

白石　弘幸（しらいし・ひろゆき）
 1961年 北海道札幌に生まれる。
    東京大学経済学部，同大学院経済学研究科を経て，
 1992年 信州大学経済学部専任講師
 1996年 金沢大学経済学部助教授
 2004年 金沢大学経済学部教授
 2008年 同大学組織再編により人間社会学域・経済学類教授
    現在に至る。
 専　攻 企業の競争優位と情報・知識の活用，ブランディング
 主　著 『経営学の系譜―組織・戦略理論の基礎とフロンティア―』，中央経済社，2008年。

柳　在圭（ゆう・ざいけい）
 1961年 韓国釜山に生まれる。
    韓国成均館大学工学部，大阪大学大学院基礎工学研究科を経て，
 1999年 理化学研究所ゲノム科学総合研究所テクニカルスタッフ
 2000年 豊橋技術科学大学工学部助手
 2005年 金沢大学経済学部助教授
 2008年 金沢大学人間社会学域・経済学類教授
    現在に至る。
 専　攻 生産システム・スケジューリング・最適化問題

環境配慮のJIT生産
──コモディティのブランディングと循環型システム──

2018年10月10日　第1版第1刷発行

著　者　白　石　弘　幸
　　　　柳　　　在　圭
発行者　山　本　　　継
発行所　㈱中央経済社
発売元　㈱中央経済グループ
　　　　パブリッシング

〒101-0051　東京都千代田区神田神保町1-31-2
電　話　03 (3293) 3371 (編集代表)
　　　　03 (3293) 3381 (営業代表)
http://www.chuokeizai.co.jp/
製　版／三英グラフィック・アーツ㈱
印　刷／三　英　印　刷　㈱
製　本／㈲井　上　製　本　所

© 2018
Printed in Japan

＊頁の「欠落」や「順序違い」などがありましたらお取り替え
いたしますので発売元までご送付ください。（送料小社負担）

ISBN978-4-502-28191-4 C3034

JCOPY〈出版者著作権管理機構委託出版物〉本書を無断で複写複製（コピー）することは，著作権法上の例外を除き，禁じられています。本書をコピーされる場合は事前に出版者著作権管理機構（JCOPY）の許諾を受けてください。
　JCOPY〈http://www.jcopy.or.jp　eメール：info@jcopy.or.jp　電話：03-3513-6969〉